美国教育史研究丛书
张斌贤 主编

全国教育协会与美国中学课程革新

杜光强 著

THE NATIONAL EDUCATION ASSOCIATION AND THE AMERICAN HIGH SCHOOL CURRICULUM RENOVATION

河北大学出版社
·保定·

出 版 人：朱文富
选题策划：何　东
责任编辑：李丽华
助理编辑：李天雪
装帧设计：赵　谦　王占梅
责任校对：姚萌萌
责任印制：常　凯

图书在版编目（CIP）数据

全国教育协会与美国中学课程革新 / 杜光强著. -- 保定：河北大学出版社，2021.12
(美国教育史研究丛书 / 张斌贤主编)
ISBN 978-7-5666-1955-6

Ⅰ. ①全… Ⅱ. ①杜… Ⅲ. ①中学－课程改革－研究－美国 Ⅳ. ① G632.3

中国版本图书馆 CIP 数据核字（2021）第 249933 号

QUANGUO JIAOYU XIEHUI YU
MEIGUO ZHONGXUE KECHENG GEXIN

出版发行：河北大学出版社
地址：河北省保定市七一东路2666号　邮编：071000
电话：0312-5073003　0312-5073029
网址：www.hbdxcbs.com
邮箱：hbdxcbs818@163.com
印　　刷：保定市正大印刷有限公司
幅面尺寸：170 mm × 240 mm
字　　数：293千字
印　　张：22.75
版　　次：2021年12月第1版
印　　次：2021年12月第1次印刷
书　　号：ISBN 978-7-5666-1955-6
定　　价：80.00 元

总　序

每当为团队成果草拟总序的时候，总是既兴奋又忐忑。兴奋是因为眼见近几年的耕耘即将迎来收获，忐忑则是由于这些收获的果子还有待学界进行“质检”。

1998 年 12 月至 1999 年 10 月，我曾作为富布赖特研究学者在哈佛大学教育研究生院访学。访学期间，我花了很多时间思考今后的学术工作，并确定以美国教育史作为今后长期稳定的研究方向。转眼之间已历二十余载。

二十多年来，我和我的同事、历届外国教育史专业方向的硕士研究生和博士研究生所组成的外国教育史团队一直致力于美国教育史的学习、研究和教学，其目的既为弥补以往外国教育史学科研究之不足，同时也在于通过这块“试验田”，探索更新外国教育史研究的方法、路径。

这二十多年的学术工作历程大致可以划分为两个阶段。2000 年至 2008 年为第一阶段。“京师高等教育论丛”（8 种，北京师范大学出版社，2008 年）反映了这个阶段的主要工作成果。在这个阶段，因为是初步涉猎美国教育史领域，无论是对美国教育史本身，还是对国内外研究状况，都缺乏足够和充分的了解，因此基本上是沿用过去比较熟悉的“套路”，大多选择国内学界涉及较少、较为宏大的主题开展研究，如李子江的《学术自由在美国的变迁与发展》、和震的《美国大学自治制度的形成与发展》、黄宇红的《知识演化进程中的美国大学》，等等。客观地说，在当时国内美国教育史研究基础还相对薄弱的情况下，这些研究还是很有价值的。2009年至今为第二阶段。经过数年的积累和反思，我逐渐意识到，要想进一步深化美国教育史研究，要想真正形成一些具有新意的研究成果，必须要改变已有的研究方式，尤其是要自觉地摆脱教育学科沿袭已久对“宏大叙事”的选题偏好和以追求系统性和完整性为目的的“教科书”式的研究路径，变以往“大题小做”或“大题大做”为“小题大做”。这也就意味着要进一步聚焦主题、提炼问题，真正开展针对问题的研究。从2009年前后开始，无论是我还是我的学生，都尽量避免触及时间范围较大或边界不易确定的“宏大”选题，而选择更加具体、更为专门的专题开展研究。2015年前后出版的“美国教育变革研究丛书”（11种，浙江教育出版社）是这种转变的初步尝试。陈瑶的《美国教育学科构建的开端》、康绍芳的《美国教育学界精英群体的兴起》、李朝阳的《美国城市学校制度的建构》、祝贺的《美国公共学校种族隔离的终结》及马文琴的《美国学校公民教育的转向》等著作，都针对某一个具体和专门的主题，并努力将研究主题聚焦在一个较小的时间范围内，以求对主题进行深度剖析。

在前期工作的基础上，近几年来，我们团队更加注重以下几个方面的工作。第一，进一步“压缩”选题，不断聚焦研究主题。第二，进一步强调文献综述的意义，更为自觉地把即将开展的研究建于前人相关的研究基础之上。第三，进一步注重吸收和借鉴相关学科的理论和方法，在教育与其他社会活动的“交汇”处寻找研究问题。呈现在读者面前的“美国教育史研究丛书”所收录的10种著作实际上反映了上述三个方面的工作。崔高鹏的《〈1862年美国赠地学院法案〉研究》、高玲的《学校变革与美国教师职业演化》、吴婵的《美国公立中学与大学关系的变迁（1870—1918）》、杜光强的《全国教育协会与美国中学课程革新》、李曙光的《教育测量与美国学校变革》、曹春平的《美国传统教育观念的变革》是第一方面的工作成果。陈露茜的《意识形态冲突与美国公共教育》和王凤玉的《研究型大学的崛起与科研体制》是第二方面的工作成果。第三方面的工作成果则是张斌贤的《教育与美国社会改革（1890—1920）》和祝贺的《教育与美国儿童福利改善》。

在未来的岁月里，北京师范大学外国教育史教学科研团队还将继续开展美国教育史研究，更加自觉和系统地借鉴相关学科的理论和方法，不仅在研究主题的选择上求新，而且在研究方法和路径上“求变”。希望通过我们持续不断的努力，促进美国教育史研究乃至外国教育史学科的不断自我革新，同时也希望得到教育学界同人的大力支持。

丛书出版之际，首先要感谢河北大学出版社社长朱文富教授。朱社长从事外国教育史（尤其是日本教育史）教学研究多年，深知基础学科研究对教育学科建设的意义，也更加理解此类图书出版的价值，对丛书出版给予了大力支持。我们还要感谢河北大学出版社的各位编辑，他们的辛勤劳动为本书增色不少。

张斌贤

2021 年 3 月 21 日

目　录

导　言

19世纪90年代前后，美国公立中学进入了快速发展期。1890年，美国联邦教育署（the Federal Bureau of Education）首次开展全国中等教育的数据调查。统计数据显示，这一年全美共计有2526所公立中学，占所有中等教育类型学校总数的60.8%，在读学生数达202 963人。到1900年，公立中学数量达到6005所，占比上升至75.2%，在读学生数也增长到519 251人。自此以后，公立中学一直占据着美国中等教育类型的主导地位。① 然而，在公立中学数量和学生人数快速增长的同时，中学毕业生升入大学的人数少之又少，1890年14—17岁学龄段青少年升入大学的人数仅占这一年龄段总人口比例的1.1%。到1918年，这一比例也仅为3.5%。② 通过对大量在中学阶段辍学的学生，以及一些完成了学业却未升入大学的学生进行调查后发现，导致学生辍学的原因除了家庭、身体、心理等之外，最主要的是他们对学校课程不满意。大量与文实中学课程类似的平行课程（parallel courses）和为了满足不同大学的入学需求而临时开设的短期课程（short courses）在公立中学

① Andrew S. Draper, *American Education* (Boston: Houghton Mifflin Company, 1909), p. 155.

② Philip Wescott Lawrence Cox, *Curriculum-adjustment in the Secondary School* (Philadelphia: J. B. Lippincott Company, 1925), p. 41.

的普遍存在，导致了学校课程类别的多样化和课程组织的无序化。[①] 为了解决这一问题，全国教育协会（the National Education Association of the United States，NEA）作为当时美国最大的教育类专业组织，以成立专业委员会的形式开展了美国中等教育史上的第一次全国性课程调查活动，发布了重要的课程改革报告，一定程度上推动了美国中学课程向前发展。在我国，以全国教育协会为研究视角来考察这个非官方组织如何推动中学课程变革的研究较少，本书将在已有研究的基础之上，探讨全国教育协会在推动美国公立中学课程变革过程中所发挥的作用及其成效。

一、选题缘由与研究问题

（一）选题缘由

托马斯·布里格斯（Thomas H. Briggs）曾说："教育中最根本的问题就是课程。"[②] 拉尔夫·泰勒（Ralph W. Tyler）也说："课程是学校教育的核心。"[③] 因此，要想更好地理解和解决教育中的问题，研究课程就成为首要着力点，这也是为什么在处理全国教育协会与中学之间的关系问题时，选取课程而没有选取其他内容作为研究对象的原因之一。本书主要以美国全国教育协会为切入视角，力图通过解读全国教育协会在推动公立中学课程变革中所发挥的重要作用，透视 1892—1922 年公立中学课程所发生的重要变化。

---

① Isaac Leon Kandel, *History of Secondary Education: A Study in the Development of Liberal Education* (Boston: Houghton Mifflin, 1930), pp. 458-471.

② Thomas H. Briggs, *Curriculum Problems* (New York: The Macmillan Company, 1926), p. 1.

③ Ralph W. Tyler, *Basic Principles of Curriculum and Instruction* (Chicago: The University of Chicago Press, 1969), p. 2.

首先，选取全国教育协会而没有选择其他的教育组织，一方面是与全国教育协会巨大的影响力有关，另一方面与美国中等教育管理体制的特殊性有关。19 世纪末，全国教育协会成了美国最具代表性和权威性的教育组织，代表着最广泛公立学校教师和管理者的利益。在权威性方面，美国教育界的精英、最著名的几所大学的校长，以及联邦教育署的一些教育官员们都在这个组织里且都比较活跃，代表着当时美国教育界最主流的"教育声音"。在这样的前提下，在教育尚未科学化的背景下，经验和阅历就成了解决教育问题的重要方式，这就导致人们愿意去相信权威，相信他们的改革思想与实践。所以，当人们在这一时期谈到教育改革时，自然而然地就会涉及全国教育协会这个最具影响力的教育组织。全国教育协会作为当时美国最大的、非营利的、早于联邦教育署成立的一个全国性的教育组织，也一直是教育界最具影响力的"院外集团"之一。而在本书所涉及的时间段里存在的其他一些组织，如美国教育委员会（American Council on Education）、美国教师联盟（American Federation of Teachers）、进步主义教育协会（Progressive Education Association）等，在对公共教育的影响力上都要小于全国教育协会。全国教育协会作为公立学校中小学教师和管理者最大利益群体的代表，而且在各州都存在全国教育协会的下属机构——各州教育协会的前提下，中小学教师和管理者都会将协会的一些思想和改革倡议在本学区和辖区里进行最广泛的传播，并作为改革和提升学区教育质量的重要参考依据。换句话来说，在当时的美国，没有其他任何的教师组织在公立教育上能比全国教育协会拥有更高的权威和支持率。①

与此同时，这一时期美国联邦机构主管教育的联邦教育署和州政

① F. Raymond McKenna,"Policy Evolution in the National Education Association"(PhD diss.,The Harvard University,1954).

府里的教育部对公立中学的课程改革却显现管理上的乏力。这主要是因为在19世纪末，真正意义上的美国教育体制尚未形成。在联邦层面存在的联邦教育署，其最高官员为教育专员（commissioner of education），在19世纪末对地方学区和学校没有控制权，它唯一的角色与功能就是收集各州和地区关于教育事业发展和进步情况的数据与信息。州层面的教育管理部门权力也十分弱小，每一个州政府里有一个教育部门，但工作人员很少，对地方学区几乎没有控制权，即使在一些较大的城市学区里，学校的督学人数也很少。例如，在巴尔的摩市，1890年时公立学校有1200名教师，却只有两名督学负责所有学校的督导事务。①

威廉·里斯（William J. Reese）指出："在中学发展的早期阶段，由于没有一个全国性的教育部来制定政策和推进改革，美国的中学都是由学区和地方管理部门自愿建立起来的。"② 他还进一步指出："国父们（Founding Fathers）在很大程度上将教育的管理权力移交到各州政府手里，这就导致了美国的联邦教育部门缺乏像欧洲一些国家的教育部所拥有的国家层面的政策制定权威和自上而下的执行权力。然而，这并没有阻止美国公立学校发展，分散在居住区和不同社区的公立学校已经成为这些地区生活中的一个重要组成部分，社区或学区对这些公立学校进行控制和管理已经成为美国教育体制的基础。"③

其次，选取公立中学，而没有选择小学或大学，主要是因为美国中等教育经历了自1635年开始的拉丁文法学校（Latin grammar

① Diane Ravitch, *Left Back: A Century of Failed School Reforms* (New York: Simon and Schuster, 2000), p. 20.

② William J. Reese, *The Origins of the American High School* (New Haven: Yale University Press, 1995), p. introduction Ⅱ.

③ William J. Reese, *America's Public School: From the Common School to "No Child Left Behind"* (Baltimore: The John Hopkins Press, 2005), pp. 45-46.

school)、1751 年建立的文实中学（the Academy），以及 1821 年建立的公立中学这 3 个阶段之后，在 1890 年前后，进入公立中学快速发展期。公立中学数量和学生在读人数都呈现迅猛发展态势，进而取代了文实中学在中等教育机构里所占据的主导地位，成了一种为更多的人提供普通中等教育的大众机构，更被誉为“人民的中学”（People's College）。1999 年，本·布罗丁斯基（Ben Brodinsky）在《美国 20 世纪的十大教育事件》一文中，将 20 世纪初公立中学的大量建立列为第十大教育事件，这也充分说明了公立中学在当时美国教育中的重要地位。①

最后，选取中学课程作为关系研究的重要内容，而没有选取中学的学制、教学方法等，这涉及人们对教育观念、培养目标等方面认识的一种改变。课程是学校教育的核心，课程涉及培养什么样人才的问题，也涉及中学功能的变迁。全国教育协会这一时期在帮助解决中学所存在的问题时，从改革课程的角度去付诸行动是他们所采取的重要的一种努力方式。在 1890 年，14—17 岁年龄段的青少年，接受中等教育的只有 6%—7%。到 1900 年，这一年龄段接受中等教育的人数仅占 11%。到 1920 年，这一比例也仅为三分之一。② 1900 年，美国公立中学共计有 61 737 名毕业生，而这其中只有 30.28%的毕业生是为升学做准备的，但最后真正升入大学的人数更少。换句话来说，有超过 70%的中学生从未走进过任何形式的高等教育机构。此外，1899—1900 年，在 519 251 名登记在册的中学生中，有将近 90%的学生不准备升入古典

① Ben Brodinsky, "Top 10 Education Events of the 20th Century," *The Education Digest* 64, No. 8 (1999): 7.

② Herbert M. Kliebard, *The Struggle for the American Curriculum, 1893 1958 (second edition)* (New York: Routledge, 1995), p. 7.

或科技类的大学。[①] 与此同时，在 1890 年，95%的年龄在 5—13 岁的学龄儿童就读小学的年平均时长在一个月以上，但这其中只有不到 5%的孩子进入中学读书，最终进入大学的人数则更少。[②] 我们也可以从表导-1 中看出这一时期学龄人口升入不同层次学校的比例情况。

表导-1 美国学龄人口入学比例情况表[③]

学习时段		1870 年（%）	1890 年（%）	1904 年（%）	1918 年（%）
小学阶段	六年级	68.6	77.9	79.8	92.1
	七年级	60.2	68.4	70.8	78.8
	八年级	44.5	50.5	53.6	72.0
中学阶段	一年级	5.0	11.5	21.3	35.9
	二年级	2.9	6.8	13.0	24.2
	三年级	1.8	4.2	8.3	16.9
	四年级	1.0	2.4	5.2	13.7
升入大学		—	1.1	1.1	3.5

通过对大量辍学学生进行原因调查后发现，导致学生辍学除家庭贫穷、不理想的身体状况和心理问题等因素之外，最主要的是他们对学校课程不满意。早期中学的课程组织模式跟文实中学相同，采用了平行制，即允许学生选择一种平行课程，以及组成该平行课程内部的所有科目，但是不允许学生选择其他平行课程及这些平行课程下面的不同科目。允许学生只能选择一种平行课程的做法使平行课程的总量

① Edwin Cornelius Broome, *A Historical and Critical Discussion of College Admission Requirements*(New York: College Entrance Examination Board, 1903), pp. 105-106.

② National Center for Education, *Digest of Education Statistics 1995*(Washington, D. C.: Department of Education, 1995), p. 68.

③ Philip Wescott Lawrence Cox, *Curriculum-adjustment in the Secondary School*(Philadelphia: J. B. Lippincott Company, 1925), p. 41.

迅速增加。与此同时，每所大学在制定大学入学需求时，都规定了自己所需要的科目名称和课程内容，这就导致了不同大学入学需求之间存在极大的差异性，而中学为了满足不同大学的入学需求，不得不开设大量的短期课程应对这种要求，短期课程的随意开设也加剧了中学课程的混乱性。因此，大量平行课程和短期课程的存在，以及大学对中学的控制和主导，既导致了课程种类的混乱性，也导致了在对中学课程进行选择时缺乏灵活性。此外，在19世纪80年代末期，受形式训练和官能心理学的影响，人们的观念仍过于传统和保守，认可中学里古典课程存在的合理性和科学性，这个既与知识的有限性和传统习惯相关，也与大学对中学的严格控制有关。而到了20世纪早期，人们的教育观念开始发生变化，知识的总量也快速增加，越来越多的人认为适合孩子身心发展和成为合格公民的课程才应该是中学最应该提供的课程，这种教育观念的变化自然而然地影响了中学课程的变化。在这些能够感受到的变化中，交流和讨论就成了知识和思想传播的重要方式，人们也因此不断地通过全国教育协会每年年会和分部会议这个平台进行相关思想的交流和改革火花的碰撞。全国教育协会也因此才能在多次年会上敏锐地觉察到社会各界对中学教育提出的新要求，并在有准备的情况下，通过成立专门的全国性委员会解决这一问题，这种方式从19世纪90年代起就成了协会解决教育焦点问题采取的最主要的工作方式，而且成效显著。

基于以上几个方面的论述，为了解决中学课程这一时期出现的问题，全国教育协会从1892年到1922年这30年间集中协会的核心力量，成立了一系列的专门委员会对中学的课程问题进行了调研，并通过发布重要课程报告的形式推动中学课程的变革。他们首先于1892年任命成立了中学课程研究的“十人委员会”（the Committee of Ten，1892—1893），进行了美国中等教育史上的第一次全国性调查，并发布了影响深远的《中学课程委员会报告》（Report of the Committee on Secondary

School Studies)，也称《十人委员会报告》。在第一次全国性调查获得成功之后，全国教育协会随后又于1895年、1910年和1913年任命成立了关于中学课程研究的“大学入学需求委员会”（the Committee on College Entrance Requirements，1895—1899）、“中学与大学衔接九人委员会”（the committee of Nine on the Articulation of High School and College，1910—1913）和“中等教育改造委员会”（Commission on the Reorganization of Secondary Education，1913—1922），就更好地改造和设置中学课程等问题进行了专门的调查和研究，并发布了一系列促进公立中学课程改革的报告，如《大学入学需求委员会报告》《九人委员会报告》《中等教育的基本原则》（Cardinal Principles of Secondary Education，以下简称《基本原则》）等。在美国教育发展史上，在此之前，还没有任何一个组织在一定时期内能集中这么多的人力和精力对某一具体问题开展如此大规模的系统研究，而全国教育协会在这30年时间里，集中大量精力对公立中学课程开展调查研究，也凸显了公立中学课程所面临的问题，以及对中学课程开展研究的必要性。① 这些报告的发布都在很大程度上促进了公立中学地位的确立与巩固、中学功能的转换与完善、中学课程的改革与向前发展等。通过对协会成立的这些委员会所发布的不同报告进行解读和分析，能够让我们清晰地看到在当时美国公立中学课程混乱的大背景下，全国教育协会这个全国性的、非官方的教育组织如何通过自身的努力和实践，从专业组织的角度身体力行地肩负起统一中学课程、推动中学课程变革的历史责任。进而我们也可以看出，在全国教育协会的推动下，公立中学课程在这一时期发生了哪些变化，以及改革的具体成效等，这对我们更好地理解和把握美国中学课程变革的历史轨迹具有重要意义，也可以让

---

① Harold Spears, *The High School for Today* (New York: American Book Company, 1950), p. 304.

我们从一个更加独特的视角认识美国教育沿革的特殊性。

此外，从我国现有的研究文献来看，以这一时期全国教育协会成立的几个委员会所发布的报告为研究问题，系统地对中学课程前后变化情况进行连贯性研究的较少，已有的少量研究或是对单个报告的基本情况进行解读，或是对不同委员会的组织架构进行对比研究，或是在对全国教育协会百年历程进行线性研究时提到这几个委员会，等等。而通过本研究的开展，将利于人们更加清晰和系统地了解这一时期全国教育协会在中学课程改革方面做出的贡献。另外，以一个全国性的非官方教育组织为切入视角，研究这个组织如何通过非行政手段的力量推动了中学的发展和课程的变革，这在研究路径的选择上也是对教育史学科本身的一种丰富，对我国的全国性、非官方教育组织开展类似的研究也有一定的借鉴意义。

（二）研究问题

本书的研究问题所涉及的历史阶段主要是1892—1922年，这个阶段是美国公立中学快速发展并在中等教育学校类型中占比逐年加重的历史阶段。根据联邦教育署的统计数据，1890年，公立中学的数量为2526所，占所有中等学校类型的60.8%。到1920年，公立中学达到了14 326所，占比达到了87.3%，占据了中等教育阶段学校类型的绝对主导地位。起始年划定为1892年，主要依据是全国教育协会在这一年成立了十人委员会；终止年为1922年，主要依据是1913年成立的中等教育改造委员会在这一年发布完最后一份报告后解散，正式结束了委员会的工作使命。

据此，本书将从全国教育协会与美国公立中学课程变革之间的关系的角度探讨1892—1922年全国教育协会对公立中学课程变革的影响，着力于考察在全国教育协会的影响下，中学课程发生了哪些变革及全国教育协会在多大程度上推动了这些变革的发生。为了深入分析这一问题，本书将研究问题分为以下几个子问题：

第一，19 世纪 90 年代至 20 世纪 20 年代美国中等教育面临着哪些挑战和质疑？为什么全国教育协会成为这一时期解决中学课程问题最主要的教育组织？全国教育协会尝试着去解决中学课程的哪些问题，解决问题的方式有哪些？

第二，全国教育协会 1893 年发布的《十人委员会报告》对中学课程改革提出了哪些意见建议？这些改革建议是基于什么样的教育目的提出的？改革建议推动公立中学课程发生了哪些变革？

第三，继十人委员会之后，随后成立的大学入学需求委员会、中学与大学衔接九人委员会和中等教育改造委员会对中学课程改革又提出哪些课程改革建议？这些改革建议推动中学课程发生了哪些变革，成效如何？

第四，结合联邦教育署自 1890 年起发布的中学课程年度报告和协会发布的课程改革报告，对比与分析美国中学的五大类主干课程（英语、数学、外国语言、社会、科学）在研究时间段内、在课程选修比重和课程内容分支上发生了哪些主要变化？探究这些变化与协会所发布的课程报告之间是一种怎样的关系？

通过对上述问题的研究，本书梳理了全国教育协会在中学课程领域扮演的角色及发挥的作用，系统地探讨了协会对这一时期公立中学课程改革做出的历史贡献。以全国教育协会与公立中学课程变革之间的关系为研究视角，有助于我们更好地理解美国中等教育在管理体制上具有的独特性，深化我们对分权制度下美国中等教育管理复杂性和差异性的认识。同时，从全国教育协会这个非官方的教育组织研究中学课程改革，而且这个组织在当时的确推动了中学课程向前发展，这对我们习惯性地由国家层面的教育部门自上而下地强力推行课程改革也有一定的借鉴意义。本书尝试在厘清上述关系的基础之上，客观地将一个非官方的教育组织在推动中学课程变革中发挥的重要作用呈现出来。

二、概念界定

（一）全国教育协会

美国全国教育协会作为第一个全国性的教师组织，也是目前美国最大的教育类专业组织，最早诞生于1857年8月26日在美国费城召开的第一次全国性教师协会组织的大会上。全国教育协会最早的名称为全国教师协会，作为一个独立的、非营利的、非官方的教育组织，其最早的工作目标是提升教学的专业性，维护教学专业的利益，促进美国公立教育事业发展。全国教育协会在发展的过程中，协会的名称经历了从1857—1870年的全国教师协会（National Teachers' Association）阶段，到1870—1907年的全国教育协会（the National Educational Association）阶段，再到1907年之后的美国全国教育协会这3个发展阶段。[①] 全国教育协会在1870年之后，逐渐通过建立不同的下属分部开展相关调研工作。到1890年，全国教育协会已成为一个下属9个分部和1个教育委员会的综合性教育组织。这9个分部分别为学校督学分部、师范学校分部、初等教育分部、高等教育分部、工业教育分部、艺术教育分部、幼儿园教育分部、音乐教育分部、中等教育分部，1个委员会为全国教育委员会。[②] 在1890年之后，全国教育协会通过其下属的全国教育委员会、中等教育分部和督学分部在中等教育领域开展了一系列的全国性调查活动，很大程度上推动了美国公立中学的发展和课程的变革。

---

① NEA, *Journal of Proceedings and Addresses of the National Educational Association: Session of the Year 1907* (Chicago: The University of Chicago Press, 1907), p. 1.

② NEA, "Constitution of the National Educational Association," in *The Journal of Proceedings and Addresses of the National Educational Association: Session of the Year 1890* (Topeka: Kansas Publishing House, 1890), p. 5.

（二）公立中学

马萨诸塞州教育委员会的秘书乔治·鲍特韦尔（George S. Boutwell）指出："首先，中学必须是一个公共学校，一个公共学校就是由社会大众共同建立的，由公共税收支付所有或绝大多数的费用开支，同时社区居民对学校有控制权和发言权，学生有平等入学的权利，也不需要支付任何费用。"①

埃尔伍德·克伯莱（Ellwood P. Cubberley）指出，所谓公立中学，就是指共同的、免费的、由税收支持的、无任何宗教关系且处于州的控制与管理之下。②

赫伯特·埃斯皮（Herbert G. Espy）指出："在美国，'中学'通常是指一个由公共支持的、免费的中等教育学校。"③

阿道夫·迈耶（Adolphe E. Meyer）指出："在1910年之前，小学一般就是指一个八年制的教育机构，紧接着小学之后就是一个四年制的中学，这就是我们所熟知的'八四学制'。"④

1821年5月，在波士顿建立的古典英语中学开启了美国公立中等教育历史上的新篇章，而1826年女子中学的建立则完善了波士顿整个中等教育系统，因为在此之前，没有更高年级的公共学校专门为女性学生开设。在波士顿学校委员会的历史上，以"英语中学"为学校名称的表述第一次出现在1824年6月23日的记录上，而关于中学的成文法在马萨诸塞州则第一次出现在1840年马萨诸塞州法序言中的第76章

---

① Isaac Leon Kandel, *History of Secondary Education: A Study in the Development of Liberal Education* (Boston: Houghton Mifflin, 1930), pp. 447-448.

② Ellwood P. Cubberley, *An Introduction of the Study of Education* (Boston: Houghton Mifflin Company, 1925), p. 11.

③ Herbert G. Espy, *The Public Secondary School: A Critical Analysis of Secondary Education in the United States* (Boston: Houghton Mifflin, 1939), p. 47.

④ Adolphe Erich Meyer, *The Development of Education in the Twentieth Century* (New York: Prentice-Hall, 1949), p. 375.

内，但成文法的具体细节内容则形成于 1848 年，位于该法律文书第 279 章的第一节中。此前，关于中学的表述多为“文法学校，或者拉丁文法学校”。①

在公立学校发展的早期，学校制度的各个部分并没有对课时和学时进行严格限制。有时可以找到三年制的中学与六年制至九年制的初等学校相衔接，有时也可以看到四年制的中学与下面学制长度各不相同的初等学校相衔接。后来，九年制初等学校在新英格兰地区推广开来，七年制初等学校在南部各州得到了普及，而其他地区则采用了八年制的初等学校和之后的三年制中学相衔接的教育体制，后来三年制的中学又延长到四年制。到 1890 年时，“八四学制”已经在各地得到了普及。②

与此同时，早在 1888 年 2 月，哈佛大学校长查尔斯·埃利奥特（Charles W. Eliot）在全国教育协会督学分部召开的会议上就发表了《学校课程能够缩减或扩充吗》的报告，指出了当时美国小学的学制太长，有些地区的学制长达 9 年，有的甚至到 10 年。因此，他强烈建议缩短小学学制，取消一些无用的课程。③ 而在 1895 年全国教育协会下属的研究小学课程的《十五人委员会报告》中，建议小学开始采用 8 年的学制，④ 并以课程计划安排表的形式，将小学 8 年应该学习的课程内

---

① Alexander James Inglis, *The Rise of the High School in Massachusetts* (New York: Teachers College Press, Columbia University, 1911), pp. 35-36.

② 埃尔伍德·帕特森·克伯莱：《美国公共教育：关于美国教育史的研究与阐释》，陈露茜译，安徽教育出版社，2012，第 365 页。

③ Charles W. Eliot, "Can School Programmes Be Shortened and Enriched?," in *The Atlantic Monthly*, Vol. LXII (Boston: Houghton, Mifflin and Company, 1888), pp. 250-258.

④ NEA, *Report of the Committee of Fifteen on Elementary Education with the Reports of the Sub-Committees* (New York: The American Book Company, 1895), p. 8.

容和时间安排提供给各个州和学区作参考。[①] 至此，八年制的小学学制迅速在美国各州推广开来。

在本书的研究时段里，美国已经形成了十分完善的小学 8 年、中学 4 年的“八四学制”模式，而且占据了主导地位。与此同时，虽然在《十人委员会报告》和《大学入学需求委员会报告》中都分别提出了将中学学制延长至 6 年，以及关于建立初级、高级中学的想法，但六年制的中学发展道路较为缓慢。1910 年，加利福尼亚州的伯克利市和洛杉矶市，以及俄亥俄州的哥伦布市最先建立了这种六年制的中学，但在一战结束之前此类中学的数量较少。到 1922 年，初级中学在美国本土的总量也仅为 510 所，在读学生数为 233 617 人。而美国在 1920 年的公立中学数量就已达 14 326 所，在读学生数为 2 199 389 人[②]，传统的四年制中学仍是中等教育机构里的主要类型。[③] 因此，本书所涉及的中学类型绝大多数是以完整的四年制形式存在的。

（三）课程

菲利普·杰克逊（Philip W. Jackson）在 1992 年列举了近半个世纪以来的有特点的课程定义，将其界定为 5 种：（1）一门学程，一门学习或训练的常规学程，正如在学校和大学那样。（2）一门学程，特别是专门确定的学程，正像在学校或学院之中，当人们攻读学位时所做的那种。在一个教育机构中提供的所有学程，或者由其中的一个系所提供的所有学程。（3）课程是儿童在教师的指导下获得的所有经验。（4）课程包括学校提供的所有学习机会。（5）课程是一种规划或计划，指

① NEA, *Report of the Committee of Fifteen on Elementary Education with the Reports of the Sub-Committees* (New York: The American Book Company, 1895), p. 68.

② Frederick Eby, *The Development of Modern Education in Theory, Organization, and Practice* (New York: Prentice-Hall, 1934), pp. 886-887.

③ Adolphe Erich Meyer, *The Development of Education in the Twentieth Century* (New York: Prentice-Hall, 1949), p. 397.

向学习者在学校的指导下际遇的所有经验。[①]

约翰·博比特（John Franklin Bobbitt）在对课程进行定义时指出，“课程”（curriculum）一词，在拉丁语中是“跑道”（race course）的意思，或者就是“赛跑”（race）本身——拼搏的地方，或者是运动员拼搏的事迹。应用到教育中，这个词意味着孩子和年轻人都必须完成和经历的一系列事情，而完成的方式则在于提升自己的能力，漂亮地完成成人生活的事务，以及在各个方面成为一个成人应有的样子。现实意义上的课程可以在两种意义上加以界定：（1）它是整个的经验，既包括无指导的，也包括有指导的，都旨在扩展个体的能力。（2）它是一整套在有意识的指导下开展的经验训练，学校使用这套经验使个体能力的施展变得充分而完满。博比特同时指出，当时学校的课程往往取的是第二个含义。[②]

在 1899 年大学入学需求委员会发布的报告中，委员会对课程的定义进行了分类，主要分为三类：第一，课程计划（program of studies），意思是一所学校里能提供的所有课程。第二，课程（curriculum），意思是学校以图表的形式为孩子安排或设计的一组一组的课程内容。第三，课程（course of study），意思是在对任何一门课程进行教学时需要注意的课程的组成数量、内容质量和教学方法等。[③]

结合博比特和大学入学需求委员会的报告中的课程定义，在本书中，课程是一个动态的概念，不同时段具有不同的指向性，主要是指在明确的教育目标指导下，公立中学为所有学习者提供的一组一组的完整的课程计划。这一组一组的课程计划也根据学校规模的大小和学

---

① 威廉·派纳等著：《理解课程》（上），张华等译，教育科学出版社，2003，第 25 页。

② 约翰·博比特：《课程》，刘幸译，教育科学出版社，2017，第 36 页。

③ NEA, *Report of Committee on College Entrance Requirements* (Chicago: The University of Chicago Press, 1899), p. 42.

校所在地区的不同而有所差异。在一些规模较小的中学，学校只能为所有学生提供一组单一的课程计划，而在一些规模较大的综合中学，整个学校的课程计划可以由多组不同的课程和一些课外活动组成，学生可以根据自己的需求有针对性地选择，这些课程计划整体上也可以分为古典、科学、综合、家政、手工训练和商业等不同类别。古典课程和科学课程主要是为那些升入大学和学院的学生准备的，综合课程主要是为那些对未来发展目标还不明确或仅仅为获得中学毕业文凭的学生准备的，家政和手工训练课程主要是为那些寻求更好的职业准备和成为有用的社会公民准备的，而商业课程主要为那些明确地表示未来将进入商业领域工作的学生准备的。每一个课程计划都有自己具体的毕业需求，同时提供一系列的选修课程供不同课程计划的学生选修。

三、文献述评

在我国，关于全国教育协会推动美国中学课程革新的研究较少，而将研究主题集中在 1890—1922 年对美国中学课程进行研究的文献则更少。在期刊论文方面，在中国知网（CNKI）的期刊数据库里，以“美国中等教育”为篇名进行期刊检索，在对检索到的记录进行逐个题名和摘要分析后发现，真正关于这一主题研究的期刊文章只有 4 篇，分别为杨孔炽的《十九世纪上半期美国的普通中等教育》[①]、杨捷的《西方中等教育综合化：历史与比较的视角》[②]。张斌贤等的《中等教育的

① 杨孔炽：《十九世纪上半期美国的普通中等教育》，《教育研究与实验》1985 年第 3 期。

② 杨捷：《西方中等教育综合化：历史与比较的视角》，《河南大学学报（社会科学版）》2005 年第 5 期。

基本原则——美国全国教育协会中等教育改造委员会报告》[①] 和李娟等的《美国大学招生制度改革的历史变迁——中等教育与高等教育衔接的视角》[②]；当以“中学课程”为篇名进行期刊检索时，检索到的文章中与本研究相关的文章只有两篇，分别为徐辉的《美国普通中学课程的历史演变》[③] 和方燕萍的《美国中学课程的困惑——访美国密西根大学大卫·安格斯教授》[④]；而以“公立中学”为篇名进行期刊检索时，只检索到两篇相关文章，分别为杨孔炽的《美国公立中学的产生》[⑤] 和黄河等的《美国公立中学问题的公共经济学阐释》[⑥]。张斌贤等组织翻译的《十人委员会报告》和《基本原则》及其发表的《揭开美国中等教育改革的序幕：〈十人委员会报告〉发表始末》[⑦] 一文，较系统地研究了全国教育协会对早期美国中等教育的影响，并清晰地展现了两份报告的所有内容要旨。此外，2017 年《教育学报》第六期上发表的张斌贤主持的题名为“美国全国教育协会早期史研究”的专题研究，是目前我国较新的，也是较为全面的关于全国教育协会的研究成果。这个专题包含 3 篇论文，分别从“协会的建立与早期事业”“全国教育协会组织结构的沿革”“全国教育协会致力于联邦教育机构的创建与发

---

① 张斌贤、杨帆：《中等教育的基本原则——美国全国教育协会中等教育改造委员会报告》，《教育学报》2015 第 6 期。

② 李娟、谢君婷：《美国大学招生制度改革的历史变迁——中等教育与高等教育衔接的视角》，《外国教育研究》2015 年第 7 期。

③ 徐辉：《美国普通中学课程的历史演变》，《外国教育动态》1988 年第 6 期。

④ 方燕萍：《美国中学课程的困惑——访美国密西根大学大卫·安格斯教授》，《外国教育资料》1997 年第 4 期。

⑤ 杨孔炽：《美国公立中学的产生》，《安徽师大学报（哲学社会科学版）》1986 年第 2 期。

⑥ 黄河、周采：《美国公立中学问题的公共经济学阐释》，《西北师大学报（社会科学版）》2005 年第 2 期。

⑦ 张斌贤、李曙光、王慧敏：《揭开美国中等教育改革的序幕：〈十人委员会报告〉发表始末》，《外国教育研究》2015 年第 1 期。

展”3个角度展开论述。①

在学位论文方面，为了避免不同研究者对同一术语翻译不一等问题的发生，在对本研究相关的学位论文进行检索方面，本书使用了与本研究密切相关的英文原名进行了检索，即先后使用了“the high school”“Committee of Ten”“Report of the Committee on Secondary School Studies”“Commission on the Reorganization of Secondary Education”“Cardinal Principles of Secondary Education”等术语。在对所有检索结果逐个进行题名、摘要、目录分析后发现，与本研究相关的硕士学位论文有李文文的《美国“六三三学制”研究（1888—1918）》、曲茜的《美国综合高中课程设置及其启示》、王芸的《美国综合高中制度改革探析》、彭爱波的《查尔斯·埃利奥特教育思想透析》、李梅香的《1890—1920年美国中等教育变革研究》、任伟伟的《20世纪上半叶美国课程理论的发展》、吴婵的《专门化与统一化：美国综合中学计划形成研究（1908—1922）》及范婕的《〈十人委员会报告〉：美国公立中学统一课程的努力》等；博士学位论文有王文礼的《20世纪美国中学科学教育的发展与变革》②、王喜娟的《美国综合高中发展危机研究》③、胡庆芳的《美国高中课程发展研究——从失衡发展到基础振兴》④、龚兵的《从专业协会到教师工会——美国全国教育协会角色转变之研

---

① 张斌贤：《美国全国教育协会早期史研究》，《教育学报》2017年第6期。

② 参见王文礼《20世纪美国中学科学教育的发展与变革》，博士学位论文，福建师范大学，2009。

③ 参见王喜娟《美国综合高中发展危机研究》，博士学位论文，东北师范大学，2010。

④ 参见胡庆芳《美国高中课程发展研究——从失衡发展到基础振兴》，博士学位论文，华东师范大学，2004。

究》[①]、李倩雯的《克里巴德课程史学研究》[②] 等。

杨孔炽、徐宜安著的《美国公立中学发展研究》[③] 对整个美国公立中学的发展与变革，以及课程等问题进行了研究；瞿葆奎先生主编的《教育学文集·美国教育改革》较早对中等教育改造委员会发布的《基本原则》进行了核心内容的译介。[④]

与国内关于全国教育协会与中学课程革新的研究处于初级阶段相比，国外关于这一问题的研究自《十人委员会报告》发布之后就开始了，一些具有代表性且与本研究密切相关的著作也先后出版。例如，埃德加·韦斯利（Edgar Wesley）的《全国教育协会的前一百年》（*NEA: the First Hundred Years*）；米尔德里德·芬纳（Mildred Fenner）的《全国教育协会：1892—1942》（*The National Education Association, 1892-1942*）；爱德华·克鲁格（Edward A. Krug）的《美国中学的形成》（*The Shaping of the American High School*）两卷本，时间点分别设定为1880—1920年和1920—1941年；赫伯特·克里巴德（Herbert M. Kliebard）的《美国课程的斗争：1893—1918》（*The Struggle for the American Curriculum: 1893-1958*）和《课程变革：美国20世纪的课程变革》(*Changing Course: American Curriculum Reform in the 20th Century*)；里斯的《美国中学的起源》（*The Origins of the American High School*）和《美国公共学校：从普通学校到"一个孩子也不掉队"》（*America's Public Schools: From the Common School*

---

① 参见龚兵：《从专业协会到教师工会——美国全国教育协会角色转变之研究》，博士学位论文，华东师范大学，2005。

② 参见李倩雯《克里巴德课程史学研究》，博士学位论文，南京师范大学，2017。

③ 杨孔炽、徐宜安：《美国公立中学发展研究》，湖北人民出版社，1996，第98—104页。

④ 瞿葆奎：《教育学文集——美国教育改革》，人民教育出版社，1990，第21—37页。

to "No Child Left Behind"）；劳伦斯·克雷明（Lawrence A. Cremin）的《学校的变革》（*The Transformation of the School*）和《美国中等教育的革命：1893—1918》（*The Revolution in American Secondary Education, 1893-1918*）；尤尔根·赫布斯特（Jurgen Herbst）的《过去和未来的学校：美国中等教育的三百五十年》（*The Once and Future School: Three Hundred and Fifty Years of American Secondary Education*）；艾萨克·坎德尔（Isaac L. Kandel）的《美国中等教育史》（*History of Secondary Education*）；等等。本书将从以下几个方面对已有的研究进行综述：

（一）关于美国中等教育发展阶段与中学功能变革的研究

美国中等教育的发展简单地说经历了拉丁文法学校、文实中学和现代中学这 3 个阶段。从时间跨度上来说，一般也将其分为 3 个时间段，分别为殖民地时期（the colonial period)、1790—1890 年和 1890 年之后的一个时期。

埃斯皮等研究了美国中等教育的 3 种形式，分析了不同中等教育形式占据的历史阶段，指出了 3 种形式的中等教育各自的发展黄金期，即拉丁文法学校（全盛时期为殖民地时期)、文实中学（全盛时期为 19 世纪)、公立中学（全盛时期为 20 世纪)。拉丁文法学校的主要功能就是为学生升学而准备的，学校的课程基本上都是古典课程和一些语言课程，通过这些课程培养学生的宗教虔诚感。文实中学的课程与拉丁文法学校的课程相比，课程的种类和多样性有所增加，具有既为学生升入大学做准备又有为学生未来的日常生活做准备的双重功能。在这两种功能中，文实中学更强调后者。对公立中学而言，在早期发展阶段，学校功能和课程内容与文实中学很相近。早期阶段的公立中学取得的最大成就就是确立了由公共税收负责支持其发展的基本制度，使其成了美国公共学校体制中的一个新的组成部分；另外一个成就就是公立中学的数量和在读人数都得以快速增长。公立中学的课程在早期局限性很强，但在随后的发展中，课程的类别和数量逐渐扩展开来。①

威廉·史密斯（William Anton Smith）指出："当我们谈到美国中等教育发展史时，很容易就会发现关于该问题的3个发展阶段是十分明晰的，即殖民地时期（the colonial period）、1790—1890年和自1890年之后的一个时期。"②

詹姆斯·李（James Michael Lee）将美国中等教育分为3个阶段：第一阶段为殖民地时期的中等教育（1635—1789年），建立了拉丁文法学校和英语文法学校。第二阶段为年轻共和国时期的中等教育（1789—1865年）到内战前后，拉丁文法学校几乎消失，由文实中学代替。第三阶段为内战之后到1918年的公立中学阶段的教育。到1918年，文实中学的数量极其有限，只剩下一些教会的、军事类型的学校。到20世纪20年代末，87%的中等学校都是公立的。③

全国教育协会中等教育分部在1885年提交的《文实中学的地位与功能》报告中指出：第一，在1885年之前，文实中学为中等教育发展做出了重大的贡献。第二，公立中学在1885年时开始承担以前文实中学所承担的大量工作。第三，公立中学作为美国公共教育体系里的一个组成部分，应该受到更多的支持和鼓励，进而更好的发展。第四，公立中学虽然已经尽其所能做了它能做的工作，但对文实中学来说，仍旧有一些值得它们去完成的工作和任务。第五，文实中学在1885年

---

① Herbert G. Espy, *The Public Secondary School: A Critical Analysis of Secondary Education in the United States* (Boston: Houghton Mifflin, 1939), pp. 19-20.

② William Anton Smith, *Secondary Education in the United States* (New York: The Macmillan Company, 1932), p. 1.

③ James Michael Lee, *Principles and Methods of Secondary Education* (New York: McGraw-Hill, 1963), p. 5.

所能做的最主要的工作就是为学生升入大学做好准备。①

密歇根大学校长詹姆斯·安吉尔（James B. Angell）和埃利奥特都指出，1890年之后，对高等教育机构的管理者来说，他们必须要警觉的就是公立中学开始逐渐成为大学的主要生源地。在1896年安吉尔担任“中北部各州大学和中等学校协会”(The North Central Association of Colleges and Secondary Schools）的主席时，他在就职演讲中明确地强调了公立中学发展的迅猛性和重要性。埃利奥特在1896年的中部各州和马里兰州大学与预备学校协会（The Association of Colleges and Preparatory Schools in the Middle States and Maryland）的会议上也指出：“靠捐赠而运营的文实中学和私立中等教育机构在美国所有中等教育类型中已经处于少数类型，绝大多数的中等学校变成了由公共税收支持的公立中学。因此，如果我们想让更多的中等教育阶段的孩子进入大学学习的话，那么高等教育机构必须要与公立中学建立联系，公立中学已经占据了主导地位，这个机构也将是接下来联邦政府发展过程中一直会保有的一种中等教育机构，也会通过征收公共税收来支持其一直向前发展。”②

在中学的功能方面，保罗·孟禄（Paul Monroe）指出：“尽管《十人委员会报告》明确地声称支持中等教育的‘完成’功能，但是从报告所提供的4组课程计划中可以明确看出大学和科学学校在课程方案的制定中所占据的主导地位。与此同时，十人委员会的成员和几个分课

---

① William A. Mowry et al.,“Report of Committee on Secondary Education: The Place and Function of the Academy,” in *The Journal of Proceedings and Addresses of the National Educational Association: Session of the Year 1885* (New York: Press of J. J. Little & Co., 1886), p. 447.

② Charles W. Eliot,“Conference on College Entrance Requirements,” in *The Proceedings of the Tenth Annual Convention of the Association of Colleges and Preparatory Schools of the Middle States and Maryland (1896)*, p. 79.

程委员会的成员绝大多数来自大学，他们提出的建议得到了高等教育机构的赞同，这些高等教育机构也非常巧妙地利用了全国教育协会这个具有较大影响力的组织发布的重要报告来提高中学课程的统一性。”①

弗兰克·普卢默（Frank E. Plummer）作为全国教育协会中等教育分部1891年的主席指出：“我们可以看出，公立中学的使命是使教育成为每一个人的教育，对每一个人都开放，这一使命的意义是深远的。然而，中学的功能具有双重性，这其中最主要的目标是使孩子们能够有一个积极的、有意义的、快乐的生活。”②

菲利普·考克斯（Philip Wescott Lawrence Cox）在其出版的《中等教育的原则》（*Principles of Secondary Education*）一书中指出：过去的中等教育主要是为那些将来准备从事牧师行业或其他职业的人准备的，而现如今中学教育已被视为未来有可能在经济上取得成功的人士必须具备的最低学历门槛，这种中等教育功能上的变化在两个具有代表性的委员会发布的报告中体现得最为明显，这两个委员会及其报告分别为1893年的《十人委员会报告》和1918年的《基本原则》。十人委员会在报告中指出，中学的主要功能是为一小部分孩子未来的生活所准备的，这一小部分群体认为他们能够通过这个延长至18岁左右的中等教育而受益。同时，当他们坚持完成这一阶段的学业时，他们的父母也有足够的经济实力进行支持。这一主要功能的变化具有极大的进步性，诠释了学校只对那些觉得通过学习能够受益，同时父母能够提供一切支持的学生进行开放的原则。而中等教育改造委员会则认为，中等教育完全是为了青少年完满和有价值的生活做准备的，因此

---

① Paul Monroe, *Principles of Secondary Education* (New York: The Macmillan Company, 1914), p. 35.

② Frank E. Plummer, "The President's Address: The Future High School," in *The Journal of Proceedings and Addresses of the National Educational Association: Session of the Year 1891* (New York: Press of J. J. Little & Co., 1891), p. 620.

每一个孩子在委员会描述的教育目标中都能找到相对应的位置。①

美国西北大学教育学院前院长约翰·斯托特（John E. Stout）也指出："自1900年，特别是1910年以后，中学教育本身也发生了重大的变化，这种变化既包括中学工作范畴的扩大，也包括各种商业课程和工业课程在中学课程中所占比重的逐渐加重。而中学的两种主要功能，即为升学做准备和为生活准备，此时依然是中学的主要功能，但在1900年以后，中学为生活做准备的功能变得更加明确。此外，通过区分不同课程来满足不同群体的职业需求在1900年以后逐步凸显，并在1910年以后得以快速发展。"②

孟禄进一步指出："《十人委员会报告》的影响力由全国教育协会于1895年任命，并于1899年发布报告的大学入学需求委员会加以扩大。通过定义全国性的标准和学习单元而使一些学科，如拉丁语、希腊语、法语、德语、历史、数学、生物科学和物理科学等，逐渐成了大学能够接受的入学需求科目，大学入学需求委员会帮助中学完成了它的预备（fitting）功能。然而，它没有考虑到中学的完成（finishing）功能。整体来说，从1890年到20世纪前10年，公立中学的预备功能在中学的两种功能中占主导地位。也就是说，这一时期大学对中学的控制处于全盛时期。然而，随着中学数量的快速增长，许多就读于中学的孩子很少或没有打算进入大学继续学习，他们打算学习一些新的、更具有实用性的课程。同时，一些准备升入大学的中学毕业生也发现，他们在申请大学的时候被大学拒绝了，这是因为他们修读的一些新课程并不是大学入学要求中规定的必修课程。到1910年，随着公立中学数量的大量增加，中学也明显地感觉到在处理与大学的关系时，处于

---

① Philip Wescott Lawrence Cox, *Principles of Secondary Education* (Boston: D. C. Heath, 1932), pp. 47-48.

② John Elbert Stout, *The Development of High-School Curriculum in the North Central States from 1860 to 1918* (Chicago: The University of Chicago Press, 1921), p. 257.

前所未有的独立自主状态。换句话来说，大学也开始认识到它们对这些预备机构的依赖性，因此也必须去考虑和满足中学提出的意见建议。”①

韦斯利指出，在 1870—1893 年全国教育协会召开的年会上，中学作为大学预备学校的功能“几乎一直都是人们的关注点”②。然而，1888—1890 年，只有 14.4%的中学生在为升入大学做准备。人们实际忽视了 85%以上的中学生的课程需求，而只关注了还不到 15%的中学生的课程学习。

迈耶指出：早期阶段美国中学具备的为大学做好预备工作的功能是具有一定意义的，能为大学提供好的预备工作的中学同样也能为学生未来好的生活做准备，大学对中学进行强有力的控制来确保预备课程在中学的存在，而那时中等教育的主要功能就是对学生进行心智训练。到 20 世纪之后，伴随着美国中学自身不断构建形成属于自己的、新的哲学理念，同时心理学家们也逐渐推翻了心智训练理论的科学性，美国中学才开始逐渐摆脱大学对它们的控制。③

（二）关于 1890 年前美国中学课程发展状况的研究

内战结束之后，美国公立中学面临着发展的两难问题，一方面来自高等教育机构的压力，它们将自己的一些想法强加到中学身上，让中学成为自己的附属机构；另一方面，伴随着工业化进程的加速和对技术工人的需求，社会对中学培养实用学科的人才需求量增多，认为中学应该适应社会的发展需求，提供更多关于实践学科的教学课程。

① Paul Monroe, *Principles of Secondary Education* (New York: The Macmillan Company, 1914), p. 35.

② Edgar B. Wesley, *NEA: The First Hundred Years* (New York: Harper & Row, 1957), p. 67.

③ Adolphe Erich Meyer, *The Development of Education in the Twentieth Century (second edition)* (New York: Prentice-Hall, 1949), p. 391.

为了解决这两难问题，中学开设了大量的平行课程。这些平行课程主要分为两大类，一类是固定的大学预备课程或古典课程，另一类通常被称为英语课程。一时间，大量的平行课程出现在中学里。①

坎德尔指出："到 1890 年，大量没有明确组织和计划的短期课程在中学里出现，这些课程往往仅开设 10 个、12 个或 14 个星期，而开设这些课程就是为了满足大学入学的要求，学生为了达到大学入学需求而被迫地选择一些短期课程，导致了中学课程的无序化。"② 他还进一步列举道，到 1900 年，中学里的平行课程数目已经增加到 36 个，种类从古代古典学程直到女子手工训练学程。这些平行课程的存在产生的结果就是学生只能选择诸多平行课程中的一组，而没有权利选择不同平行课程里面所包含的具体科目。③

孟禄指出，在《十人委员会报告》发布之前，美国中等教育主要存在这样几个方面的问题：第一，在中学的功能上，在预备和完成这两种功能之间存在着激励的争论，从而将中学置于一个被动地去完成这两种功能的尴尬处境中。第二，在课程的学习上，将学习的概念与形式训练的理论学说相对等，指出学生的智力和思维是由各种各样的器官组成的，通过修读学校开设的某些具体课程就可以达到对各种器官进行训练的目的，从而强调了形式训练（formal discipline）的重要性。第三，学校的课程设置情况极其混乱，这种混乱情况是确实存在的。第四，中学遭受到教育者和社会进步人士的严厉批评，而绝大多数的批评都指向了中学的教育目的，特别是支撑教育目的的实现而开设

---

① Calvin Olin Davis, *Our Evolving High School Curriculum* (New York: World Book Company, 1927), pp. 34-35.

② Isaac Leon Kandel, *History of Secondary Education: A Study in the Development of Liberal Education* (Boston: Houghton Mifflin, 1930), p. 471.

③ Isaac Leon Kandel, *History of Secondary Education: A Study in the Development of Liberal Education* (Boston: Houghton Mifflin, 1930), p. 458.

的各种各样的课程。[1] 同时，孟禄以例证的形式，指出了中北部各州中学课程的混乱情况。他指出："1886—1890 年，在对美国中北部 30 座城市的公立中学开设的课程类型及学生修读情况进行调查后得知，这些被调查的学校开设的很多课程都是短期课程，在所提到的 583 个有课时分配的科目中，有 167 个、总占比为 29%的课程教学时长还不到一年的三分之一，或者更少；有 286 个、总占比为 49%课程的教学时长还不到一年的一半，或者更少；有 385 个、总占比为 66%的课程授课时间还不到一年的三分之二，或者更少；仅仅只有 198 个、占总课程比例为 35%的课程授课时间超过一年，或者更长。这样的调查结果是十人委员会极其不支持的一种课程分配结果。"[2]

克伯莱指出："1880 年之后，由于新的学习科目被飞速引进中学里，这使得中学原有的课程安排变得过于拥挤，从而导致：（1）中学学制延长为 4 年；（2）引入了选修课程；（3）出现了一系列四年制的平行课程。此外，有许多中学还独立出来，教授一门或多门以上所提及的那些课程，这使得一些新类型的中学开始出现：（1）普通文化类中学；（2）综合类中学；（3）手工训练类中学；（4）家政类中学；（5）商业类中学；（6）农业类中学；（7）贸易和技术类中学。"[3]

斯托特在 1886—1890 年对中北部各州的 30 所公立中学的课程进行调查后发现，这 30 所中学开设的平行课程类别高达 65 种，这 65 种平行课程的分布具体为英语，17 类；数学，7 类；科学，11 类；社会课程，14 类；外国语言，4 类；商业课程，6 类；其他各种各样的课程，

① Paul Monroe, *Principles of Secondary Education* (New York: The Macmillan Company, 1914), p. 28.

② Paul Monroe, *Principles of Secondary Education* (New York: The Macmillan Company, 1914), p. 22.

③ 埃尔伍德·帕特森·克伯莱:《美国公共教育:关于美国教育史的研究与阐释》,陈露茜译,安徽教育出版社,2012,第 328—329 页。

6类（包括精神哲学、道德哲学、绘画、教学理论与教学艺术、心理学和教育学、手工训练）。[1] 与此同时，社会中也弥漫着"最适合升入大学的课程也同样最适合学生以后的社会生活"（What best fits for college best fits for life）的口号。美国教育专员威廉·哈里斯（William T. Harris）也指出：社会各界一直认为中学是整个教育系统里缺陷最多的一个机构。此外，中学的预备和完成功能也是各界争论的焦点，学校课程的混乱也是确实存在的，这都将中学置于一个骑虎难下的两难处境中，中学亟待通过自身的变革更好地服务于这两种功能。这种变革既需要中学教育目标的改变，更需要对当时中学开设的课程进行变革。[2]

埃尔默·布朗（Elmer E. Brown）指出："在美国中学课程史上，最开始以一个固定的、高度统一的课程设置为开始。后来，为了满足各种需求才在这种古老的、固定的课程标准基础上进行了数次变革，并导致了平行课程的第一次出现，平行课程里面每一个科目都是固定和明确的。由于只能选择一种平行课程及该课程下面所包含的科目，导致了平行课程总量的增加。之后，陆续听到提倡自由选修课程的呼声，这种呼声主张的课程设置与最开始我们提供的高度固定的课程模式截然相反。因此，当我们来到另一边时，必须从这一边开始对整个课程变革的运动进行彻底调查，以期能够在这些介于中间的课程领域内找到自己所属的那一部分。"[3]

约翰·拉蒂默（John F. Latimer）指出："在1870年之后，许多私

---

① John Elbert Stout, *The Development of High-School Curriculum in the North Central States from 1860 to 1918* (Chicago: The University of Chicago Press, 1921), p. 66.

② Walter Scott Monroe, *Reconstruction of the Secondary-School Curriculum: Its Meaning and Trends* (Urbana: University of Illinois, 1928), p. 28.

③ Elmer Ellsworth Brown, *The Making of Our Middle Schools* (New York: Longmans, Green, and Co., 1903), pp. 438-439.

立文实中学逐渐转化成了大学的预备学校。在那时，大学仅仅强调拉丁语、希腊语和数学课程，因此这些文实学校也仅仅重视这些科目的教学。伴随着公立中学的快速发展，虽然公立中学的数量和在读人数都得以快速增加，但中学为大学服务的预备功能仍然是这一时期中学的主要功能，因此大学入学需求的科目也自然成了公立中学的主要课程。然而，由于公立中学的公共性，它们也不得不通过扩宽课程计划去满足所在学区对一些应用性和实践性课程的需求，这些新增加的课程包括现代外国语、现代历史、自然科学和社会学。有一些中学也提供声乐、速记、厨艺、簿记、体操和木工等课程。这些新增的现代性课程往往不能成为大学入学需求中的科目，同时中学里一些陈旧的课程也无法满足一些大学不断提出的新的入学要求。在这样的情况下，许多短期课程，特别是在科学课程方面的短期课程，成了中学里最受欢迎的课程。这些短期课程的存在一方面是为了满足不同大学的入学需求，因为不同的大学有不同的入学标准；另一方面是为了满足学生当时的社会实践需求，因为很多中学生会在中学的不同阶段辍学且最终升入大学的学生比例极少。”①

（三）关于全国教育协会与美国公立中学课程变革的研究

克鲁格指出：“显而易见，全国教育协会变成了讨论、交流并尝试解决这一时期中学问题的全国性的舞台，这个舞台的神经中枢就是全国教育协会于1880年成立的全国教育委员会和1886年成立的中等教育分部。”② 亚历山大·英格利斯（Alexander James Inglis）指出：“在美国，在联邦政府层面，并不存在着一个能够控制各州教育事业统一发展的联邦权力机构或全国性的管理中枢，这与一些中央集权型国家自

① John F. Latimer, *What's Happened to Our High School?* (Washington, D. C.: Public Affairs Press, 1958), p. 62.

② Edward A. Krug, *The Shaping of the American High School* (New York: Harper & Row, 1964), p. 27.

上而下的垂直管理模式有区别，因此中等教育的管理与决策权就落在了各州手里，有些州能最大限度地统一管理州范围内的中等教育，有些州就直接将中等教育的管理权交给了地方学区和地方学校管理委员会。”[①] 而全国教育协会作为全国最大的教育组织，成了这一时期各州和学区的管理者和教育家讨论和交流美国中等教育课程的主要舞台。

巴纳德·梅尔（Bernard Mehl）在其博士论文《美国世纪之交的中学》中，讲述了1890—1900年美国公立中等教育的教育目的和中学课程计划的变革情况，其中对全国教育协会发布的3份课程报告进行了详细地介绍，指出了这一时期全国教育协会在美国中学课程变革中发挥的重要作用，提出了这一时期这几份报告对中学课程变革产生的巨大影响。[②] 同时，他还指出，当人们一谈到这一时期的中学课程变革时，全国教育协会这一时期的努力就会成为讨论的核心，绕过这个组织来谈这一时期中学课程变革是不切实际的，也是不现实的。另外一些博士论文也对全国教育协会早期历史及其下属分部开展的活动进行了研究，如爱德华·麦克道尔（Edward I. McDowell）的“Changing Conceptions of Secondary Education as Developed by Committees of the National Education Association”[③]、芬纳的《全国教育协会：1892—1942》（The National Education Association：1892-1942）[④]、埃德温·

---

① Alexander J. Inglis, *Principles of Secondary Education* (Boston: Houghton Mifflin Company, 1918), pp. 197-198.

② Bernard Mehl, “The High School at the Turn of the Century: A Study of the Changes in the Aims and Programs of Public Secondary Education in the United States, 1890-1900”(PhD diss., The Illinois University, 1954).

③ Edward I. McDowell, “Changing Conceptions of Secondary Education as Developed by Committees of the National Education Association” (PhD diss., The Connecticut University, 1968).

④ Mildred Sandison Fenner, “The National Education Association: 1892-1942” (PhD diss., The George Washington University, 1942).

蒙哥森（Edwin F. Mengersen）的“The Quantitative Standardization of Secondary Education：1890-1910”①、欧文·赛尔（Erwin Selle）的《全国教育协会的组织与活动：教育社会学里的一个案例研究》（“The Organization and Activities of the National Education Association：A Case Study in Educational Sociology”）②、拉尔夫·施密德（Ralph Schmid）的《全国教育协会组织机构的研究：1884—1921》（“A Study of the Organizational Structure of the National Educational Association，1884-1921”）、麦肯纳（F. Raymond Mckenna）的《全国教育协会的政策演变》（“Policy Evolution in the National Education Association”）③、戈登·西利（Gordon M. Seely）的《全国教育协会的调查委员会：1892—1918》（“Investigatory Committees of the National Education Association：A History of the Years 1892-1918”）④。

里克·金斯伯格（Rick Ginsberg）指出：“从19世纪90年代到20世纪80年代，在美国这个教育分权的国度里，建立全国性的委员会去开展一些大规模的调研已经成为一些较大的教育组织解决教育问题的重要方式。所成立的这些委员会大多由当时相关领域内较为出名的教育者和管理者组成，他们聚集在一起通过开展全国性的调研、获取翔实的数据和信息、提出改革的建议、提供解决问题的办法，回应社会上出现的棘手的教育问题。其中，全国教育协会成立的十人委员会、

---

① Edwin Fred Mengersen，“The Quantitative Standardization of Secondary Education：1890-1910”(PhD diss.，The Washington University，1959).

② Erwin Stevenson Selle，“The Organization and Activities of the National Education Association：A Case Study in Educational Sociology”(PhD diss.，The Columbia University，1932).

③ F. Raymond McKenna，“Policy Evolution in the National Education Association”(PhD diss.，The Harvard University，1954).

④ Gordon M. Seely，“Investigatory Committees of the National Education Association：A History of the Years 1892-1918”(PhD diss.，The Stanford University，1962).

中等教育改造委员会等全国性委员会就关于中学课程开展了全国性调研，为更好地解决中学功能和中学课程的问题提供了建设性的改革建议，推动了中学课程的不断变革和中等教育向前发展。”①

坎德尔指出：“伴随着一些较大的区域性教育协会组织的陆续建立，如新英格兰地区大学和预备学校协会、中部各州和马里兰州大学与预备学校协会、南部各州大学和预备学校协会、中北部各州大学和中等学校协会、西北部各州中学与大学学校协会等。这些区域性协会之间在一定的领域开展了一些合作和交流，如相互之间认可一些大学入学需求科目、预备中学的名单等。但这几大协会之间都没有非常明确的约定，尤其是在中学课程这些重要的主题方面。东部和南部各州的协会趋向于保守，中北部各州为了满足工作需求往往更加主动地去进行变革，但各州对制定全国统一的中学课程标准的需求都比较强烈。然而，由于联邦政府缺乏自上而下地统一权威和执行力，这个统一课程标准的任务就只好交给在教育领域大家都还认可的教育组织的领导者，以及在范围上唯一能辐射到全国所有教育领域的组织——全国教育协会来承担。”②

哈罗德·斯皮尔斯（Harold Spears）在《今日之中学》一书中指出：“全国教育协会在1892—1922年，通过成立十人委员会、十五人委员会、大学入学需求委员会、六年制中学课程委员会（the Committee on Six-Year Course，1905—1909）、节约教育时间委员会（Commission on Economy of Time in Education）、中学与大学衔接九人委员会和中等教育改造委员会等对中学及其相关主题的问题展开了一系列研究，发布了一系列调研报告和课程改革报告，很大程度上推动了中学课程的

① Rick Ginsberg, “Educational Change by Commission: Attempting ‘Trickle down’ Reform,” *Education Evaluation and Policy Analysis* 9, No. 4 (1987): 344-360.

② Isaac Leon Kandel, *History of Secondary Education: A Study in the Development of Liberal Education* (Boston: Houghton Mifflin, 1930), p. 471.

变革。同时，能在30年的时间里集中大量的人力和精力对某一具体问题进行系列研究，这也是美国教育发展史上史无前例的一次尝试和努力，对后期美国中学的改革与发展产生了深远的影响。①

克里巴德通过对比分析《十人委员会报告》与中等教育改造委员会的报告阐述这一历史进程中中学课程的发展趋势，指出了这两个委员会发表报告时所处的不同历史背景、委员会组成成员之间的差异性、对解决当时社会问题做出的不同历史贡献，以及从学术型课程到差异性课程的中学课程变革之路。② 克里巴德还进一步指出：在20世纪有4种主要的力量和观念在课程领域争夺着控制权，它们分别为人文主义者（Humanist）（认为传统的课程和教学方法才是最好的）、儿童发展主义者（Developmentalists）（认为学校应该根据孩子的身心发展规律编制课程）、社会效率论者（Social Efficiency Educators）（认为应将科学管理运动中工厂标准化生产的技术和程序应用到学校的教学和课程设计中）、社会向善论者（Social Meliorists）（认为学校应该是践行社会变革和社会正义的主要，或者说最主要的力量）。这4种力量在20世纪就什么知识最有价值和学校应该具备什么样的功能等问题，提出了各自观点并进行了论证。③

哈罗德·拉格（Harold Rugg）认为："从19世纪90年代到20世纪20年代，美国的课程制定主要由大学里的文科（liberal arts）教授们负责完成。其中，全国教育协会下属的5个全国性委员会做了大量的调查工作，制定了严格的学术标准。这5个委员会分别为十人委员会、

① Harold Spears, *The High School for Today* (New York: American Book Company, 1950), p. 304.

② Herbert M. Kliebard, "The Cardinal Principles as Archeological Deposit," *Curriculum Studies* 3, No. 2 (1995): 197-208.

③ Herbert M. Kliebard, *The Struggle for the American Curriculum: 1893-1958 (third edition)* (New York: RoutledgeFalmer, 2004), pp. 20-25.

十五人委员会、两个节约教育时间委员会（分别为 1908 年和 1914—1918 年）和中等教育改造委员会。换句话来说，在 19 世纪 90 年代，大学相关学科的教授们浇铸了学校里课程的基本模型。课程内容主要就是语言（linguistic）和数学（mathematical），从本质上来说都建立在文科教育的基础之上，也是为了满足大学入学需求。这种教育是为最优秀的人准备的，学校也全然漠视其所在社区居民和普通民众的基本需求，尽管这些人支持和发展了学校。学校的课程也缺乏社会学、美学、社会道德伦理学等。虽然一些大学的师范学院和教育学院对课程也开始了专门化的研究，但是还未能真正达到起影响作用的程度。然而，在《十人委员会报告》发布的 15 年后，课程制定的主导者发生了变化，由过去大学教授占据主导变成了学校的督学、校长和一线教师占据主导，这一情形大约持续到一战之后。一战之后，更多的大学教授们开始专攻课程编制等工作，但是课程制定的核心价值观还没有变化，依然是课程中心占主导，强调语言学和数学等相关科目。与此同时，这些全国性的委员会在发布课程报告之后，市镇和学区的学校也都紧跟着应用这些课程计划，不管是在大纲上，还是在相关细节内容上，都按照新计划来执行。这些已经成型的课程就变得难以改变。”①

此外，克鲁格在《美国中学的形成：1880—1920》这本书中对十人委员会和中等教育改造委员会也都有详细的论述，对为什么变革中学课程也有充分的说明。沃尔特·德罗斯特（Walter H. Drost）在《大卫·斯内登与教育中的社会效率》一书中，对《十人委员会报告》和《基本原则》报告中的 7 个教育目标等问题进行研究，指出了在这些目标指导下需要进行的课程变革和主要的变革方向。②

---

① Harold Rugg, *Foundations for American Education* (New York: World Book Company, 1947), pp. 630-631.

② Walter H. Drost, *David Snedden and Education for Social Efficiency* (Madison: The University of Wisconsin Press, 1967), pp. 36-45.

（四）关于全国教育协会发布的几份调查报告的研究

埃德温·蒙哥森（Edwin F. Mengersen）指出："19 世纪 90 年代，美国中等教育历史上进行了两次全国性的调查，并都发布了对后期影响深远的报告。第一次是 1892—1893 年中学课程的十人委员会开展的调查，发布了影响深远的《十人委员会报告》，为后期继续开展其他类型的全国性教育调查活动树立了典范。第二次全国性调查活动就是 1895—1899 年大学入学需求委员会开展的调查活动，并发布了《大学入学需求委员会报告》，报告提出了建立全国性统一的课程单元的建议，建议大学设立最低的课程录取单元，以及在中学里实行选修制，等等。"①

1. 中学课程的《十人委员会报告》

1892 年，全国教育协会下属的全国教育委员会决定成立一个委员会，具体负责中学不同学科会议的筹备和组织工作，这个委员会就是十人委员会。十人委员会于 1893 年 11 月发布了《中学课程委员会报告》，也称为《十人委员会报告》。报告涵盖了中学课程、教学等主体内容，包含课程方案、教学内容、教学方法、就学年龄、学时等一系列相关问题。

（1）关于《十人委员会报告》中课程的研究。

阿道夫·迈耶指出："在 1890 年之前，课程的构建一般都委托给个人或单一的学术机构完成。然而到 19 世纪末，课程的制定开始由专业的委员会负责完成，这种新的观念的转换首先来自十人委员会的工作。十人委员会作为第一个专业的委员会来考虑课程的重组，其组成成员几乎都是人文学科的教授，这一点也是需要考虑的。他们不仅是课程构建的开拓者，还是课程计划的制订者。尽管他们的建议已经过时了，

---

① Edwin Fred Mengersen, "The Quantitative Standardization of Secondary Education: 1890-1910" (PhD diss., Washington University, 1959).

但是他们所强调的一些课程的价值给予了我们深思的空间。十人委员会的成员普遍赞成将数学和语言学作为课程变革的主要内容，虽然他们也指出了社会各界对中等教育应加强实践教学方面的诉求，但是实践和学术看起来是紧密地交织在一起的。总体来说，委员会的教授们还是支持中学的主要任务是为大学提供训练有素的智力精英的这个观念的。”①

迈耶还进一步指出，到20世纪早期，课程制定委员会的成员慢慢发生了变化，中学教师、校长和督学逐渐取代了高等教育领域的专家与学者们。而在一战之后，教育专业的教授们开始越来越多地出现在不同的委员会中，中等教育改造委员会就是一个例子，这个委员会里教育学专业的教授就占据了多数。②

十人委员会在报告中宣称："所有适合大学入学需求的课程，如果以同样的难度、同样彻底的方式和同样的时间加以教授的话，那么这些课程将在心智训练上具有同等的价值。这一建议的提出促使中学课程在定量上实现了统一，这一结论主要依据课程价值具有平等地位的理论假设，同时证明了官能心理学理论的合理性。从这一点上来说，十人委员会对中等教育事业的贡献是巨大的，但这一结论的提出也是后来最受争议和批评最多的一个方面。"③ 克鲁格指出："中学开始增加现代学术课程来满足大学的预备需求，同时大学预备课程的这种理念也被非常明确地固定下来，就像之前希腊语在大学入学需求课程中占

① Adolphe Erich Meyer, *The Development of Education in the Twentieth Century* (New York: Prentice-Hall, 1949), pp. 437-438.

② Adolphe Erich Meyer, *The Development of Education in the Twentieth Century* (New York: Prentice-Hall, 1949), p. 438.

③ Edwin Fred Mengersen, "The Quantitative Standardization of Secondary Education: 1890-1910" (PhD diss., Washington University, 1959).

据的牢固地位一样。”①

拉蒂默指出：“《十人委员会报告》的发布遵循当时在教育领域十分盛行的两种理念，第一种是学校教育的主要目标是通过知识的传授为未来的好公民提供基础知识保障，第二种理念是通过学科的训练促使人们心智的发展，心智训练的思想在1860—1890年一直都是中学课程制定的主要理论来源。因此，从传统意义上来说，能够最好地满足上述两种学校教育目标的课程就是拉丁语、希腊语和数学。然而，为了满足当时工业发展的需要和不同社区的现实需求，十人委员会在报告中增加了一些现代性的学术课程，如英语语法、作文和文学，历史，现代外国语言，公民政府，地理，物理，化学，自然地理及其他一些科学的课程。但是在报告中，委员会仍然强调心智训练的价值，因为他们充分运用一个新的心理学理论支撑说明那些传统学科对心智发展的重要性。在此基础之上，十人委员会提出了4种课程计划，分别为古典课程（3门外国语言，其中1门是现代的）、拉丁文-科学课程（2门外国语言，其中1门是现代的）、现代语言课程（2门外国语言，都是现代的）和英语课程（1门外国语言课程，既可以是现代的，也可以是古代）。在这4组课程计划中，最常见的几门课程分别为英语（4年）、数学（3年）、历史（3年）、1门外国语言（4年）和科学（物理、化学和自然地理学）（3年）。由于当时中学生随时都有可能在中学的不同阶段辍学，因此在这4组课程计划的前两年，安排的课程内容基本相近，唯一的区别就是选择哪一种外国语言，以及在第二年的拉丁-科学课程和现代语言课程中用植物学或动物学代替历史课程。”②

布朗指出：“关于中学课程的学习，委员会建议在中学课程中应该

---

① Edward A. Krug, *The Shaping of the American High School* (New York: Harper & Row, 1964), p. 89.

② John F. Latimer, *What's Happened to Our High School?* (Washington, D. C.: Public Affairs Press, 1958), pp. 65-66.

沿着语言、数学、历史和自然科学这4条主线进行持续性教学。同时，他们建议每个学生在4年课程学习的前两年应该尽可能地涉及所有主要的知识领域，这样他们就可以完全地展示自己的能力、挖掘自己的兴趣。因为这个原因，委员会建议希腊语的教学推迟到第三年开始，这样学生在根据他们的能力做出选择之前，不会发现他们正处于选择古典课程和拉丁-科学课程的两难之间。委员会还要求每一门课程一个星期最大的背诵量为20个课时（period），但是他们可以有5个课时用于临时性工作。同时，如果觉得需要的话，他们可以保留两个课时用于实验课程。委员会还认为4年的课程单元总量应为16个或18个，一个星期应有20个课时，这样的安排应该被认为是最好的。换句话来说，每年至少需要学习4门上述所列举的课程，每个课程每周至少需要学习3个课时，并要求至少有3门主要科目的学习年限长于3年，或者更长。此外，十人委员会也极力反对大量短期课程的存在，这种短期课程在报告发布之前大量地存在于公立中学里，导致了课程学习的深度普遍不够。”①

尼古拉斯·巴特勒（Nicholas M. Butler）指出：“《十人委员会报告》中将绝大多数的课程时间都给了各种语言课程，在4组课程计划中，语言课程占据的课程总量高达52.5%（如表导-2所示）。”

表导-2 《十人委员会报告》中4组课程计划周学时安排表②

课程类别	古典课程	拉丁语-科学课程	现代语课程	英语课程	总量
语言	50	42	42	34	168
历史	7	6	6	14	33

① Elmer Ellsworth Brown, *The Making of Our Middle Schools* (New York: Longmans, Green, and Co., 1903), pp. 382-383.

② Edwin Fred Mengersen, "The Quantitative Standardization of Secondary Education: 1890-1910" (PhD diss., Washington University, 1959).

续表

课程类别	古典课程	拉丁语-科学课程	现代语课程	英语课程	总量
数学	14	14	14	14	56
自然科学	9	18	18	18	63
总的周学时数 (Total Weekly Periods)	80	80	80	80	320

戴安·拉维奇（Diane Ravitch）也同时指出："《十人委员会报告》发布后不久，持反对意见的声音也随之而起。传统主义者认为，这份报告是对他们课程观的一种侮辱；古典主义者对委员会提出的大学可以招收不学习拉丁语的中学毕业生的建议表示非常恼怒；希腊语教授愤愤不平地抱怨希腊语在中学里的地位正受到轻视；还有一些古典主义者对委员会报告中提出的将科学、历史、现代外国语言这些现代课程在价值上视为与那些古典课程具有同等价值的建议感到深深不安。在此基础上，一些持古典主义课程观的学者们对《十人委员会报告》支持所有中学课程在心智训练和大学录取上具有同等地位的课程改革建议也表示强烈地反对。他们认为如果这种平等的地位确实存在的话，那么如此多的古典主义者纷纷认为仅仅只有古典语言才能成为心智训练中的基础课程的判断是错误的，这种平等主义观必将威胁到这些古典主义者的生存与发展。如果英语、德语或化学与拉丁语对学生的心智训练都一样重要，那么还有人再愿意去学习拉丁语吗？"①

在1890年，大约有三分之一的中学生学习拉丁语，而《十人委员会报告》则激发了学生继续学习拉丁语的热情，到1900年，几乎一半

① Diane Ravitch, *Left Back: A Century of Failed School Reforms* (New York: Simon and Schuster, 2000), pp. 43-44.

的中学生学习拉丁语。甚至在1910年时，这10年间中学的入学人数增长了一倍，学习拉丁语的学生也增长了一倍，学习拉丁语的学生人数仍旧保持在50%左右。这就等于说，拉丁语课程是测量一个课程是否属于学术型课程的标准，而拉丁语的学习对训练人的心智是极其重要和有价值的。1900—1910年，中学里学术型课程所占的比重上升到一个新的高度，尽管这一时期绝大多数的中学毕业生并没有为升入大学而做准备。①

斯皮尔斯指出："虽然十人委员会已经注意到中学毕业生中升入大学的比例有限，但是在最后的课程计划中，那些升入大学学生的课程与那些不升入大学学生的课程之间没有明显的区别，委员会也意见一致地支持传统的大学入学需求科目与教育方式，这也进一步说明了大学对中学的控制，大学需要中学按照那些既定的、传统的课程模式开设他们所需要的课程。"②

约瑟夫·沃特拉斯（Joseph Watras）讲道："格兰维尔·斯坦利·霍尔（Granville Stanley Hall）公开指责《十人委员会报告》，是因为报告强调学术课程而牺牲了职业课程。根据这一点，他发现了报告中的三个缺陷：第一，报告试图以同样的方式对每个学生授以同样的课程，无视学生的职业兴趣和能力差别。第二，如果教育得当，所有课程具有同样的价值，这个观点夸大了教学方法的重要性而忽视了那些维护某些课程价值的书籍和文章的观点。第三，霍尔不赞成委员会提出的'让学生适应大学入学需求即为他们生活做准备'的观点。"③

---

① Diane Ravitch, *Left Back : A Century of Failed School Reforms* (New York: Simon and Schuster, 2000), p. 49.

② Harold Spears, *The High School for Today* (New York: American Book Company, 1950), pp. 304-305.

③ 约瑟夫·沃特拉斯：《20世纪美国教育中的哲学冲突》，王璞译，安徽教育出版，2011，第18—19页。

(2) 关于《十人委员会报告》意义的研究。

克鲁格指出:“自报告发布以来,关于该报告的讨论铺天盖地而来。不但在中等教育领域大家讨论这个报告,而且整个教育领域都在讨论这个报告。1894—1905年,几乎每一个与教育主题相关的条款或文件都会涉及这个报告,要么与其进行对比,要么与其相区分。”① 克鲁格还认为:“在20世纪中学发展史的光照下,《十人委员会报告》不应再被贬低为保守的,而应被视为在19世纪末20世纪初维护中学作为社会流动机制而非社会分层机器的最后努力,只不过后来十人委员会的平均主义理念输给了社会效率观念。”② 弗雷德里克·伊比(Frederick Eby)指出,在埃利奥特1888年发表了关于《学校课程能够缩减并丰富吗》的报告之后,全国教育协会1892年任命成立以埃利奥特为主席的十人委员会去专门调查和研究中等教育的组织和课程,并发布了美国历史上撰写的最具有影响意义之一的报告,同时也推动了美国中学原有的课程结构发生了根本性改变。③

拉维奇指出:“在全国教育协会成立十人委员会专门为成千上万的学校和大学提供解决办法的意见建议之前,美国还没有一个全国性的教育组织做出过此类努力。十人委员会作为美国教育领域里第一个最好的(blue-ribbon)专业委员会对中学的相关问题进行调查研究,也吸引了两位当时最有影响力的自由教育提倡者加入其中,他们分别是哈佛大学校长埃利奥特和美国教育专员哈里斯。委员会成员中还包含了另外4所大学的校长、3所中学的校长和1位大学教授。在这些成员

---

① Edward A. Krug, *The Shaping of the American High School* (New York: Harper & Row, 1964), p. 66.

② Edward A. Krug, *The Shaping of the American High School* (New York: Harper & Row, 1964), pp. 18-92.

③ Frederick Eby, *The Development of Modern Education in Theory, Organization, and Practice* (New York: Prentice-Hall, 1934), p. 884.

中，埃利奥特和哈里斯都是较为出名的现代课程的积极提倡者。”[①]

巴特勒作为当时《教育评论》的编辑，自从十人委员会建立之后，他就全力支持这个委员会的工作。在报告发布之后，巴特勒任编辑的杂志出版了至少 14 篇关于该报告的文章或一些评论文章，作者包括埃利奥特、哈里斯、查尔斯·德加谟（Charles DeGarmo）等。此外，巴特勒还在《哈珀周刊》（*Harper's Weekly*）上发表了两篇称赞十人委员会及其出版的报告的文章。在后一篇文章中，巴特勒指出，这份报告在欧洲的受欢迎程度就像在美国一样，得到了大家的普遍认可。[②]

埃斯皮指出："在 19 世纪 90 年代前后，为统一中学课程和制定一个统一的课程评价单元，一些具有前瞻性的教育组织进行了无数的努力。其中，在统一课程标准和课程单元方面做出最大努力和影响力最大的组织毫无疑问是全国教育协会下属的‘十人委员会’。”[③]《十人委员会报告》也是美国中等教育史上的第一份尝试将混乱的中学课程指引到科学有序的发展道路上来的报告，同时该报告也很好地协调了中学和大学之间的紧张关系。蒙哥森指出："十人委员会实施了美国中等教育史上的第一次全国性的课程调查活动，并依据所有课程具有同样平等价值的理论假设，发布了影响深远的《十人委员会报告》。”[④]

拉蒂默指出："《十人委员会报告》在中学课程改革上起到的作用不仅仅是一个‘蓝图’式的课程改革纲要，这份报告更是美国教育史上曾经发布的、影响最为深远、最具有实践性和民主性的教育哲学报

---

① Diane Ravitch, *Left Back : A Century of Failed School Reforms* (New York: Simon and Schuster, 2000), p. 41.

② Nicholas Murray Butler, "The Reform of High-School Education," *Harper's Weekly* 1, No. 13 (1984): 42.

③ Herbert G. Espy, *The Public Secondary School : A Critical Analysis of Secondary Education in the United States* (Boston: Houghton Mifflin, 1939), p. 53.

④ Edwin Fred Mengersen, "The Quantitative Standardization of Secondary Education: 1890-1910" (PhD diss., Washington University, 1959).

告。说这份报告最为深远，是因为这份报告从当时已经过时和陈旧的课程理论中穿透出来，在20世纪的曙光刚刚到来之际提出了满足个人的基本需求和民主社会需要的新的课程原则；说这份报告是最实践的课程报告，是因为报告中提供了课程模型，不同中学可以根据自己学校规模的大小有选择性地接受不同的课程计划；说这份报告是最民主的报告，是因为这份报告对那些选择升学或不升学的学生来说，在受益程度上未进行任何的区分。”《十人委员会报告》里体现的哲学思想几乎影响了接下来30年的中等教育发展，而且其对中等教育领域影响最主要的时间段是1893—1910年。①

《十人委员会报告》发布之后，在赢得大家纷纷赞许和肯定的同时，质疑和反对声也随之而起，绝大多数的批评指向了这个委员会没有及时地根据正在变化的中学入学人数进行课程内容的调整。其中，对报告批评声音最响且多次公开批判的代表人物，就是当时美国儿童研究运动的主要代表——霍尔。霍尔是4种课程价值观利益群体中的第二大类群体中的代表人物，即课程的儿童发展主义者（developmentalists）。这类群体认为对孩子进行教育要根据孩子自然发展的顺序进行，根据孩子的身心发展规律对孩子进行教育是最科学和最有意义的教育规律，这也应该是学校编制课程的基础和出发点。②

布朗指出：“十人委员会在对九大分会报告进行总结和概括的基础上，提出了4种适用于不同学生需求的课程计划。然而，这4种计划被视为十人委员会报告中最不成功和最没有意义的一种结果。而报告中代表着委员会考虑最成熟的部分是委员会提出来用于指导形成4种不同课程计划的总的指导原则部分。报告发布后引起了激励的讨论，委员

① John F. Latimer, *What's Happened to Our High School?* (Washington, D. C.: Public Affairs Press, 1958), pp. 116-117.

② Herbert M. Kliebard, *The Struggle for the American Curriculum: 1893-1958 (third edition)* (New York: RoutledgeFalmer, 2004), pp. 11-13.

会列举的课程计划也没有被完全采纳，大学入学需求也没有根据委员会提出的建议而趋向统一，但是报告的影响是广泛和深远的。”①

奥尔巴尼中学的校长奥斯卡·罗宾逊（Oscar D. Robinson）作为十人委员会的成员之一，在《十人委员会报告》发布之后，也陆续发布了自己与埃利奥特的通信记录，并指出“《十人委员会报告》从根本上就是埃利奥特的报告”②。

华盛顿大学理工学院院长、圣路易斯手工训练学校校长加尔文·伍德沃德（Calvin M. Woodward）在对报告内容进行批评中指出：“十人委员会下属的分委员会没有涉及手工训练和艺术课程的相关内容。报告看起来不像为整个美国中等教育服务的报告，反而更像服务于文科中学和文实中学的报告。在圣路易斯市，中学阶段的适龄青少年有15 000人，但其中只有500人就读于中学，中学阶段的课程制定者应该考虑一下为什么剩下的90%的学生没能进入中学学习。如果上述的手工训练课程或艺术课程有一个进入到十人委员会下属的分委员会中，在圣路易斯至少会有另外的1500人升入公立的手工训练中学去学习。”③

（3）关于《十人委员会报告》在各地推行的研究。

《十人委员会报告》发布之后，各州对报告中建议的4组课程计划采取了局部采纳或全盘接受的方式。在美国南部，许多州直接采用或部分采用了十人委员会提出的课程类型，如肯塔基州、密西西比州和密苏里州。同时，十人委员会列举的课程类型已经在联邦的许多地方

---

① Elmer Ellsworth Brown, *The Making of Our Middle Schools* (New York: Longmans, Green, and Co., 1903), pp. 382-384.

② Oscar D. Robinson, "The Work of the Committee of Ten," *The School Review* 2, No. 6 (1894): 366.

③ Edwin Fred Mengersen, "The Quantitative Standardization of Secondary Education: 1890-1910" (PhD diss., Washington University, 1959).

开始实施了。1894 年，芝加哥学校督学艾伯特·莱恩（Albert G. Lane）指出："很高兴能够得知目前我们所在城市的学校课程计划跟十人委员会建议的课程计划是相一致的。"

1902 年，中部各州和马里兰州大学与预备学校协会的主席指出："《十人委员会报告》对美国中等教育具有巨大的影响。"但是，他也承认，委员会提出的课程计划在许多学校并没有找到具体的实施方案。委员会在报告中得出的一些结论在现实的教育背景下并没有被很好地采纳和接受。①

拉维奇也指出："大学在录取中学毕业生时，开始逐渐地接受现代学术课程。许多州、城市和学校也开始按照报告中提供的建议调整他们的课程计划。然而，中学并没有对不同毕业去向的学生进行区分。同时，《十人委员会报告》最重要的一个'遗产'，至少可以说是间接的影响，就是推动了 1900 年大学入学考试委员会（College Entrance Examination Board）的建立，这个委员会为许多不同的大学提供了一个同样的考试标准，既规定了每个中学应该教授的课程内容与课程难度，也减轻了大学管理自己入学考试内容的负担。在之后的每一年，这个委员会都会通过咨询中学教师和大学老师的课程考核建议来发布考试大纲，从而帮助学生更好地为他们的升学考试做准备，中学也逐渐地不再为满足不同大学的入学需求而准备不同的考试内容。"②

埃德温·德克斯特（Edwin G. Dexter）对比分析了 1894—1904 年这 10 年间《十人委员会报告》对美国 80 所中学的影响。通过调查发现，这 80 所中学虽没有完全按照报告中建议的课程计划进行自身学校课程的改组，但报告本身还是指导了学校课程的调整，而且他们在很

---

① Edward A. Krug, *The Shaping of the American High School* (New York: Harper & Row, 1964), pp. 88-89.

② Diane Ravitch, *Left Back: A Century of Failed School Reforms* (New York: Simon and Schuster, 2000), pp. 47-48.

大程度上按照报告中的课程方案进行了变革。①

全国教育协会督学分部在 1894 年 2 月召开的分部会议上，也对《十人委员会报告》的相关内容进行了讨论。库克师范学校的校长弗朗西斯·帕克（Francis W. Parker）在会上建议将《十人委员会报告》作为提高中学教学的基础，并指出："在他所在的学区和召开的区域性教育组织会议中，还没有任何一本教育学的书籍能够超过《十人委员会报告》给教师带来的启发和受益所达到的高度，并建议将报告中的课程内容做成一个课程大纲，对不同的课程进行分类和归纳，加上索引和参考文献，以方便老师们快速地查找和使用相关教学内容。"②

2.《大学入学需求委员会报告》

1895—1899 年，大学入学需求委员会在全国教育协会中等教育分部和高等教育分部的共同指导和帮助下，开展了美国中等教育史上的第二次全国性调查工作，于 1899 年 7 月 13 日在全国教育协会召开的会议上提交了最终的《大学入学需求委员会报告》。报告总长度达 180 页，非常明确地支持中学学术课程的发展，提出了单元制的概念，确立中学使用选修制，设计了 10 个单元的大学最低入学需求，等等。

（1）关于《大学入学需求委员会报告》意义的研究。

布朗指出："通过对中学课程发展历史进行调查后发现，英语在任何一组课程领域内都是必不可少的科目，这已经得到了普遍认可。除该课程之外，再没有其他课程被认为是必不可少的。如果没有其他课程被认为是基本的，那我们需要去考虑设置一些包含范围更宽的课程计划。十人委员会在明确地指出这些需要的道路上进行了引领，而随

① Edwin G. Dexter, "Ten Years' Influence of the Report of the Committee of Ten," *The School Review* 14, No. 4 (1906): 254-269.

② Francis W. Parker, "The Report of the Committee of Ten—Its Use for the Improvement of Teachers Now at Work in the Schools," in *The Journal of Proceedings and Addresses of National Educational Association* (St. Paul: Press of the Pioneer Co., 1894), pp. 442-443.

后不久成立的大学入学需求委员会在满足这个需要的基础上已经形成了一个整体的计划。事实上，大学入学需求委员会在我们深陷迷局的这一问题上已经提出了一个真正的、像‘哥白尼式’的建议。大学入学需求委员会提出的建议与目前我们谈到的任何一所中学开设的课程计划没有什么非常明显的差异，但这些建议真正想表达的就是期望中学能够根据委员会提出的建议简化课程。”①

埃德温·布鲁姆（Edwin C. Broome）指出：“1899 年发布的《大学入学需求委员会报告》是来自中等教育和高等教育领域将近 150 位专家学者一致意见的结晶，报告的价值是空前的。报告达成了 14 个决议，其中委员会一致同意入学要求中固定的课程量占比分别为 4 个单元的外国语（不接受低于 2 个单元的语言）、2 个单元的数学、2 个单元的英语、1 个单元的历史和 1 个单元科学。”②

斯坦福大学校长大卫·乔丹（David Jordan）指出：报告内容的每一个细节他都认真读过，赞成报告中的所有决议，这份报告也是有史以来第一份使其陷入深思的教育报告。报告中许多让人眼睛一亮且具有操作性的决议与委员会成员的辛勤劳动密不可分，这份报告很好地协调了大学和中学在入学需求之间的矛盾关系，达到了协会最初任命这个联合委员会的工作目的。③

十人委员会和大学入学需求委员会在统一中学课程方面都做出了巨大努力，发布了有影响力的报告。大学入学需求委员会在报告中指出，尽管选修制已经被中学接受，但是选修的种类不应该是无限制的。

① Elmer E. Brown, *The Making of Our Middle Schools* (New York: Longmans, Green, and Co., 1903), p. 439.

② Edwin Cornelius Broome, *A Historical and Critical Discussion of College Admission Requirements* (New York: College Entrance Examination Board, 1903), pp. 105-106.

③ The Editor, "The Los Angeles Meeting of the N. E. A. and the Report of the Committee on College Entrance Requirements," *The School Review* 7, No. 7 (1899): 409-410.

有一些科目应该成为大学录取的必需科目，如外国语言（4个单元，不接受低于2个单元的外国语言）、数学（2个单元）、英语（2个单元）、历史（1个单元）、科学（1个单元）；在科学课程方面，两年都修读同一门科学课程将优于两年里每年都去修读一门不一样的课程。从整体上来说，大学应该认可在一所合格的中学里教授的、符合单元要求的课程。十人委员会和大学入学需求委员会在报告的建议中都提出了不同课程具有“价值”平等的理念，很显然这些课程从本质上来说，都是学术型课程。①

（2）关于《大学入学需求委员会报告》的推行与应用研究。

伊利诺伊州埃文斯顿市中心中学校长亨利·博尔特伍德（Henry L. Boltwood）和印第安纳大学的校长约瑟夫·斯温（Joseph Swain）都十分支持报告中提出的将单元制（unit）作为大学入学需求的基础。斯温校长高兴地谈道：“很开心看到委员会能够意识到过去僵化和固定的大学入学需求在现实中不受欢迎的事实，并真诚地赞成建立一个单元集合体的举措。在这个集合体中，所有课程之间都将是平等的，大学入学需求的科目也可以从这个单元集合体中进行挑选。”②

詹姆斯·贝克（James H. Baker）指出：“整体上来说，我很支持这份报告，尽管对报告中提出的不同课程在价值上具有平等性这一原则持保守态度，但委员会在建议确立大学最低录取单元上的做法是成

① John F. Latimer, *What's Happened to Our High School?* (Washington, D. C.: Public Affairs Press, 1958), pp. 67-68.

② Joseph Swain, "Discussion of the Report of the Committee on College Entrance Requirements," in *The Journal of Proceedings and Addresses of the National Educational Association: Session of the Year 1899* (Chicago: The University of Chicago Press, 1899), p. 630.

功的，而且这个想法是切实可行的。”①

斯坦福大学校长乔丹指出：“斯坦福已经开始将单元制作为大学录取要求中的基础，中学里任何完整的、满足 12 个单元的课程都可以成为录取的基本条件，但学校也制定了唯一的限制条件，就是申请者要接受过英语作文训练，同时科学课程的总单元数中的实验室工作量不能少于一年。”②

波士顿女子中学的校长塞缪尔·瑟伯（Samuel Thurber）指出：《大学入学需求委员会报告》在美国中等教育发展史上具有时代纪元的历史意义，因为这份报告可以被视为中学独立自主地发展自己课程的一份宣言书。他也非常高兴地看到选修制已经慢慢被大学所接受，学生也因此能够选择自己喜欢的课程。③

范德比尔特大学校长詹姆斯·柯克兰（James H. Kirkland）认为，尽管《大学入学需求委员会报告》不会达到像《十人委员会报告》当初发布时所受到的欢迎程度，这是因为现在的教育研究者们已经开始适应全国性调查这种模式，但是他依然认为这份报告是最有价值的一份教育文本。柯克兰也同时指出，这份报告中最有价值的建议就是坚持将单元制作为所有中学课程设置和制定的基础。④

1900 年，中北部各州大学和中等学校协会对大学的入学需求课程

---

① Joseph Swain, “Discussion of the Report of the Committee on College Entrance Requirements,” in *The Journal of Proceedings and Addresses of the National Educational Association : Session of the Year 1899* (Chicago: The University of Chicago Press, 1899), p. 631.

② The Editor, “The Los Angeles Meeting of the N. E. A. and the Report of the Committee on College Entrance Requirements,” *The School Review* 7, No. 7 (1899): 409-410.

③ Samuel Thurber, “The Discussion of the Report of the College Entrance Requirements,” *The School Review* 7, No. 7 (1899): 397-398.

④ James H. Kirkland, “The Discussion of the Report of the College Entrance Requirements,” *The School Review* 7, No. 7 (1899): 407.

进行了规定：第一，申请进入大学学习的学生必须是完成了 4 年中学课程的学生。第二，固定的录取需求为 16 个单元，1 个单元就是某一固定课程在 1 学年里、每周固定上 4 次这样一个工作量。第三，坚持认为 2 年的英语、2 年的数学、1 年的科学、1 年的历史，这一工作量是所有申请人必须要完成的。1902 年，这一地区也对单元的概念进行了再定义，1 个单元就是在 1 学年里，学校的开课时长要满 35 个星期，每星期某一课程需要上 4 次，每次课时需要长达 45 分钟，这样的工作量就构成了 1 单元。①

同时，从 1895 年新英格兰地区大学和预备学校协会（New England Association of Colleges and Preparatory Schools）成立到 1905 年这 10 年间，这个协会将中学的毕业要求和大学的录取要求定在了 15 个单元，这个对单元的定义跟大学入学需求委员会做出的界定基本一致，但也做了补充，即每一个单元的课程年度教学时长不低于 35 个星期，同时周课时量要求这一课程每周上 4—5 个学时，每次课不低于 45 分钟，或者每周上 5 个学时的课，每个学时不低于 40 分钟；在大学录取的具体课程方面，要求的最低标准为 3 个单元的英语、2 个单元的数学作为常量。另外 10 个单元的课程，可以自由地从中学提供的其他课程计划中进行选择，如拉丁语、希腊语、法语、德语、西班牙语、历史、物理、化学、自然地理、生物和植物学。

3. 中等教育改造委员会报告

1913 年，全国教育协会正式成立中等教育改造委员会，目的在于更加全面地重组中等教育和解决中学课程出现的问题，委员会也指出了为什么要对课程进行改造的原因：第一，学校需要顺应社会和经济的发展趋势，特别是需要懂机械化的劳动力（暗示了对工业教育的需

---

① William A. Cook, "A Comparative Study of Standardizing Agencies," *The North Central Association Quarterly*, No. 12 (1929): 390.

要，而不是学术课程）。第二，中学的入学人数大量增加且来源广泛（暗示了现在的学生与早年那些传统的中学生相比，能力上有差异性）。第三，提倡运用一些新的教育理论解决中学课程问题，特别是心理学理论，而不是仅仅依靠一些看起来逻辑性强、安排缜密的一些课程（暗示了一些课程已经过时）。① 委员会成立之后，从 1913 年到 1922 年，相继发布了 16 个分委员会的报告和其他一些课程报告，其中尤以 1918 年发布的《基本原则》报告最为重要，影响也最为深远。

（1）关于中等教育改造委员会所发布报告历史意义的研究。

克里巴德指出，1918 年《基本原则》报告是美国中等教育史上的一个里程碑，是继《十人委员会报告》之后，美国中等教育史上达到的又一个新的顶峰的课程改革报告。《基本原则》报告发布之后，获得了学界的一致认可，这种一致性就与《十人委员会报告》略有不同，《十人委员会报告》一直被认为是体现最高智慧群体的课程报告，但到了 1918 年，这一理念已逐步落伍。正因为《十人委员会报告》被誉为体现社会最高智力群体利益的课程报告，在报告发布之后，一些不赞成埃利奥特课程观的课程改革者才进行了激烈地反对和批评，并取得了一定的成效。在这个过程中，一些新的课程改革内容也随之出现，这些新的课程在 1910 年以后通过社会效率理论在教育领域里逐渐占据优势地位，一步一步地将学术课程从中学的课程内容中移除出去，而《基本原则》报告正好解决了这一问题。这份报告中规中矩，满足了持不同课程观人的需求，并获得了他们的支持。②

克里巴德还指出："中等教育改造委员会毫不含糊地提出支持综合

---

① NEA, *Cardinal Principles of Secondary Education: A Report of the Commission on the Reorganization of Secondary Education* (Washington, D. C.: Bureau of Education, 1918), pp. 2-3.

② Herbert M. Kliebard, *The Struggle for the American Curriculum: 1893-1958 (third edition)* (New York: RoutledgeFalmer, 2004), pp. 95-96.

中学，这个提议在1918年曾引起了广泛的争论，而其中支持社会效率论的教育者反对声最为强烈，他们要求通过提供不同形式的中等教育满足不同青少年的需求。不管怎么说，《基本原则》报告反映了25年来人们对课程发展方向的一个合乎情理的支持与肯定。当1918年卡拉伦斯·金斯利（Clarence Darwin Kinsley）的报告得到广泛支持时，也标志着1893年埃利奥特的《十人委员会报告》中支持的人文主义课程观在此时走向了衰落，人文主义课程曾经在中学课程领域占据的主导地位也将一去不还。"① 1918年，社会效率作为课程理论的来源达到了发展顶峰，同时课程也正在被视为教育领域里一个非常重要的研究方向。其中最主要的一个标志就是第一本现代课程编制图书的出版，这本书就是1918年博比特的《课程》。

韦布（L. Dean Webb）指出，《基本原则》报告的发布得到了各界的普遍认可，它也代表了两项重大改革："第一，报告直接导致了用一种共同文化融合了所有的学生。第二，学校课程第一次成为实现非学术目标的手段。"②

克雷明认为："中等教育改造委员会的贡献是重新定义了中学的角色，通过这个重新定义，委员会得以抓住美国生活中一些新的、极具重要性和智慧性的动力元素。事实上，认为自1918年后在中等教育领域大部分重要的和有影响力的运动仅仅是这一经典报告的脚注的论断是合适的。"③

威廉·雷格（William G. Wraga）认为综合中学作为美国特有的一

---

① Herbert M. Kliebard, *The Struggle for the American Curriculum: 1893-1958 (third edition)* (New York: RoutledgeFalmer, 2004), pp. 95-96.

② L. 迪安·韦布：《美国教育史：一场伟大的美国实验》，陈露茜等译，安徽教育出版社，2010，第210页。

③ Lawrence A. Cremin, "The Revolution in American Secondary Education, 1893-1918," *Teachers College Record* 56, No. 6 (1955): 307.

种中等教育机构，它的出现、建立和规模上的扩张解决了当时人们对中学课程的不满与指责，更是对美国教育系统的一大贡献。而综合中学提倡的综合课程模式则在接下来的几十年里成了美国中学的主要课程模式，并确立了无法动摇的课程地位。① 雷格还指出："作为美国课程史上的奠基性文件，应经常性地去重新审视这份报告，从报告产生的社会、政治、教育发展环境中重新审视，以对其历史意义进行再评价和再确认。否则，过分依赖二手研究将会有失判断的精准性。通过还原报告发布的历史背景，就可以厘清报告的精神意图，从而使学者和政策制定者得以评估综合课程的核心要旨，以此解决社会、教育所面临的难题。"② 正如雷格所言，研究者们在对《基本原则》的研究上基本同意该报告所倡导的综合中学模式在美国的推广和应用，中学课程内容也比以往更加丰富，在更大范围内满足了人们的需求。

克鲁格指出："综合中学逐渐得到支持，并成为较受欢迎的组织机构，它被视为具有美国特色的；而专门的中学则逐渐被认为是具有缺陷的，带有欧洲色彩和分裂社会阶层的特点。"③ 在综合中学里，种种有碍于对课程做出明智选择的影响，都可以被缩减到最低程度。当学生做出了不明智的选择时，他在发现一个更适合他需要的课程方面可以得到更多的帮助。因为他能看到学校里的其他课程，能与学校里的同学交谈，同时能与教授这门课程的教师商议，听取他们的意见建议。当这样一个学生找到了自己喜欢的课程后，就能够在不更换学校的前提下转到自己喜欢的课程计划中去，同时也不会降低他对学校的忠诚

---

① William G. Wraga, "The Comprehensive High School and Educational Reform in the United States: Retrospect and Prospect," *The High School Journal* 81, No. 3 (1998): 125.

② William G. Wraga, "The Cardinal Principles Report Revisited," *Education and Culture* 11, No. 2 (1994): 13-14.

③ Edward A. Krug, *The Shaping of the American High School: 1920-1941* (Madison: University of Wisconsin Press, 1972), p. 53.

度。总之，组织完善的综合中学比专业化或单设的职业中学能够进行更有价值的分化教育，因为综合中学有助于学生明智地选择课程，并在需要调整时及时进行调整。

维维安·塞耶（Vivian Trow Thayer）指出："对中等教育改造委员会的报告，至少适用于两种不同的阐释方式。我们可以如实地阅读，仅从它对当今中等教育发展的实际价值中去评价；我们也可以从美国人生活和美国教育发展的趋势中去较为具体地考查它。"① 作者通过对委员会主席金斯利及报告内容进行分析后得出："文本的意义并不完全在于其对当今实践的建议，尤其是在出台多年后。比较全面地评价委员会的工作，我们应将报告中的中等教育理念与当时普遍流行的教育理念进行对比。从这个角度来看，这份报告仍然是超越当时社会现实的。"②

拉维奇指出："1918 年《基本原则》报告的发布驱散了社会效率理论之前在教育意识形态方面占据的支配地位（reigning），这份报告也是全国教育协会下属的中等教育改造委员会努力的结果。这份报告与 1893 年《十人委员会报告》相比，整整晚了 25 年。这两份报告都是由全国教育协会这个声望远播的全国性教育组织发布的，这两份报告都代表了当时美国教育领域杰出教育家和领导者的思想，都是为了寻求对当时的中学课程进行重新定义（redefine）。但是二者的相似性愈发难寻，十人委员会的组成成员多为大学校长，而中等教育改造委员会的成员多为教育学领域的教授和学者；十人委员会的主席是哈佛大学的校长埃利奥特，而中等教育改造委员会的主席在报告发布之时仅仅是马萨诸塞州的州中学督学，之前是手工训练中学的数学教师；《十人委

---

① Vivian Trow Thayer, "The Report of the Commission on the Reorganization of Secondary Education," *Junior-Senior High School Clearing House* 7, No. 1 (1932): 49.

② Vivian Trow Thayer, "The Report of the Commission on the Reorganization of Secondary Education," *Junior-Senior High School Clearing House* 7, No. 1 (1932): 54.

员会报告》的核心思想是不管学生的最终职业和学习目的是什么，每个学生都应该接受一个实实在在的自由教育课程，而《基本原则》报告的核心思想是根据孩子未来可能的职业兴趣，为他们提供不同的课程。”①

中等教育改造委员会发布的报告支持将社会效率理论作为美国教育的目标，督促学校在小学六年级或七年级就着手开设差异性的课程。这个结论的得出体现了一些提倡工业教育的改革者对中等教育的影响，这些教育改革者更加偏爱学校接受一些具有多种用途的教育目标，如职业、健康和公民等，而不是那些死气沉沉的学术型课程。虽因一战的爆发而使报告显示的重要程度略有下降，但无论如何这份报告都是美国教育史上的一个里程碑。报告中根据人们生活的需要而提出的七大基本原则或七大目标，迅速地在教育界传播开来，并被广大的教育工作者所接受，成为他们工作中经常引用的教育信条。

中等教育改造委员会发布的报告中对中学课程影响最大的学科就是历史。中等教育改造委员建立了一个新的学科，取名为“社会课程”(social studies)，历史被包含在社会学课程里。在 1893 年十人委员会发布的报告里，历史被视为一门现代课程。到 1915 年时，大部分中学提供或需要学生连续地修读 4 年历史课程，其中古代历史、欧洲史、英国史和美国史也包含在这门课程里面。除此之外，公民学（civics）也在中学里开设或要求学生修读。然而，由于社会效率理论的提倡和传播，这种类型的历史课程逐渐失去了原有的课程地位，因为它没有明确的职业目的、课程太学术化、不是实用主义课程，需要改造。②

中等教育改造委员会下属的社会课程委员会主席是托马斯·琼斯

---

① Diane Ravitch, *Left Back: A Century of Failed School Reforms* (New York: Simon and Schuster, 2000), p. 123.

② Diane Ravitch, *Left Back: A Century of Failed School Reforms* (New York: Simon and Schuster, 2000), p. 127.

(Thomas Jess Jones)。琼斯是一位种族研究方面的专家，也是一位积极的工业和贸易教育的提倡者，“社会课程”这个专业术语也由其最早提出。“社会课程”作为一个新的专业领域，它的形成得益于两种类似的教育理念间的相互融合。第一个理念是社会效率理论，这种理论为孩子提供社会需要的技能和工作态度，进而让他们更好地适应社会发展。第二个理念是“新的历史观”，这种历史观的提倡者认为中学里历史课程的内容应根据孩子自身的兴趣和课程所具备的社会意义来挑选。[①] 社会课程的提倡者认为除非历史课程的内容讲述了与目前相关的知识，不然孩子们不可能对这些历史感兴趣。这样看来，历史课程的主要问题在于它没有一个非常明确的社会目的，经常被视为激发学生想象力或好奇心的调和剂。这种课程对现代教育者来说，往往被认为是没有作用的。在最开始的报告中，社会课程委员会成员认为“培养好的公民”应是社会课程的目的。社会课程委员会强调社会效率将是现代教育的主旨和核心，所有科目的教学都应该以完成这个目的而努力。报告还建议减少在历史教学上分配的时间，删除课程中一些陈旧和过时的课程内容，进而为新的社会课程研究铺平道路，这个新的课程将更加关注实践。[②]

(2) 关于中等教育改造委员会所发布报告在各地推行的研究。

中等教育改造委员会报告发布之后，各州和学区根据自身的具体情况，进行了不同程度地推广和应用。很多公立中学也开始提供具有差异性的课程计划，用于为不同能力的学生提供一系列的职业课程计划。1923—1924 年，洛杉矶市提供了 18 种不同的课程计划供学生学习，包括农业、会计、文秘、机械艺术、印刷、建筑业、汽车制造业、

---

① United States Bureau of Education, *The Social Studies in Secondary Education* (Washington, D. C.: U. S. Government Printing Office, 1916), p. 37.

② Diane Ravitch, *Left Back: A Century of Failed School Reforms* (New York: Simon and Schuster, 2000), pp. 127-128.

销售业等；在马萨诸塞州的牛顿市，这里有 15 种不同的课程计划开始实施，包括古典的、文职的、电力的、印刷的、家政艺术的；圣路易斯市有 13 种，伊利诺伊州的乔利埃特（Joliet）有 16 种，在新奥尔良有 10 种。①

克雷明指出，《基本原则》报告的发布引发了一场教育革命，并开启了美国中等教育发展历程上的一个完整的新时代。② 报告对那些反对学术型课程的学者来说是一场胜利，对那些提倡社会效率论的人士来说也是一场胜利。报告发布之后，很多建议无法立即实施，主要是因为那些在职的中学教师大部分都是接受上一代教育的教师，在他们那个年代，学术型课程被看作是十分重要的。然而，报告代表了美国的教育者和学校教师们、州教育部门、联邦教育署等对未来美国中学教育发展模式上所达成的一致意见的结晶。报告也没有像马萨诸塞州第一任教育专员大卫·斯内登（David Snedden）建议的那样，建立大量单独的分科中学来开展职业教育，反而保证了中学在课程设置上的灵活性和变动性，中学将在提供学术课程的同时，也为那些具有职业兴趣的学生提供职业课程，双轨并行。

1918 年，约翰·博比特（John F. Bobbitt）出版了《课程》（*The Curriculum*），这是第一本关于课程编制的理论读本，这本书也变成了教师培训机构的标准教科书。这本书的出版也解决了当时两个相互对立群体关于在学校里该开设哪些课程的争论。这两个相对立群体中的一个是传统主义课程观的保有者，他们更喜欢自己去探寻知识，为了快乐而学习；另一个是实用主义群体，博比特自己就属于实用主义群体，他们认为无论学校里教什么课程，首要的前提是对学生未来的生

---

① Diane Ravitch, *Left Back: A Century of Failed School Reforms* (New York: Simon and Schuster, 2000), p. 198.

② Lawrence A. Cremin, "The Revolution in American Secondary Education, 1893-1918," *Teachers College Record* 56, No. 6 (1955): 307.

活和工作有用。博比特同时指出，在一个崇尚效率与经济的时代，实用主义者会不遗余力地将无用和多余的内容从课程中移除出去。① 自《课程》这本书出版以后，一些至关重要的教育决策开始由那些道出晦涩难解字词的专家们“掌管”。这种迁移再次定义了教育决策中民主的含义。在现代的学区管理模式中，课程的决定权将从那些原来修读英语、历史和数学等课程的教育者手中转移到训练有素的课程专家手里。②

1928 年，也是《基本原则》报告发布后的第 10 年，全国教育协会督学分部在全国范围内对不同类型和规模学校的 1228 名校长进行了关于该报告影响力的调查。其中，有 689 位校长指出，在过去 5 年里，他们已经按照报告中要求的内容进行了课程重组。在新增的这些课程类别中，最常见就是商业课程、社会课程、工业艺术、物理和生物科学、家政学。而在所有的课程中，呈现最明显衰落趋势的课程就是拉丁语、古代史、法语和高级数学。③

四、研究方法

（一）历史资料分析法

对历史资料的分析和研读是本书最主要的研究方法。在本书中，历史资料分析法分为一手资料分析法和二手资料分析法。一手资料主要包含四大类，分别为全国教育协会从 1890 年至 1930 年每年的年会论文集、会议记录、工作手册、几份报告原文等；早期对全国教育协会开展研究的一些主要杂志，包括《教育评论》《学校评论》《大西洋月

---

① John F. Bobbitt, *The Curriculum* (Boston: Houghton Mifflin, 1918), pp. 3-5.

② Diane Ravitch, *Left Back: A Century of Failed School Reforms* (New York: Simon and Schuster, 2000), p. 164.

③ Edward A. Krug, *The Shaping of the American High School* (New York: Harper & Row, 1964), pp. 398-399.

刊》《中等学校研究》等；美国联邦教育署从1890年开始发布的《教育专员年度教育报告》（Report of the Commissioner of Education）中关于公立中学的发展数据、中学课程类别的设置和课程选修情况等；从1890年至1922年活跃在全国教育协会舞台上一些主要历史人物的报告、书籍等，包括埃利奥特、巴特勒、哈里斯、斯内登、杜威、金斯利等。在这四大类一手文献中，全国教育协会每年召开年会之后编辑出版的论文集和发布的几份报告原文是最主要的文献，通过对系列的论文集进行分析，能够清晰地看出不同时期全国教育协会成立这些委员会的历史背景、对中学课程改革采取的具体策略，以及报告发布前后参会成员对这些报告讨论的具体场景和报告真实的影响情况，等等。只有通过对会议记录进行认真研读，才能真正地把握这些具体史实，才能在研究中保持客观中立。此外，结合美国至今已经出版的一些关于全国教育协会的组织架构与政策演变、中学发展与课程变革等方面的研究文献，在认真分析和对比借鉴的基础之上，概述和提炼关于中学课程变革的相关内容、中学课程在这30年间的不同阶段变革和演进的基本方向，以及各州和地区实施和推广这些课程计划的具体情况。

（二）比较研究法

比较研究法也是历史研究中会经常使用的一种研究方法。比较研究法可以简单地被理解为根据一定的标准，对两个或两个以上有联系的事物进行考查，寻找其异同，探求普遍规律与特殊规律的方法。本研究中使用的比较研究法就是以纵向比较的形式，根据联邦教育署发布的公立中学年度发展调查报告，对1893年、1910年和1922年这3个时间段里公立中学开设的几门主要课程所占的比重和学生修读的比例等要素进行对比，透视不同课程在不同时间段受到的不同重视程度，以及这些变化与全国教育协会发布的几份报告中涉及的中学课程计划之间的关系。这几门主要的课程分别为英语、外国语言、数学、科学、社会。

五、研究思路

本书将以历史发展的时间线索为脉络，以全国教育协会在1892—1922年成立的不同委员会做出的不同课程改革努力为分章依据，考查这一时期美国中学课程在全国教育协会的影响下发生的主要变革，以期客观地将全国教育协会在推动中学课程革新中发挥的作用呈现出来。在美国这样一个缺乏自上而下、全国统一的教育体制的国度，公立学校教育主要由学区负责，联邦教育署和州的教育部门在对学区事务的管理上的影响力较弱。正是在这种特殊的教育管理体制下，代表着最广大中学教师和管理者利益的全国教育协会在19世纪90年代初期扛起了改革美国中学课程的大旗，于1893年发布了美国教育史上有史以来最重要的一份中学课程改革报告，也是第一份全国性的中学课程调研报告，拉开了美国中学课程改革的大幕，为接下来协会成立其他类似的全国性委员会继续开展中学课程调查活动奠定了基础。因此，本书会先对什么样的历史背景导致了社会各界开始高度关注中学课程并大力呼吁改革中学课程进行简单的介绍。

在第一章中，先谈公立中学课程变革的时代诉求与全国教育协会的改革努力。从教育变革的社会动力、改革中学课程的时代诉求、全国教育协会推进中学课程改革的努力与尝试这3个方面谈在特殊的时代背景下，全国教育协会通过成立3个全国性的专业委员会为解决中学课程问题而做出的努力，也为接下来具体地谈这3个委员会如何推进中学课程改革、课程变革的内容有哪些、影响与意义如何等做铺垫，起到统领全书的作用。

在第二章中，主要谈公立中学古典课程与现代学术课程价值平等理念的提出与确立。以《十人委员会报告》中提供的4组课程计划和课程安排的学时数为基础，对比现代学术课程与古典课程在内容和课程要求上的差异性，凸显《十人委员会报告》的主要贡献之一——提出了现代学术课程与古典课程在价值上具有平等的理念，同时对《十人委员会报告》的历史意义和各州推行报告中倡导的课程计划情况进行介绍。

在第三章中，主要谈中学学术型课程的发展和单元制与选修制的确立。通过对全国教育协会在1895年任命成立的大学入学需求委员会，并于1899年发布的大学入学需求委员会报告的相关内容进行介绍，阐述出委员会在更好地处理中学和大学之间紧张关系过程中发挥的重要作用，以及中学逐步获得独立发展权力的体现。大学入学需求委员会提出了单元制的理念，对单元包含的工作量进行了介绍，同时鼓励中学使用选修制度，并规定了中学升入大学的10个单元的最低标准。

在第四章中，主要谈公立中学综合课程模式的确立与发展。1910年前后，伴随着社会效率运动和工业教育运动的兴起，公立中学培养出来的学生无法适应社会的发展，中学课程过于理想化和学术化，呼吁开设更多职业课程和建立新型中学的呼声四起，职业课程与学术课程在中学课程的地位上也出现了相互博弈与并存发展的状况。此时，全国教育协会在进行综合中学课程模式的早期探索和建立九人委员会尝试调和中学学术课程与职业课程之间紧张关系的基础之上，通过成立中等教育改造委员会来具体解决这一问题。以中等教育改造委员会1918年发布的《基本原则》报告为主要研究对象，重点分析报告中支持建立的综合中学和综合课程模式。在对《基本原则》报告的重要意义进行论述的基础之上，分析综合课程模式对各州公立中学的影响，以及该模式在各州的推广和应用情况。最后，对比分析综合课程模式确立前后公立中学五大类核心课程的基本变化情况。

在结语部分，首先探究一下全国教育协会与美国公立中学课程变革的关系，阐释全国教育协会对公立中学课程到底产生了怎样的影响，以此回应研究问题中涉及的这二者之间的关系。之后，回顾一下这 30 年间美国中学课程变革的基本情况。最后，略述在 1922 年之后，美国中学课程几个主要的发展方向。

第一章 公立中学课程变革的时代诉求与全国教育协会的改革努力

在美国历史上，19 世纪八九十年代至 20 世纪初期是一个具有转折意义的重要时期，更是美国由农业社会转向工业社会的关键时期，美国的工业产量自此进入快速增长阶段。[①] 1890 年，美国工业产量的价值超过了农业产量的价值，而到 1920 年前后，不仅从事工厂手工业劳动的人口超过了农业人口，而且美国工业总产值已经超过了世界上任何一个国家和民族。[②] 美国联邦政府人口普查局的数据显示，1900—1910 年，美国的城市人口增长了 34.8%，而农村人口仅仅增长了 11.2%。到 1920 年，美国城市人口已占总人口的 51.2%，美国成了一个以城市居民为主的国家，基本上实现了城市化。[③] 19 世纪末 20 世纪初的美国在享用发展果实的同时，也面临着空前未有的社会危机和文化失调。[④] 正是在这种充满矛盾的巨大转型过程中，美国教育这一时期也出现了前所未有的动荡与不安，教育中的诸多不确定性因素开始出现，关于教育目的与手段、教育价值、教育的功用等主题的讨论铺天盖地而来，

---

① Henry Steele Commager, *The American Mind : An Interpretation of American Thought and Character Since the 1880's*(New Haven: Yale University Press, 1950), p. 41.

② Lawrence A. Cremin, "The Revolution in American Secondary Education, 1893-1918," *Teachers College Record* 56, No. 6(1955): 297.

③ U. S. Bureau of the Census, *Historical Statistics of the United Stated : Colonial Times to 1957*(Washington, D. C. : U. S. Government Printing Office, 1960), p. 7.

④ 张斌贤：《教育与社会变革》，中国社会科学出版社，2012，第 106 页。

所有这些讨论导致的骚动与不安对中等教育而言，在当时的表现就是对中学的功能、中学的课程、中学的教学方法表示不满。为了解决这一问题，回应社会各界的教育改革诉求，全国教育协会作为最大的全国性教育组织，19世纪90年代初期到20世纪20年代中期通过成立一系列全国性的委员会推动中等教育的课程改革。这些全国性委员会成立之后，在不同时期内根据各自的时代特征和社会需求，都分别对当时的中学课程开展了大量的调查和研究工作，并发布了重要的课程改革报告。这些不同的报告发布之后，不管是报告本身倡导的课程改革理念，还是报告内容中建议的具体改革方案，都在不同程度上推动了当时美国中学的课程改革，一定程度上缓解了社会各界对中学的批评和指责，对之后的中等教育发展也产生了重大影响。

第一节　教育变革的社会动力

19世纪末，伴随着美国工业化进程的加快，以及大规模移民的迁入和城市规模的不断扩大，美国逐步由乡村社会转型到工业社会，这种转型对美国的政治、经济、文化等各个方面都产生了深远的影响，也导致了一系列社会问题的出现，特别是造成了社会结构的严重失衡，引发了各阶层的强烈不满，呼吁变革的声音也此起彼伏。埃尔伍德·克伯莱（Ellwood P. Cubberley）指出："从1860年开始到1890年，学校受教育之外的各种社会力量的影响，其特质和发展方向都发生了根本性的变化，其中最重要的两大新生力量分别来自国外的移民和工业革命。这两大力量联合起来，给社会带来了翻天覆地的变化，继而必然给美国的教育目标和教育实践带来重大的变革。"①

---

① 埃尔伍德·帕特森·克伯莱：《美国公共教育：关于美国教育史的研究与阐释》，陈露茜译，安徽教育出版社，2012，第267页。

一、社会经济结构的变化

现代美国是从始于内战、结束于美西战争的这 40 年的关键期兴起的，这个重新塑造了国家生活方方面面的关键期，于 19 世纪 90 年代达到了顶峰。① 南北战争的结束以南部失败、北部胜利而告终，这种胜利对北部各州来说，不仅仅是革命本身的胜利，还是北部工业资本主义生产方式的一种巨大胜利。在 19 世纪 60 年代，美国基本上是个农业国，经济上在很大程度上依附于欧洲。然而，在第二次产业技术革命的推动下，美国工业快速发展，并最终带来了经济结构的实质性变化。这种变化首先体现的是国民经济结构中工业与农业的比重发生了根本的变化，1884 年美国工业比重在国民经济中第一次超过农业，美国开始由农业国向工业国转变。同时，制造业内部结构也发生了变化，轻工业比重逐年下降，重工业比重稳步上升。到 1890 年，美国工业产值已跃居世界首位，占世界工业总产值的三分之一左右，打破了英国工业的垄断地位。② 1900 年前后，农业产值在国民生产总值中的比重继续下降，而制造业的产值比重继续上升，从 19 世纪 60 年代到 1900 年，农业产值的比重从 56%下降到 33%，而同期制造业的产值在 1900 年上升至 58%左右。伴随着经济结构的根本性变化，美国在 20 世纪来临之际跨进了工业社会的大门。③

美国在完成工业化的同时，也伴随着城市化进程的快速发展。由于工厂手工业和机器大工业对大量手工劳动工人和技术工人的需求，

---

① 沃尔特·拉菲伯等：《美国世纪：一个超级大国的崛起与兴盛（第 5 版）》，黄磷译，海南出版社，2003，第 2 页。

② 刘绪贻、杨生茂主编《美国通史》第 3 卷，人民出版社，2002，第 84 页。

③ Thomas C. Cochran and William Miller, *The Age of Enterprise: A Social History of Industrial America* (New York: Harper & Row, 1961), p. 123.

美国大量农民和海外移民涌进了城市，聚集在工厂和城市周边，他们在带动城市工业、商业、建筑业和交通业等产业发展的同时，也带动了城市规模的不断扩大和城市人口的不断增加。理查德·霍夫施塔特（Richard Hofstadter）指出："1860—1910 年，整个美国的市镇和大城市如雨后春笋般出现。大城市变成了大都市，小市镇变成了大城市，就连以前无人居住的闲置土地也被开发成了小城镇。在这半个世纪中，农村人口增长了 1 倍左右，但城市人口增长了 7 倍。超过 5 万人居住的城市也由原来的 16 个增加到 109 个。"① 城市人口在全国人口中所占的比例也从 1860 年的 19%增长到 1920 年的 51%，在同一时期每 1 个城市居民迁往农村就有 20 个农民迁入城市。②

表 1-1 1880—1920 年美国城市化情况及各种规模城市所占比重表③

年份	所有城市		2500—24999人口城市		25000—249999人口城市		250000人口以上城市	
	数量	占美国总人口的%	数量	占美国总人口的%	数量	占美国总人口的%	数量	占美国总人口的%
1880	939	28.2	862	11.0	69	8.4	8	8.8
1890	1348	35.1	1224	12.9	113	11.2	11	11.0
1900	1737	39.7	1577	13.6	145	11.6	15	14.5
1910	2262	45.7	2034	14.7	209	14.2	19	16.8
1920	2722	51.2	2435	15.5	262	16.0	25	19.7

从表 1-1 我们可以看出，1880—1920 年，人口数量在 25 000 人以

① Richard Hofstadter, *The Age of Reform : From Bryan to F. D. R* (New York: Alfred A. Knopf, 1977), p. 173.

② 李颜伟：《美国改革的故事》，北京大学出版社，2009，第 34—35 页。

③ 王旭：《美国城市发展模式：从城市化到大都市区化》，清华大学出版社，2006，第 6 页。

上的城市由69个增长到262个，增长了接近4倍。而25万人以上的大城市数量也从1880年的8个增长到1920年的25个，增长了3倍多。与此同时，还出现了人口超过百万的大都市。20世纪初，纽约、费城、波士顿等城市的规模都大为扩展。1898年纽约成为大纽约以后，无论是城市人口还是城市区域，都呈现成倍增长的态势。在功能上，这些老城市都是由原来的商业城市发展成为复合型的工业城市（既有传统工业，又有新兴工业），成为多功能的综合性城市，或成为区域性经济中心，或成为地区金融中心，或成为全国经济中心，纽约更是成为世界金融中心，跻身于巴黎、伦敦等世界大都市之列。城市面貌随之发生巨大变化，摩天大楼成为纽约的标志性建筑，市内交通运输向地下和天空呈立体型发展，立交桥和地铁先后出现。① 到1920年左右，美国的城市人口超过了农村人口，基本上实现了城市化。

美国在走向工业化和城市化的过程中，也改变了原有的社会风貌，促使美国的社会文化逐渐从农村、农业文化转变为城市、工业文化。然而，工业化和城市化在给人们带来物质财富极大丰富的同时，社会内部也充斥着种种矛盾问题和利益摩擦。城市的人口数量虽然快速增长，但城市管理当局的人口承载能力和管理能力未相应的提高，导致各种城市问题凸显，社会危机不断，如贫民窟问题、城市犯罪问题、工业污染问题等，这些问题都是城市化进程中出现的新现象。

工业化和城市化对世纪之交的美国教育也同样产生了巨大影响，这种影响不仅体现在工业化和城市化为教育提供了更多的物质资源、强化了学校的功能、改变了教育制度运行的社会基础上，而且从根本上改变了教育的宗旨、教育的职能、教育的内容，以及教育服务于社会的现实需要。② 到1918年，所有州都通过了义务教育法，这也促使

---

① 刘绪贻、杨生茂主编《美国通史》第4卷，人民出版社，2001，第44页。

② 张斌贤：《教育与社会变革》，中国社会科学出版社，2012，第108页。

各层次的学校在入学率上有一个巨大的增长，学校委员会也不得不在缩紧税收开支的前提下妥善处理好学生数量剧增的问题，因为19世纪90年代美国的经济危机使无数居民失业，经济危机的经历也使他们对现在和未来的生活更加趋向保守，学校也因此在财政预算上变得更加紧张和无策。对改革者来说，学校本身在这一时期就成了他们实施改革的舞台，为了应对因学生数量的增加而导致的各种新的需要和社会对教育提出的新挑战，改革者们正在努力寻找重构学校发展的新思路。[①] 在进步主义时代，面对经济急剧扩张带来的社会剧变和混乱，学校教育的“社会机器平衡轮”作用再次被人们所重视，学校教育功能的转化，尤其是道德教育功能的强化，成为推动民主社会继续前进的希望所在。[②]

二、东南欧移民的涌入

19世纪80年代以后，伴随着美国经济的高速发展，入境的外来移民也开始迅速增加并在20世纪初期达到了美国历史上的最高水平。美国联邦政府人口普查局的统计数据显示，1820—1880年，入境的外来移民达1000多万人，而1880—1920年入境的移民则高达2350万人，达到了前60年的一倍以上。此外，1880年以前，入境移民主要来自英国、德国、爱尔兰和法国等西北欧国家，这些移民习惯上都被称为“老移民”。而在此之后，移民主要来自俄国、奥匈帝国、意大利、波兰等东南欧国家，这些移民则被称为“新移民”。1896年，来自东南欧国家的移民在绝对人数上首次超过了西北欧移民，成了美国外来移民

---

① Wayne J. Urban, *Why Teachers Organized* (Detroit: Wayne State University Press, 1982), pp. 9-10.

② 王涵：《美国进步时代的政府治理：1890—1920》，上海社会科学院出版社，2013，第168—171页。

的主要来源。1902 年，东南欧移民占入境移民总数的 76%，1907 年上升到 80%以上。[①] 据统计，1870—1924 年共有 2000 万移民来到美国，其中有 75%来自东欧和南欧，约有 500 万意大利人、200 万东欧犹太人，还有斯拉夫人、波兰人、奥匈人等，而且这些移民多为青壮年劳动力。[②] 1901—1910 年，抵达美国的移民中有接近 70.0%的人是男性青壮年，他们往往文化素质低下、贫困潦倒。根据美国移民局的一份调查报告显示，1900 年移民美国的希腊人中，有 15.3%人是文盲，到了 1907 年这一比例上升到 30.0%。[③] 1920 年，来自东南欧的新移民群体有超过 80.0%的人涌向了城市，尤其是美国东北部各州的工业城市，其中纽约州、马萨诸塞州、宾夕法尼亚州和伊利诺伊州成了移民们最主要的流向地区。[④] 从移民的性别来看，20 世纪初来美国的移民多数是男性青壮年劳动力，他们在城市的工矿中劳作，为城市建设做出了巨大贡献。1910 年，只有 14.0%的外国出生人口在农村工作，有 43.5%的人在工矿企业和制造业谋生。[⑤] 1900 年，美国外来移民总数的三分之二选择在城市谋生。到 1920 年，这一比例扩大到四分之三，新移民集中在工业城市成了美国当时社会的一大特点。1914 年，移民和他们在美国出生的孩子构成了纽约、芝加哥、波士顿、克利夫兰、底特律和密尔沃基市人口总数的 70.0%；在旧金山、纽瓦克、匹兹堡、圣路易斯、费城、辛辛那提，他们的比例为 50%—70%。[⑥]

---

① 梁茂信：《美国移民政策研究》，东北师范大学出版社，1996，第 181 页。

② 刘绪贻、杨生茂主编《美国通史》第 4 卷，人民出版社，2001，第 7 页。

③ Henry P. Fairchild, *Greek Immigration to the United States* (New Haven: Yale University Press, 1911), p. 255.

④ Sean D. Cashman, *America in the Age of the Titans: The Progressive Era and World War* Ⅰ(New York: New York University Press, 1988), p. 160.

⑤ 刘绪贻、杨生茂主编《美国通史》第 4 卷，人民出版社，2001，第 48 页。

⑥ Raymond A. Mohl, *The New City: Urban America in the Industrial Age* (Illinois: Harlan Davidson, Inc., 1985), p. 25.

此外，19 世纪 80 年代以后，伴随着分属于意大利、斯拉夫和犹太这 3 个民族的东南欧移民的增多，这些新移民在宗教信仰与民族生活习惯方面逐渐呈现与老移民和土生美国人不一样的地方：第一，从宗教信仰上看，新移民基本上是罗马天主教徒、东正教徒和犹太教徒，很少有新教徒。第二，从文化层次上看，新移民操本国或本民族语言的居多，他们不通英语，而且文化程度普遍不高，文盲数量多。第三，从社会地位上看，新移民来自比老移民（爱尔兰人除外）贫穷得多的国家和地区，处于社会的最底层，生活极其贫困。第四，从移民参与美国经济建设程度上看，新移民到达美国之后，大多数去往城市谋生，在城市中形成了各自的民族聚居区。然而，这些新移民并不都是永久性移民，其中有 40％要返回欧洲，其中尤以来自意大利民族的移民最为明显。这些特点都妨碍了新移民充分地参与美国社会建设，也在一定程度上导致了美国排外主义者对他们的偏见和歧视。[①] 这种歧视最突出地表现就是盎格鲁-撒克逊人对黑人和其他少数民族的压迫与隔离，对外又表现为对落后国家和民族的侵略，以及对外来移民的排斥。

在城市中，外来移民逐步形成了各自不同的移民集中居住区。带有血缘和种族特点的机构，如教堂、咖啡屋、沙龙、饭店、旅社、杂货店等，往往像磁铁一般吸引着这些城市中的“同乡邻居”。对这些没有经过规训教育的外国移民来说，文化的希望就落在了学校的身上，社会各界也希望能够通过学校教育教化这些移民。在这样的诉求之下，如何对这些移民的后代进行有效的学校教育，使之快速地融入美国的社会文化之中，便成了学校所面临和必须解决的一项重要任务。

---

① 高鉴国：《二十年代美国移民限额制度的形成与影响》，《美国研究》1991 年第 5 期。

三、工业文明综合征的出现

19 世纪末，在美国工业化进程中，由于社会变迁过快、实行自由放任政策及缺乏规划与调控等原因，导致了一系列社会问题的出现，如住房拥挤、环境污染、市政腐败、城市贫困、民族种族居住分区、社会治安恶化、犯罪率上升等。安德鲁·斯科特（Andrew M. Scott）指出："19 世纪下半叶美国在经济腾飞的同时，贫富差距和道德沦丧也达到了历史顶点，各种社会问题涌现，导致社会失范。"[①] 在所有的这些社会问题中，城市犯罪率上升、贫富差距加大、大量童工的出现和全国上下酗酒的习惯成了其中最突出的几个问题，这些问题也是早期工业社会发展中表征最为明显的几个问题。

第一，不断上升的城市犯罪。19 世纪末，在美国工业化进程中，由于城市规模的日益扩大、城市管理的不健全、城市贫民的大量增加、大量东南欧移民的涌入，使城市犯罪率节节攀升，暴力犯罪案件频发，青少年犯罪问题凸显，呈现美国历史上空前未有的现象。根据各类司法机构的统计数字，1880 年 6 月 1 日，美国各类犯人为 58 609 人，到 1890 年 6 月 1 日，犯人数增长到 82 329 人。1880—1890 年，美国总人口增长了 25%，而犯罪人数却增长了 40%。[②] 具体说，1880 年，州立监狱关押的犯人数为 30 659 人；到 1890 年，州立监狱的犯人数为 45 233 人，比 1880 年增长了 47.5%。1904 年，州立监狱的犯人达 53 292 人。1880—1904 年，关押在州立监狱的犯罪人数增长了 95%，

---

① Andrew M. Scott, "The Progressive Era in Perspective," *The Journal of Politics* 21, No. 4(1959): 700.

② Joseph A. Hill and Reginald L. Brown, *Prisoners and Juvenile Delinquents in the United States, 1910* (Washington, D. C.: Government Printing Office, 1918), p. 15.

远远超过了同期 62%的人口增长率。[①] 在暴力犯罪方面，19 世纪末 20 世纪初，美国的谋杀案比欧洲各国普遍高 10—20 倍。美国在 1886 这一年有 1449 人被谋杀，而到 1896 年，全年共有 14 000 人被谋杀，平均每天有 38 人被谋杀。[②] 同时，根据《芝加哥论坛报》的估算，1885—1911 年，美国每百万人口中的谋杀案从 32.2%增长到 88.7%。[③] 在青少年犯罪方面，19 世纪 80 年代，美国监狱犯人增长了 50.0%，而青少年犯人的增长比例占到其中的 20.0%。根据相关统计数据，1880 年，关押在教养院的 10—20 岁的青少年犯人总数为 11 468 人；到 1890 年，该年龄段的青少年犯人增长到 14 846 人，犯罪人数增长了 29.5%；1904 年，关押在教养院的 10—20 岁的青少年犯人为 23 034 人，比 1890 年增长了 55.2%，1890—1904 年，每 10 万人口中 10—20 岁的青少年犯人也从 99.8 人增加到 125.5 人。[④]

第二，贫富差距加大。1890 年，占美国 1%的最富有阶层人口的收入总和相当于美国底层一半人口的收入总和。换句话来说，1890 年，美国的私人财富估计有 600 亿美元，其中的 54.8%掌握在 1%的家庭手里，而另外 50%的家庭几乎没有任何财富。[⑤] 1890 年，雅各布·里斯（Jacob A. Riis）通过调查发现，在纽约 37 000 栋贫民窟房屋里居住的

---

① Julius Goebel, "The Prevalence of Crime in the United States and Its Extent Compared with that in the Leading European States," *Journal of the American Institute of Criminal Law and Criminology* 3, No. 5(1913): 756.

② Granville S. Hall, *Adolescence: Its Psychology and Its Relation to Physiology, Anthropology, Sociology, Sex, Crime, Religion and Education* (New York: D. Appleton and Company, 1905), pp. 394-395.

③ C. V. Dunn, "The Church and Crime in the United States," *Annals of the American Academy of Political and Social Science* 125, No. 5(1926): 204.

④ Joseph A. Hill and Reginald L. Brown, *Prisoners and Juvenile Delinquents in the United States, 1910* (Washington, D. C.: Government Printing Office, 1918), p. 157.

⑤ 埃里克·方纳：《给我自由！一部美国的历史》（下卷），王希译，商务印书馆，2013，第 178 页。

人口总数超过 100 万人。由于工作的不稳定、低廉的工资和颇高的房租，这些工人不得不生活在极其贫穷和无任何保障的环境中，他们也因此变得极其绝望，被逼无奈的情况下只好诉诸乞讨和犯罪来求得生存。大量的罪犯也使监狱变得拥挤不堪，每年大约有 4 万个精神病人和社会人渣被关押进纽约岛上的精神病院和教养院里。① 1879 年，纽约市的贫民窟住宅达 21 000 个，1900 年增至 43 000 个，容纳人口高达 150 万人，而当时整个纽约市的人口尚不足 400 万人。② 同时，贫民窟的孩子们由于家庭贫困，早早辍学在家，生活境遇极其悲惨。

第三，全国上下酗酒问题严重。新移民在移入美国的同时，也把原有的习惯带到了美国，如喜欢酗酒的爱尔兰人和意大利人，而大量青壮年移民男子在完成一天疲惫不堪的苦力劳动之后，到酒馆饮酒就成为他们释放压力和缓解思乡之情的重要方式，各式各样的酒馆如雨后春笋般出现，散布于城市工厂与矿井周边的各个角落。在金钱与利润的驱动下，酒馆老板除了提供各种酒精饮品外，还允许卖淫活动与赌博现象在酒馆存在，一系列因酒及酒馆而滋生的社会问题，尤其是因酒而导致的犯罪问题，引起了社会改革人士的高度不满，加上大工业时代主张效率和生产安全与饮酒之间的矛盾变得愈加不可调和，城市酒馆更被视为犯罪的源头，铲除酒馆的存在、全社会禁酒就成为这一时期社会进步人士和大企业家们维护社会安宁、降低城市犯罪率的重要改革内容。③

第四，大量童工的出现。20 世纪初，美国的工业化还导致了一个畸形的社会后果，就是大批童工的出现。童工已成为美国劳动阶级中

---

① Laurie Collier Hillstrom, *Defining Moments : The Muckrakers and the Progressive Era* (Detroit, MI: Omnigraphics, Inc. , 2009), pp. 37-38.

② 刘绪贻、杨生茂主编《美国通史》第 3 卷，人民出版社，2002，第 312 页。

③ 杜光强、张斌贤：《教育与美国禁酒运动（1880—1920 年）》，《清华大学教育研究》2016 年第 6 期。

的一部分，也是一个特殊的社会阶层，其中最艰苦、最悲惨的要数煤矿中的童工。美国政府曾发表研究报告披露了1919年美国谢南道河谷煤矿区的童工情况，反映了20世纪初美国童工艰苦生活和悲苦境况的冰山一角。除了煤矿中的童工，童工卖报也是一种常见的现象，大批报童的出现形成了当时美国社会的又一奇特景象，报童成了童工的一个重要组成部分。① 即使那些不去从事矿工和卖报工作的儿童，由于家庭贫困，往往很早就辍学在家，或者根本就没有走进过学校，加上家庭住房拥挤，他们往往在不安全和充满诱惑与暴力的城市街头度过了童年，街道也成了他们唯一的游戏场所。

对于这些问题的出现，社会改革人士和进步主义人士之间相互合作，通过采取一系列社会改革运动努力解决社会问题。他们通过排外主义运动与限制移民数量解决因移民的增加而引发的社会问题；他们通过在全社会开展禁酒运动净化社会环境；他们通过揭露市政管理的黑幕和垄断企业的不合法经营模式要求公司企业提高工人待遇，他们还通过曝光贫民窟的悲惨生活引起全社会的关注，并要求城市管理部门通过捣毁贫民窟、建立工人公寓改善下层居民的生活；他们通过建立儿童局和青少年法庭努力解决童工和青少年犯罪问题；他们通过要求州立法部门建立教养院对犯罪情节较轻的犯人进行改造和教养，同时在监狱管理制度上，充分使用缓期、假释和不定期刑等对犯人进行更好的管理和教育减缓犯罪率节节上升的问题；他们通过呼吁市政当局在人口密集区建立休闲娱乐中心和运动场地解决城市居民的业余休闲问题。然而，社会也希望教育能够为解决这些问题做出应有的努力与贡献，人们也开始将教育视为治愈社会问题的重要工具。在思索如何解决这些社会问题时，教育立即被“牵扯”进去，因为不管如何对移民进行限制和控制，对那些已经在美国生存和置业的人进行美国化

① 刘绪贻、杨生茂主编《美国通史》第4卷，人民出版社，2001，第196页。

教育是势在必行和迫不及待的。19 世纪末，教育日益被视为一种社会控制的工具，用来解决犯罪、贫穷和移民的美国化等社会问题。社会各界也纷纷认为虽然教育不能直接地解决犯罪问题，但通过教育间接且有效地阻止犯罪行为发生这一点是能够得到明确证实的。

四、社会进步运动的影响

19 世纪末期，人们在享受工业化、城市化带来的日益丰富的物质财富和精神财富的同时，也深深地感受到原本安宁的社会秩序在此时开始失序。各种严峻的社会问题已经动摇国家稳定与发展的基础，引起了社会有识之士和改革人士的广泛关注。他们一方面四处奔走呼吁，一方面身体力行，通过开展各种各样的改革运动帮助维护社会的稳定和工业的发展，从而在这一时期掀起了轰轰烈烈的改革运动。在开展的这些社会运动中，他们一方面通过实施各种社会手段直接或间接帮助解决社会问题，另一方面也呼吁教育积极参与到这些社会变革中，通过教育的努力解决这些问题，这些都促使教育开始从本身思索如何通过更好的变革顺应社会的发展。在这些社会改革运动中，与教育关联较为紧密、影响较大的运动就是进步主义运动。此外，在进步主义运动开展的同时，或作为进步主义运动的重要组成部分，或受到进步主义运动的重要影响而一并开展起来的一些运动也对教育产生了重要的影响，如社会安置运动、科学管理运动、社会效率运动等。

第一，进步主义运动。进步主义运动（Progressivism Movement）是 19 世纪 90 年代在美国兴起的一种社会改革运动。这场运动主要是对美国工业化进程中出现的各种严重的社会问题的一种反思和改良，期望通过揭露城市中存在的各种黑暗和腐败现象、缩减贫富之间的差异程度、提高社会道德水准等努力净化社会环境，稳定社会秩序，解决工业文明带来的各种社会问题。“进步”一词的使用始于 1910 年左右，人们用这个词描述一种定义松散的政治运动，参加这个运动的个人和群体希望为美国社会和政治生活带来重要变化。进步主义者包括了具有前瞻性眼光的商业家和决心扩大产业工人权利的劳工运动积极分子。其他的进步主义者则包括了女性改良组织成员（她们希望保护妇女和儿童免受剥削）、社会科学家（他们相信学术研究将有助于解决社会问题）及中产阶级队伍中的成员（他们担心自己的地位因大公司的兴起而受到损害）。[①] 进步主义运动的序幕是由19世纪90年代的平民党运动和黑幕揭发运动掀开的。平民党人主张维护农民的利益，反对托拉斯的控制，反对政府占有和经营铁路；而黑幕揭发运动则从另一方面为进步主义运动的开展吹响了号角。黑幕揭发运动主要是由黑幕揭发者（主要是新闻记者）发动的揭发社会黑暗的运动。这些黑幕揭发者从各个方面揭露、抨击美国社会中存在的丑恶现象，这些黑暗的丑恶现象包括政治腐败与效率低下、商业贿赂、托拉斯的剥削、有组织的犯罪、童工和女工的不合法使用等。[②]

在平民党运动、黑幕揭发运动的直接推动下，以一批改革家登上美国社会舞台为标志，兴起了进步主义运动。进步主义就犹如一把大伞，涵盖了经济、政治、社会和道德诸方面的改革。在政治改革方面，主要的领导人有西奥多·罗斯福（Theodore Roosevelt）、托马斯·威尔逊（Thomas Woodrow Wilson）、罗伯特·拉福莱特（Robert M. LaFollette）等；在经济改革方面，领导改革的主要有罗斯福、拉福莱特、威尔逊等；在社会改革方面，主要代表人物有萨拉·德克尔、格拉顿和简·亚当斯（Jane Addams）。[③] 在改革成效上，进步主义的改革者为了争取城市中受过教育的中产阶级的支持，他们提出的目标是消

① 埃里克·方纳：《给我自由！一部美国的历史》（下卷），王希译，商务印书馆，2013，第863—864页。

② 张斌贤：《教育与社会变革》，中国社会科学出版社，2012，第114页。

③ 张斌贤：《教育与社会变革》，中国社会科学出版社，2012，第114—115页。

除政府中的腐败现象，对工商业者的行为进行管理，解决危害各种健康的问题，改善工人工作条件，并通过预选提名公职人员的候选人，直接选举参议员，行使创制权，举行公民投票，享有罢免权，以及给予妇女选举权，其目的是让公众能够直接监控政府。在地方一级，许多进步主义人士强烈建议取消红灯区、发展中学教育、兴建运动场地，并以更有效率的市政体制取代腐败的城市政治机器；在州一级，进步人士主张实行女工最低工资制，建立工业生产事故保险，限制使用童工，以及改善工厂的管理；在联邦一级，国会通过立法建立对肉类加工、药品和铁路的监控，强化反托拉斯法，以此降低关税，确立联邦对银行系统的监控，以及通过立法改善工作条件。在进步主义时期，还通过了 4 个宪法修正案，内容包括授权征收所得税（1913 年）、规定参议员经直接选举产生（1913 年）、将选举权扩大到妇女（1920 年）及实施禁酒法令（1919 年）。[①]

第二，社会安置运动。社会安置运动（Social Settlement Movement，又被译为社会服务处运动、贫民安置运动等）主要是由美国白人中产阶级家庭的妇女负责发起和领导的，通过在城市的贫民区设立安置所，帮助城市贫民和外来移民解决实际问题，进而提高他们的生活水平和健康水平。1889 年，简·亚当斯在芝加哥建立了“芝加哥赫尔会所（Chicago Hull House）”，成了美国最早，也是最负盛名的社会安置所之一。同年，维达·斯卡德（Vida Scudder）在纽约建立了莱温顿街道安置所。1889 年以后的 10 年里，社会安置所如雨后春笋般地在许多城市发展起来。到 19 世纪末期，已经有超过一百多家的社会安置所，掀起了一场轰轰烈烈的社会安置运动。[②] 社会安置所一般设在人口稠密的

---

① 詹姆斯·柯比·马丁等：《美国史》（下册），范道丰等译，商务印书馆，2014，第 941—943 页。

② Maureen A. Flanagan, *America Reformed: Progressives and Progressivisms 1890s-1920s* (New York: Oxford University Press, 2007), pp. 42-48.

城市移民区里，通过为城市贫民和移民开办英语班、职业技能训练班、公民课程、男女童俱乐部、体育活动等提高他们的精神文化生活和工作技能水平，因此也成为当地的教育、娱乐和生活服务中心。朱迪斯·特兰德（Judith Ann Trolander）曾说："事实上，社会服务所的主要意义并不在于它们所触及的贫穷个体，而在于它们为社会上的其他人打开了一扇窗口，透过这里，人们能够看到贫困并更加了解贫困。"①社会安置所并不像一般的慈善机构那样，单纯针对落难的个体施以某些方面的具体救助，它们主要着眼于提高所在居住区居民的整体文化素质和生活质量，它们是一种具有综合功能的社会改革基地，更是一种民主社会学理论研究与实践的"实验室"。出于这样的宗旨，在社会安置所的工作安排中，教育和艺术欣赏始终都占有重要的位置。此外，以亚当斯·斯卡德等为代表的这群女大学生还将社会安置所视为大学校园的延伸和课堂教育的补充，一座社会安置所就犹如一所"社会大学"。

在美国，这些女性中产阶级知识分子之所以能够将社会安置运动视为一份事业，在很大程度上得益于她们自身的客观条件。第一，虽然她们并未腰缠万贯，但是毕竟家境殷实，有一定经济基础到大学深造，有能力到欧洲游学，在事业的初步阶段，有能力筹措到所需的资金且能够应对日常开销。第二，作为新一代大学生，她们思想开明，敏学好思，具有开展社会改革运动必需的知识积累，以及观察、思考、表达和领导能力。美国社会安置运动者们的初衷并非要为美国多添几家贫民救济院，而是要开辟一份推动社会进步的事业。事实上，她们仍是希望通过与移民们的密切接触并帮助移民解决实际问题加速移民的美国化，进而实现社会各阶层的和谐相处，恢复整个美国社会的和

---

① Judith Ann Trolander, *Professionalism and Social Change: From the Settlement House Movement to Neighborhood Centers* (New York: Columbia University Press, 1987), p. 241.

平与稳定。[①]

在“赫尔会所”的创建过程中，亚当斯和埃伦·斯塔尔（Ellen G. Starr）曾经专程前往欧洲收集各种绘画和其他艺术作品。而一到会所，她们就马上安排相关课程与讲座。朱莉娅·莱斯罗普（Julia Lathrop）曾经利用周日下午为邻里组织了一个“柏拉图俱乐部”，主要讨论哲学问题。斯卡德在波士顿的戴尼森会所开办过一个“社会学俱乐部”，讨论行会道德等时代问题。[②] 赫尔会所举办有陶器、木雕、金属工艺、编织、制衣、烹饪、制瓷和制帽等课程；波士顿的“南端会所”开始时建立了一个鞋带制作车间，1903 年之后又专门准备了一座房屋，内设舞台剧表演室、陶器模型室和木工制作室等。寓教于乐是社会安置所工作者们努力追求的一个重要原则。他们宣称，娱乐乃是人类最根本的需要之一，劳工们在紧张的劳作之余需要放松身心，“当疲惫的工人自身得到娱乐之后，他们就会变成更好的公民”[③]。赫尔会所不仅在帮助穷人方面起了典范作用，还培养了一批出色的社会改革者，如 1912 年出任新成立的联邦儿童局首任局长的莱思罗普，就曾是赫尔会所的工作人员，后任全国消费者联盟（National Consumer's League）主席的弗洛伦斯·凯利（Florence Kelley）也是亚当斯的同事。除赫尔会所外，莉莲·沃尔德（Lillian Wald）创办的纽约亨利街安置所、波士顿南区厅，在当时都颇有名气。[④]

社会安置所在实践教学中比较推崇杜威等人的进步主义教育思想，

---

① Ruth Hutchinson Crocker, *Social Work and Social Order : The Settlement Movement in Two Industrial Cities , 1889-1930* (Urbana: University of Illinois Press, 1992), p. 213.

② 李颜伟：《知识分子与改革：美国进步主义运动新论》，中国社会科学出版社，2010，第 390—391 页。

③ Arthur C. Holden, *The Social Settlement Idea : A Vision of Social Justice* (New York: the Macmillan Company, 1922), p. 51.

④ 李剑鸣：《大转折的时代——美国进步主义运动研究》，天津教育出版社，1992，第 182 页。

将教育视为社会改革的一种方式，强调理论联系实际，教育必须服务于社会的进步。社会安置运动的参与者们还根据所在社区人口的职业特点及实际需要设计相应的手工培训与工业教育活动。这种教育其实就是一种社会教育，因此对正规教育产生了冲击，进而引发了对教育功能的重新思考，也对学校教育提出了新挑战，要求学校为适应社会发展而变革的呼声也不绝于耳。

第三，科学管理运动和社会效率运动。科学管理运动是 20 世纪早期在美国管理学领域兴起的一场规模浩大的运动，科学管理运动的兴起与美国工业化的完成密切相关。被誉为科学管理之父的弗雷德里克·泰勒（Frederick Winslow Taylor）是这场运动的代表人物和发起者，他提出的“泰勒制”成了科学管理理论的代名词。[①] 在 20 世纪前 20 年，美国的工业进入了资源积累和纵向结合的完成时期，面临大规模生产和销售问题，以及工业生产与管理中出现的人、财、物的低效率和巨大的浪费，企业的科学管理工作就显得十分重要。在这样的背景下，促使了人们去思考如何才能提高企业的生产和管理效率，而泰勒在前人的基础之上，系统地提出了科学管理的基本原则，从而使美国进入科学管理时代。在泰勒看来，科学管理的核心在于推进企业资源使用的合理化，需要满足经济发展，需要改变企业内部劳资之间的关系，而其中追求资源合理化是当时面临的主要问题，因此提高企业的工业效率就成了当时最紧迫的事情。在泰勒看来，这个效率包含了 3 个方面的内容，即工业效率、个人效率和社会效率。科学管理提倡科学调查的精神，这与 20 世纪初期美国兴起的社会思潮相一致，与当时美国社会盛行的实用主义哲学产生了某种内在的联系。实用主义哲学也提倡对事物进行分析，在调查的基础之上进行检验，以判断这个事

① 刘丽华、何军：《科学管理运动兴起原因新探》，《沈阳师范大学学报（社会科学版）》2005 年第 1 期。

物是否有价值。而实用主义也是进步主义运动中坚守的一个重要的理论基础，这样科学管理运动和进步主义运动之间就有了某些相似的特征，这种相似的特征就是进步主义改革人士和企业的管理者在面对社会出现的问题时，都希冀于借助知识和智力帮助解决这些社会问题，唤起社会公众的参与意识，从而构建一种新的社会秩序，提高社会效率。①

科学管理运动在美国开展的同时，效率成了检验和判定管理是否科学的重要标尺，也很快被应用到工商业、社会组织的管理之中。简单地讲，效率就是投入与产出之间的关系，投入多，产出少，效率就会低；投入少，产出高，效率就会高。对社会企业的组织与管理来说，使用最少的投入最大化地满足人类的发展需求就是最有效率的管理，因此人们开始将效率逐渐应用到社会生活的各个方面，在社会上形成了一股社会效率运动。社会效率运动在后期的发展中也被应用到学校教育和课程改革之中，成了学校制定课程的一个重要依据。公立学校受其影响，在一定时期内成了一种服务于经济社会发展的、生产人力资本的“分类机器”。②

在各种社会运动的影响下，教育自身也开始思索如何通过自身的改革和进步顺应社会的发展，使学校成为一个让人满意的地方，成为民主社会向前发展的一个助力器。这一时期，探索从教育内部进行改革的各类运动也如火如荼地开展起来，期望解决教育内部出现的各种问题，其中影响较大的有学校调查运动、儿童研究运动、职业教育运动和后期出现的进步主义教育运动。

---

① 高春常：《评美国进步时期的科学管理运动》，《烟台师范学院学报（哲学社会科学版）》1994 年第 3 期。

② 陈露茜：《“社会效率”：科学管理还是社会控制》，《清华大学教育研究》2016 年第 1 期。

第二节 公立中学的发展与中学课程变革的时代诉求

在整个19世纪90年代，变革都是这一时期的主题。对于如何实现这一变革，人们纷纷认为，教育是实现变革的重要力量。克雷明指出："不管我们怎么为学校辩护，相比之下，19世纪90年代的学校始终是一个令人沮丧的地方。在城市里，因入学人数的逐渐增多，一系列因学校应对不及时的问题随之而产生。在学校里，校舍照明昏暗、供暖不足、不卫生的环境及四处可见的建筑裂缝等。而在班级学生规模方面，希望把学生数量缩减到每位教师负责60位以下成了督学们最大的期望。"① 也正因为传统的学校教育在19世纪90年代存在这样那样的问题，才唤醒了人们对传统教育的批判意识，并发出了强烈的改革传统教育之声。艾萨克·坎德尔（Isaac L. Kandel）指出："20世纪前30年引领了美国一个新的发展时期，在这一历史时期里，美国人民的生活问题和人口的构成比例问题比以往的任何阶段都要复杂。在教育问题上，这一时期也出现了从来没有过的动荡与不安——如此多的不确定性，以及如此多的关于教育目的与手段、教育价值、教育设施的增设等方面的讨论。而19世纪末期陆续完成的新工业革命将科技和机器大工业发展的产物逐渐应用到教育中来，呼唤和推动着教育的变革。在所有的这些变革声音中，呼唤中等教育变革是其中最重要的一股力量，这些力量导致的骚动与争论在当时的表现就是对中学传统的实践、课程和方法不满意。"② 美国教育专员威廉·哈里斯（William T. Harris）在1891年指出，在所有对中学课程的批评中，认为中学课程

---

① Lawrence A. Cremin, *The Transformation of the School: Progressivism in American Education, 1876-1957* (New York: Alfred A. Knopf, 1968), pp. 20-21.

② Isaac Leon Kandel, *History of Secondary Education: A Study in the Development of Liberal Education* (Boston: Houghton Mifflin, 1930), pp. 520-521.

过于强调背诵和记忆是最主要的批评因素。①

一、公立中学的快速发展

美国内战结束之后，公立中学得以快速发展，1860—1890 年，其数量从 1860 年的 40 所增长到 1890 年的 2526 所。② 在中学发展的早期、在公共教育仅将自己的责任限于为孩子提供初等教育时期，社会大众对建立中学的欲望并没有那么强烈。然而，伴随着美国工业化进程的加快，原本在农业社会时期要求中学阶段的孩子为家庭承担一定劳动量的需求，在工业占比逐渐加重的过程中变得日渐减少，而社会和家长要求孩子接受更高层次教育的欲望愈发强烈，家庭也愿意为孩子接受更高层次的教育承担更多的开支，这些都促使了中学的快速发展。然而，大量由教会支持的文实中学把公立中学的出现视为对自己发展的巨大威胁，大学也恐惧失去其对中学原有课程内容和学术标准的控制，一些纳税人更是不愿意通过增加公共税收开支支持公立中学发展。但这一切都没有阻止公立中学的大量出现和发展，1874 年卡拉马祖案（Kalamazoo Case）更是以立法的形式确立了使用公共税收支持公立中学发展的合法地位。③ 在中等教育的各种机构里，中学占据的优势在 1880 年之后开始凸显，同时通过公共税收支持中学的发展也确立了中学的公共性和大众性。有一种观点认为，公立中学是从文实中学这个母体中脱离出来的一种中等教育形式。这种观点在埃德加·韦斯利

---

① William J. Reese, *America's Public Schools: From the Common School to "No Child Left Behind"* (Baltimore: The Johns Hopkins University Press, 2005), p. 115.

② Andrew S. Draper, *American Education* (Boston: Houghton Mifflin Company, 1909), p. 155.

③ Allan M. West, *The National Education Association: The Power Base for Education* (New York: The Free Press, 1980), p. 4.

(Edgar Wesley)看来不仅是个错误，而且是对事实的一种严重扭曲。换句话来说，中学抑制了文实中学的发展，并进而取代了其在中等教育机构里占据的主导地位，中学也通过为接受初等教育后继续求学的孩子提供高级的、实践性的训练逐渐取代文实中学具备的一些教育功能。①

美国中学在1880年之后之所以得到快速发展，学校数量和学生在读人数都呈现惊人的增长速度，其原因可以概述为以下几个方面：第一，美国内战之后，整个国家的经济实力和财富总量都有所增加，伴随而来的就是许多社会阶层人士休闲和娱乐时间的增多。第二，人类知识总量有了巨大的增长，这种增长源于人们坚持不懈的研究和调查精神，研究和调查得出的结论也都在中学和大学找到了立足之地。第三，义务教育法规定的义务教育年限不断延长，有的州延长到14岁，或者16岁，有的州甚至到18岁。第四，大学入学需求进一步的多元化，以及越来越多的大学开始将公立中学作为一个重要的生源地。第五，陈旧的学徒制在这一时期开始走向衰落，中学作为职前教育和职业教育的一种形式，开始逐步得到社会的认可。第六，妇女进入各专业领域工作的机会不断增多，包括技术的、商业的、工业的。她们往往也是在完成了中学教育之后才找到一些新工作。第七，整个国家的人口呈现自然增长的趋势。第八，时代精神也成了一个重要因素，这种时代精神让越来越多的人承担许多人在之前已经承担的大量工作。②

此外，通过中学阶段的教育帮助社会解决这一时期出现的各种危机问题也是促使中学快速发展的重要原因。西曼(J. E. Seaman)在《中学与国家》一文中指出："建立有效的公共学校是国家必须承担的

---

① Edgar B. Wesley, *NEA: The First Hundred Years* (New York: Harper & Brothers, 1957), p. 62.

② Calvin Olin Davis, *Our Evolving High School Curriculum* (New York: World Book Company, 1927), pp. 32-33.

重要责任，如果一个国家的文盲不断增加且这些文盲被允许参加选举的话，他们将会利用手中的政治权力与腐败的官员平起平坐，将会与社会不合群、降低社会价值观，也会导致社会道德的沦丧。在所有组织完善的政府里，权力的掌控者必须要接受教育。而在美国这个民主或共和形式的政府里，人民就是权力的来源，所以我们必须要对人民进行教育。当前，中学教育就跟一个世纪以前的小学教育一样重要，因为伴随着科学的进步、艺术和发明的大量出现，中学教育已经被认为是迫切要求的一种教育，只有完成了中学教育，才能更好地将知识应用到商业和家庭的生活中去。中学教育的目的在于将人培养成对社会有用的人，这个目的可以通过教育他们来实现，可以通过激发他们与生俱来的天赋能力来实现。此外，中学教育在帮助解决其他社会问题方面也承担着比初等教育更重要的责任。”① 随后在对西曼所做的发言进行讨论时，来自俄亥俄的吉布森督学指出，不同地区的督学们毫无疑问都会支持中学的建立和发展，中学从本质上来说是美国特有的一种机构，是人民的中学，各州和地区都应该加强中学教育。来自纽约的大卫·梅特卡夫（David D. Metcalf）指出，社会目前遇到的最大问题就是发现了大量来自海外没有接受过教育的移民，这个问题我们必须通过在全国范围内为这些移民提供一定形式的教育来解决，我们应该通过全力地支持中学教育帮助解决这个问题，同时也可以通过支持中学的发展为小学阶段的教育提供师资力量。② 从上述的分析我们已经可以看出，初等阶段的教育已无法满足社会的发展和需求，教育向

① J. E. Seaman, "High School and the State," in *The Journal of Proceedings and Addresses of the National Educational Association: Session of the Year 1885* (New York: Press of J. J. Little & Co., 1886), pp. 173-180.

② J. E. Seaman, "High School and the State," in *The Journal of Proceedings and Addresses of the National Educational Association: Session of the Year 1885* (New York: Press of J. J. Little & Co., 1886), p. 180.

初等教育以上阶段延伸的思想已经成为诸多督学的共识，他们呼吁建立更多的中学帮助解决各种社会问题。1900 年以后，伴随着新移民的增多和欧洲战场上的压力，学校承担着更多的美国化的责任，通过教育实现移民的美国化。除了移民和极端主义之外，社会公众对这一时期社会上出现的犯罪、罢工、贫穷、个人道德和社会道德的沦丧、经济萧条和种族矛盾等问题都深感担忧。人们希望学校教育能够在解决这些问题方面做得更多，初等教育阶段的教育已经不足以解决这些问题，呼吁中等教育为解决这些问题付出更多努力的呼声不绝于耳，中学应该成为民主社会的支柱，呼吁建立更多的中学，通过中学将美国化的思想传播开来。卡尔·凯斯特勒（Carl F. Kaestle）甚至将中等教育阶段的教育视为共和国的支柱，这也说明了社会各界此时对中等教育所应承担的重要工作的期待性。① 中学的发展也伴随着中学功能的变迁，从最开始中学被视为人民的学院到逐渐发展成为民主社会里的一个重要机构，成为培养美国人民民主意识的一个重要机构，也成为美国化过程中的一个重要手段。

本书所涉及的研究问题主要集中在 19 世纪 90 年代和 20 世纪 20 年代，这一时期正是美国中学快速发展的历史时期。数据显示，1890 年美国公立中学的数量已达 2526 所，成了美国中等教育类型的主要形式，具体如表 1-2 所示。此外，加尔文·戴维斯（Calvin O. Davis）在研究中也列出了与表 1-2 中同样的数据。他指出，1922 年，公立中学数量达到了 14 056 所，公立中学学生占总人口的比例为 2.04%，公立中学学生总数占所有类型中等学校学生的比例达到了 92.30%，这进一步支撑了公立中学在中等教育机构类型里占据的主导地位。② 此外，19 世纪

① Carl F. Kaestle, *Pillars of the Republic: Common Schools and American Society* (New York: Hill and Wang, 1983), p. 2.

② Calvin Olin Davis, *Our Evolving High School Curriculum* (New York: World Book Company, 1927), pp. 31-32.

80 年代，公立中学主要位于城市地区，农村地区和偏远地区公立中学的数量相对较少。①

表 1-2 美国公立中学数量增长趋势表：1890—1920 年②

时间	公立中学的数量（所）	公立中学占所有类型中等学校的比例（%）	公立中学教师数（人）	公立中学学生数（人）	公立中学学生占总人口比例（%）	公立中学学生占所有类型中等学校学生的比例（%）
1890 年	2526	60.8	9120	202963	0.32	68.1
1900 年	6005	75.2	20372	519251	0.68	82.4
1910 年	10213	85.2	41667	915061	1.00	88.6
1920 年	14326	87.3	97654	1857155	1.76	91.0

与此同时，公立中学在发展的过程中，各学区也逐渐将中学视为为人们以后生活做准备的一种机构，这就导致了中学逐渐偏离了以前的发展轨道。另外，内战之后，伴随着各种商业活动和经济的发展，各界进一步认为中学应该满足社会发展的需要，提倡在中学里开设更多的、具有实践特征的课程。中学为了处理好这个两难的发展困境，开始开设平行课程作为解决方案。这些课程中的一部分是各种各样的大学预备课程，或者说是古典课程，另外一部分通常被称为英语课程。一时间，大量平行课程开始在中学出现。这些平行课程之间具有较大的差异性，并以一个单独的学科名称命名。③ 正是由于中学在早期的发

---

① Edward A. Krug, *The Shaping of the American High School* (New York: Harper & Row, 1964), p. 12.

② Harry Charles Mckown, *The Trend of College Entrance Requirements, 1912-1922* (Washington, D. C. : Government Printing Office, 1925), p. 35.

③ Calvin Olin Davis, *Our Evolving High School Curriculum* (New York: World Book Company, 1927), pp. 34-35.

展过程中形成了这样的课程结构，到19世纪90年代，人们开始发现这种课程设置形式过于保守和滞后，呼吁改革中学课程的声音也自此强大起来。在接下来的30年里，不断呼吁对中学课程进行改革就成了这一时期中学发展中最重要的议题。

二、统一中学课程的时代诉求

中学在快速发展的同时，辍学率却非常之高。1890年，升入大学的学生仅占所有在读学生总数的1.1%。通过对大量学生辍学原因进行调查后发现，导致学生辍学除了家庭环境、身体状况和心理等原因之外，最主要的是他们对学校课程不满意。在公立中学发展的早期，学校规模一般都较小，不同学校的课程之间也没有标准化，最常见的核心课程形式就是由古典课程和数学组成，学校虽然也根据不同需求提供各种各样的短期课程，但这些短期课程都是相对孤立的课程单元，没有任何的连贯性和延续性。[①] 由于公立中学课程本身存在的这些问题，引发了社会各界对中学课程的不满。这种不满具体来说主要体现在两个方面：一方面是大量平行课程的存在，这种平行课程主要以满足不同学生的职业需求为目的；另一方面就是大量短期课程的存在，这些短期课程主要是为了满足不同大学各种各样的升学。因此，大量平行课程和短期课程的存在既导致了课程种类的混乱性，加上高等教育机构通过大学入学需求对中学进行控制，也导致了对中学课程选择时缺乏灵活性。杜威指出，在19世纪最后的二十多年里，教育理论家们越来越关注课程，原因有三：第一，新方法从根本上说与现存学校教材和学科内容不相适应；第二，课程因补充了太多的新学科而过于

---

① Thomas H. Briggs,"The Committee of Ten,"*Junior-Senior High School Clearing House* 6,No. 3(1991):135.

臃肿；第三，新旧学科之间存在着根本性的冲突，即传统学科与新学科在理智价值和道德价值上存在着冲突。① 与此同时，这一时期公立中学的大学预备功能成了指引学校课程设置的主要方向，中学这个机构本身所应具有的组织发展理念也没有形成。因此，人们在呼吁统一中学课程的同时，也对当时中学课程存在的主要问题进行了批评和指责，期望通过解决这些问题推进课程的统一。

（一）高等教育机构对中学课程的控制和主导

内战结束时，美国的高等教育机构大约有 234 所。而从 1865 年至 1893 年不到 30 年的时间里，却有另外的 230 所新的大学建立起来，使美国大学的总数达到了 446 所。② 威廉·科勒（William C. Collar）指出，1891 年，美国的各类大学总数不超过 500 所。他通过对 487 所大学（也包括少量加拿大和新不伦瑞克的大学）的入学需求进行调查后指出："这些大学的入学需求科目从一些最基本的科目，如算术、阅读和写作，到一些高级课程，如高级数学、希腊语、道德哲学、艺术史等，难度和要求都不一致。其中，历史、数学、科学和语言是四大最主要的入学需求课程。虽然以这 4 种课程名称进行统称，但不同学校要求的不同课程的修读程度是千差万别的。以历史课程为例，从巴比伦史和亚述人的历史到得克萨斯州和北卡罗来纳州的历史，而且有的要求历史课程教学时长为 3 个学年，有的只要求两年，等等。"③ 此外，当一所新的大学建立之后，它们往往希望能够提供一些与之前建立的一些大学不一样的课程，这种愿望的存在就导致了它们需要设置一些

---

① 丹尼尔·坦纳、劳雷尔·坦纳：《学校课程史》，崔允漷等译，教育科学出版社，2006，第 99 页。

② Edgar B. Wesley, *NEA : The First Hundred Years*（New York: Harper & Brothers, 1957）, p. 95.

③ William C. Collar, "The Action of the Colleges upon the Schools," *Educational Review* 2, No. 12（1891）: 429.

新的大学入学需求考试科目，以此显示它们存在的独立性和个性化，这些初衷的存在都导致了大学入学课程的差异性和混乱性。①

1891 年，科勒在收集完 487 所大学的课程入学需求后指出："美国的大学是一种自主性很强的机构，比德国等欧洲国家的大学要独立自主得多。因为它们的独立自主，它们经常非常武断地制定和决定自己所需要的入学需求，它们在决定提高或降低、保持或扩展自己的入学需求之前从不咨询为它们提供生源学校的意见建议，也没有考虑到这些中学的实际。大学规定了什么样的课程，中学就必须按照这个要求去执行，一旦这些预备学校忽视了高等教育机构的要求与规定，这些预备学校的荣誉就会遭受损害，就读这些预备学校的中学生就会减少。"显而易见，高等教育机构这些规定是影响中等教育所有因素中最主要的因素，这些因素也决定了每一所预备学校和中学应该在中等教育阶段教授什么样的课程、难度为多少的课程等。高等教育机构通过制定大学入学需求除对预备学校进行影响和控制之外，对公立中学的影响也十分巨大，因为公立中学也是高等教育机构生源组成的重要部分，而且比预备学校提供了更多的学生。1866—1890 年，有 1758 名来自公立中学的学生进入了哈佛学院读书，有 1605 名来自捐赠学校（endowed schools）的学生走进了哈佛。这一时期，哈佛学院录取的所有学生中，有 22%—30%的学生来自公立中学。此外，1890 年之前，中学毕业生升入大学的人数也少之又少，一些大的学校每年只能输送 5—6 名学生进入大学学习，绝大多数为 3—4 名，一些学校仅仅只有 1—2 名。哈佛学院在 1890 年从 122 所中等教育机构里招收了 348 名学生，平均每个机构输送的学生还不到 3 人。这些中等教育机构为了服务

① Nicholas M. Butler, "Discussion of the Report of the Chairman of the Joint Committee on College-Entrance Requirements," in *The Journal of Proceedings and Addresses of the National Educational Association: Session of the Year 1897* (Chicago: The University of Chicago Press, 1897), p. 653.

少数学生升学的需求，也必须要按照大学的入学要求开设相应的课程，而且需要按照大学要求的课程开设顺序、时间分配比例和教学方法讲授所要求的课程。纽约州的一位中学校长抱怨道："如果他们学校要向哈佛学院输送毕业生的话，按照哈佛学院新的录取需求，学校所有的课程基本上要重新调整一遍。"① 这仅仅是哈佛一所大学，其他的高等教育机构也都有着各自不同的入学需求，中学为了满足不同大学的入学要求，就必须开设各种各样的课程，从而导致了中学课程的混乱性和无序性，以及不同课程之间的巨大差异性。

爱德华·克鲁格（Edward A. Krug）指出："1890 年以前，在大部分情况下，大学不依靠公立中学和普通的文实中学为它们提供生源，大学的录取也主要依据考试成绩，考试的科目限定于不同大学所需要的一些学科类别，不同大学之间的考试科目差异性较大且考试内容要求极其严格。申请人不需要呈现他们的学分，大学对于学生从哪种类型的中等学校毕业也没有非常明确的规定和要求，它们只需要学生参加大学组织的入学考试或大学附属的预备机构组织的考试即可。从结果上来看，大学和中等学校之间的关系有点模糊不清。但我们也能够看出，大学很容易就保持了他们的独立自主地位。然而，没有哪所公立中学和文实中学敢于忽视大学的入学需求，几乎每一所中学都有一些准备升入大学的学生，这些中学的校长们既需要为这些学生提供最好的准备，也需要为大学入学考试做最好的准备，因为他们需要考虑自己学校的荣誉。与此同时，这些校长们也面临着学校所在地区的不同群体对他们关于为什么没有更多的学生接受更长的学校教育的质问，等等。"② 这些都说明了中学对大学的依附性，以及大学的独立和对中

---

① William C. Collar, "The Action of the Colleges upon the Schools," *Educational Review* 2, No. 12(1891): 426-427.

② Edward A. Krug, *The Shaping of the American High School* (New York: Harper & Row, 1964), p. 7.

学的控制。

在中等教育阶段，不管是文实中学、预备学校，还是公立中学，它们之间的课程都存在着巨大的差异性。文实中学和大学预备学校主要以服务学生的升学为目的，公立中学虽将学生的升学作为学校的次要功能，但在1890年以后高等教育机构的学生生源中，来自公立中学的学生越来越多。除通过设置各种各样的入学需求对中等教育机构的课程进行规定和要求之外，甚至对同一名称的课程，不同的大学都有不同的规定。例如，学生成绩优秀的标准、课程分支的构成、课程开设的时间顺序、课程的教学时长等，几乎很难找到两个学校在上述几个方面都一样的课程，最多也就是课程名称类似而已。此外，这些课程在有些学校仅仅以名称命名，有的称为商业课程，有些仅仅包括两组课程（一组英语课程，一组古典课程）；有些学校的初级阶段课程占据了很长时间，有些学校比较重视课程高级阶段教学；有些学校的课程只有两年，有些长达5—6年；等等。①

（二）平行课程的大量存在

在中学发展的早期，其课程组织模式和文实中学相同，采用了平行制，即允许学生选择一种平行课程，以及组成该平行课程内部的所有科目，但不允许学生选择其他平行课程及组成平行课程的不同科目。从1865年内战结束到1893年《十人委员会报告》发布的这段时间里，美国中学通过开设商业课程、科学实验课程、声乐和器乐课程、艺术课程，以及手工训练课程等逐渐获得了普通民众的青睐，成了人民的中学（People's College）。与此同时，中学也逐渐降低对欧洲教育理念的依赖，摆脱文实学校对中学的控制，逃离对古典课程的敬畏，从而走上了具有美国特色的发展之路。如果中学继续向前这样发展的话，

① William C. Collar, "The Action of the Colleges upon the Schools," *Educational Review* 2, No. 12(1891): 425.

或许会形成一种真正具有美国本土特质的中等教育类型。① 然而，中学在发展的过程中面临着两难的问题，一方面来自高等教育机构的压力，他们将自己的一些想法强加于中学身上，让中学成为自己的附属机构；另一方面，随着大工业的兴起和对技术工人的需求，社会对中学培养实践学科的人才需求加大，认为中学应该适应社会发展需求，提供更多关于实践学科的课程教学。中学为了解决这个两难的困境，开始开设平行课程作为解决的对策。这些课程一部分是各种各样的大学预备课程，或者说是古典课程，另外一部分通常被称为“英语课程”。一时间，大量的平行课程开始出现，这些平行课程之间具有较大的差异性，并以一个单独的学科名称进行命名。②

平行课程在中学里的大量开设，一方面是为了完成当时中学所具备的升学与完成这双重的功能，城市中学和一些农村地区的中学管理者们开始在中学里设立各式各样的平行课程。在这些数量众多的平行课程中，有些平行课程是专为学生升入大学准备的，有些是专为升入科学学校而准备的，也有些是为学生未来从事商业活动而开设的，再有一些手工训练课程是为那些以后准备在工业领域工作的学生而准备的，还有一些英语课程是为那些成为好的公民做准备的。③ 选择了某一种平行课程的学生，在未完成该类平行课程之前，不能够变换到其他种类的平行课程里，而且只能修读选修的这类平行课程下面的所有课程，不能跨其他平行课程进行选择。此外，只有完成了某一种平行课

---

① Edgar B. Wesley, *NEA: The First Hundred Years* (New York: Harper & Brothers, 1957), p. 66.

② Calvin Olin Davis, *Our Evolving High School Curriculum* (New York: World Book Company, 1927), pp. 34-35.

③ Bernard Mehl, "The High School at the Turn of the Century: A Study of the Changes in the Aims and Programs of Public Secondary Education in the United States, 1890-1900" (PhD diss., University of Illinois, 1954).

程规定的所有课程之后，才能再去选择其他种类的平行课程。

一般来说，典型的公立中学通常提供五大类单独的平行课程。这五大类课程分别为大学预备课程、拉丁-英语课程、英语课程、商业课程和手工训练课程。此外，不同州和地区的中学，根据自身学校规模的大小和所在学区经济发展的差异性，各种平行课程之间也有巨大的差异。有些中学的课程计划由五大类平行课程组成，有的仅仅只有古典课程、英语-科学课程这两大类平行课程；有些中学对某一课程以这样的名称进行称谓，而另一所中学对相似的课程却以另外一种课程名称进行命名，课程之间也没有标准的术语对同一类型的课程进行统一的命名；有些中学一节课时长为 45 分钟，有些中学一节课长达 60 分钟，而且同一课程在不同中学被分配的周教学时长也不一致，很难进行有针对性的比较；有些中学以学期为标准分配课程比重，而有些中学以年或以季度分配课程比重；最后，平行课程之间原则上不能进行跨课程计划进行选修，很多学校严格地执行了这一规定，而有些学校允许在语言和科学这两组平行课程计划之间进行相互选修。①

克鲁格指出："19 世纪 80 年代，很多中学仅仅提供两大类型的课程计划，分别为古典课程和英语课程。古典课程除包含拉丁语、希腊语和数学这 3 门主要课程之外，其余课程基本没有。少数没有开设希腊语的中学，又将自己提供的课程分为拉丁语课程和英语课程。在中学提供的以英语命名的课程计划中，这些课程也被誉为现代学科的集聚地。在这些学校里，能够找到很多跟文实中学一样的、增殖出来的五花八门的平行课程，包括哲学下属的系列课程、算术科学、簿记、手工训练和家政艺术课程等。在规模较大的中学里，学校一般为学生提供 3 种或更多的课程计划，这 3 种课程类型之间的差异性也较大，一般

① Bernard Mehl, "The High School at the Turn of the Century: A Study of the Changes in the Aims and Programs of Public Secondary Education in the United States, 1890-1900" (PhD diss., University of Illinois, 1954).

将其称为通识课程、拉丁语课程和拉丁语-科学课程。在另外一些学校，除上述 3 种课程计划之外，第四类课程也开始慢慢出现，这类课程通常被称为现代语课程。在现代语课程里，学校一般用德语或法语，或者用德语和法语代替通识教育课程或拉丁-科学课程里面的拉丁语。此外，当一些中学将一些商业法、商业地理等课程加入中学课程之后，一些被称为商业课程的平行课程也开始出现在中学的课程计划里。”①

克伯莱指出：“1880 年之后，由于新的学习科目被飞速引入中学课程之中，使中学原有的课程安排变得过于拥挤，从而导致中学学制延长为 4 年；引入了选修课程；出现了一系列四年制的平行课程，如古代经典课程、现代经典课程、英语-历史课程、科学课程、商业课程、手工艺课程、家政课程、农业课程、教师培训课程、特殊职业课程。除了以上这些多样化的课程之外，许多中学还独立出来，教授一门或多门以上提及的那些课程，使我们今天出现了普通文化类中学、综合类中学、手工训练类中学、家政类中学、商业类中学、农业类中学、贸易和技术类中学。”②

哈罗德·斯皮尔斯（Harold Spears）指出：“到 1890 年，那些折中的平行课程是中学里最常见的课程形式。”③ 坎德尔指出：“这一时期的中学里存在着大量的平行课程，平行课程只允许学生选择一种学程，允许学生只能学习一种学程内的科目的做法使平行课程迅速增加。到 1900 年，中学里的平行学程数目已经增加到 36 个，种类从古代古典学程到女子手工训练学程。这些平行课程的存在所产生的结果就是学生

① Edward A. Krug, *The Shaping of the American High School* (New York: Harper & Row, 1964), pp. 5-6.

② 埃尔伍德·帕特森·克伯莱：《美国公共教育：关于美国教育史的研究与阐释》，陈露茜译，安徽教育出版社，2012，第 328—329 页。

③ Harold Spears, *The High School for Today* (New York: American Book Company, 1950), p. 307.

只能选择诸多平行课程中的一组，而没有权利选择不同平行课程里面包含的不同科目。”① 约翰·斯托特（John E. Stout）在1886—1890年对中北部各州的30所公立中学的课程进行调查后发现，这30所中学里开设的平行课程种类多达65种，这65种平行课程的分布分别为英语，17类；数学，7类；科学，11类；社会课程，14类；外国语言，4类；商业课程，6类；其他各种各样的课程，6类（包括精神哲学、道德哲学、绘画、教学理论与教学艺术、心理学和教育学、手工训练）。②

与此同时，社会上也弥漫着“最适合升入大学的课程也同样最适合学生以后的社会生活”（What best for college best fits for life）的口号。哈里斯也指出：社会各界一直认为中等学校教育是整个教育体系里缺陷最多的一个阶段。此外，中学的预备和完成功能也是各界争论的焦点，学校课程混乱程度也是确实存在的，这都将中学置于一个骑虎难下的两难处境中，中学亟待通过自身的变革更好地服务于这两种功能。这种变革既需要中学教育目标的改变，也需要对当时中学开设的课程进行变革。③

（三）短期课程的大量开设

19世纪90年代，由于高等教育机构里的课程主要由一些规定的古典课程控制着，中学作为大学的预备机构，也主要为满足大学的升学需求而相应地开设大学所需要的课程，中学课程的古典特性尤为突出。也有很多学校的督学支持中学开设古典课程，这是因为开设古典课程一方面可以满足一部分学生的大学入学需求，另一方面也是因为很多

---

① Isaac Leon Kandel, *History of Secondary Education: A Study in the Development of Liberal Education* (Boston: Houghton Mifflin, 1930), p. 458.

② John Elbert Stout, *The Development of High-School Curriculum in the North Central States From 1860 to 1918* (Chicago: The University of Chicago Press, 1921), p. 66.

③ Walter Scott Monroe, *Reconstruction of the Secondary-School Curriculum: Its Meaning and Trends* (Urbana: University of Illinois, 1928), p. 28.

督学本身就是古典课程的拥护者。例如，芝加哥市的中学督学奥古斯都·南丁格尔（Augustus H. Nightingale）就是坚定的古典教育拥护者，他认为那些接受过古典教育的领导者将在以后的国家管理中发挥更多的管理智慧，同时也更有远见。① 传统的价值观也一直将大学之前的一些教育机构视为大学的“仆人（servant）”，承担着服务大学的职责。因此，每所大学在入学需求上都规定了自己学校需要的课程科目，这就导致了不同大学入学需求之间存在着极大的差异性。而中学为了满足大学的入学需求，不得不开设大量的短期课程达到大学的录取要求，短期课程的随意开设加剧了中学课程的混乱性，导致了中学课程的无序性。

1870 年之后，许多文实中学逐渐转化成了大学的预备学校。那时，大学仅仅强调拉丁语、希腊语和数学课程，因此这些文实中学也只强调这些课程的教学。伴随着公立中学的快速发展，虽然中学的数量和在读人数都得以快速增加，但中学为大学服务的预备功能仍然是这一时期中学的主要功能，因此能够满足大学入学需求的科目自然成了公立中学的主要课程。然而，由于公立中学的公共性，它们不得不扩宽它们的课程计划满足所在学区对其他课程的需求。这些新增加的课程包括现代外国语、现代历史、自然科学和社会学，有一些中学也提供声乐、速记、厨艺、簿记、体操和木工等。这些新增的现代课程往往无法成为大学入学需求中的课程，同时中学里一些陈旧的课程也无法满足一些大学不断提出的新要求。在这样的情况下，许多短期课程，特别是在科学课程方面的短期课程，成了中学里最受欢迎的课程。这些短期课程一方面是为了满足不同大学的入学需求，因为不同的大学有不同的入学标准；另一方面是为了满足学生当时的社会实践需求，

① Bernard Mehl,“The High School at the Turn of the Century: A Study of the Changes in the Aims and Programs of Public Secondary Education in the United States, 1890-1900”(PhD diss., University of Illinois, 1954).

因为很多中学生会在中学的不同阶段辍学且最终升入大学的学生比例极少。① 艾萨克·坎德尔（Isaac L. Kandel）指出："1890 年，大量没有明确组织和计划的短期课程在中学里出现，这些课程往往仅开设 10 个、12 个或 14 个星期，它们往往是为了满足大学入学考试的要求。学生为了达到大学入学需求而被迫地去选择一些短期课程，导致了中学课程的无序化。"②

保罗·孟禄（Paul Monroe）指出："在《十人委员会报告》发布之前，美国中等教育的发展状况可以这样概述：第一，尽管文实中学在中等教育体系里依然是一个十分重要的组成部分，但公立中学逐渐占据了中等学校类型的主导地位；第二，在中学的预备和完成功能上存在着激烈的争论，从而将中学置于一个折中的处境中，中学需要付出更多努力来服务于这两种功能；第三，此时学习的概念与形式训练的理论学说相一致，即学生的思维由各种各样的器官组成，通过学习学校设置的各种课程可以达到对各种器官进行训练的目的；第四，在谈到课程时，学校里混乱的设置情况是实实在在存在的；第五，中学正受到教育从业者和社会人士的严厉批评，其中最严肃的批评指向了中学的目的，尤其是中学里开设的课程。"③

此外，伴随着人口流动的加速，一些家庭可能会从一个地区流动到另外一个地区，而到了新地区之后，孩子就需要注册入学到新的学校里，同时也需要购买新的教科书和学习工具，这使许多出版商赚取了大量出版利润，却让学生的家庭承担了昂贵的学习费用。当学生按

---

① John F. Latimer, *What's Happened to Our High School?* (Washington, D. C.: Public Affairs Press, 1958), p. 62.

② Isaac Leon Kandel, *History of Secondary Education: A Study in the Development of Liberal Education* (Boston: Houghton Mifflin, 1930), p. 471.

③ Walter Scott Monroe, *Reconstruction of the Secondary-School Curriculum: Its Meaning and Trends* (Urbana: University of Illinois, 1928), p. 28.

照原有年级和学习进度插班进新学校时，发现在有些课程上，他们的基础很好，而在其他一些课程上，他们远远落后于其他同学。有时候，为了弥补学习进度上的差距，他们往往需要等待新的学期开始才被编入跟以前学习进度差不多的年级和班级里。一个具有多年教学经验的老师在谈到这个问题时指出，每一次学生更换学校时，通常一些学生都有 3 个月或 6 个月的时间无学可上，因为他们在等待新学期或新学年的开始。① 追本溯源，不同学区和不同学校课程的差异性是导致这种现象发生的最主要的原因。因此，在 19 世纪 90 年代初期，人们开始呼吁消除平行课程和短期课程，扩大中学课程设置的自主权，挑战大学对中学的控制和主导。这一切诉求的满足都希望通过统一中学课程来实现，因此在整个 19 世纪 90 年代，对中学来说，追求中学课程的统一成了最根本的任务。

然而，在 20 世纪第一个 10 年里，人们发现传统中学盛行的"最适合升入大学的课程也同样最适合学生以后的社会生活"课程理念已经无法适应城市化进程中社会对中学的新要求，中学所开设的传统学术课程也成了人们对中学不满的主要原因。此时，美国社会的经济结构类型和工业生产形式发生了巨大变化，尤其是人们的工作环境发生了改变。在劳作形式上，工厂手工业形式取代了传统的家庭作坊模式；在生产方式上，机器大工业代替了手工劳动，传统的学徒制已经淡出历史舞台；在分工模式上，高度专业化的生产过程与分工明确的部门协作相呼应。在美国工业化的过程中，随之而产生的一个结果就是一些新的利益集团开始出现，这些利益集团通过各种形式影响美国的教育政策，尤其是中等教育。社会上的这些变化呼唤和要求中等教育必须做出及时的调整和相应的改变来满足学生个体、学生家庭、不同利

---

① William C. Collar, "The Action of the Colleges upon the Schools," *Educational Review* 2, No. 12(1891): 425.

益集团和社会的需求。例如，全国制造商协会（The National Association of Manufacturers）就是较早要求中学开设更多职业课程的利益集体之一。1896 年，全国制造商协会建立后不久就开始呼吁变革美国中等教育。他们认为美国公立中学在使用公共经费的前提下，应该开设更多的职业教育课程满足纳税企业对熟练技术工人的需求，而不是等到这些中学毕业生到了工厂后，由企业负责对他们进行再培训和教育。全国制造商协会主席西奥多·瑟奇（Theodore C. Search）强烈地支持德国的中等教育体制，认为美国应该建立具有差异性的分科中学为不同去向的中学生提供不同的课程。① 马萨诸塞州布鲁克林市督学塞缪尔·达顿（Samuel E. Dutton）指出："中学正遭受着来自社会各界的严厉批评，这种批评不是因为中学正在教授的拉丁语、希腊语和数学等课程，而是中学未能及时地觉察到社会对科学课程、手工训练和家政艺术课程的巨大需求。我们不是说要将中学塑造成一个贸易学校或一个技术学校，但至少需要通过在中学里提供一些具有实用性课程的行动，打消我们对中学课程的担忧。"②

三、中学职业课程对传统学术课程的冲击与挑战

如果教育想要以最完满的形式履行社会对其的期望和要求，那么它必须要适应它所处时代的任何特殊情况和需求。由于时代的发展，100 年前、50 年前，甚至 20 年前的社会情况都与当前的情况有所差异。因此，教育已经越来越被认为是社会发展中一个重要的进步元素。这种进步不仅仅体现在概念、目的和观念，而且体现在手段、方法和器

---

① Herbert M. Kliebard, "The Cardinal Principles as Archeological Deposit," *Curriculum Studies* 3, No. 2(1995): 201.

② Samuel E. Dutton, *Social Phases of Education in the School and the Home* (New York: The Macmillan Company, 1907), p. 27.

具上。当人们处在一个普遍认为智慧、荣誉、信仰和知识比房子、土地、银行债券等更重要的年代时，对年轻人和老年人来说，这个时代的教育过程与方式将通过家庭、学校、教堂等机构进行传授，加上其他一些正面的进步主义力量的加入，都会对人们的教育产生积极的影响，这些教育形式在新的时代也都变得极其重要和特别。从19世纪末期开始，一些教育家已经开始将学校作为改进社区风气和提高社区文明水平的一个重要驱动力。达顿在1898年就坚定地认为，中学应该是一个社会机构，有着服务于社会这一重要作用。他也直言不讳地指出，这一思想和主张来源于1897年杜威出版的《我的教育信条》这一书的影响。他认为中学应该开设更多的现代课程，包括手工训练等实用性的课程。[①] 威廉·里斯指出："到20世纪早期，提倡为一些学生提供职业教育的改革者们也纷纷抱怨中学的课程过于学术化，过于单一，过于束缚于大学入学需求的规定。中学也似乎忘记了自己基本的生存法则，在建立的早期，最根本的任务就是强调生活中实践性的一面。而到了20世纪早期，不管是在理论上还是在实践上，中学原本具有的与拉丁文法学校相类似的传统功能已经远远地被抛弃掉。"[②]

早在1902年，杜威就在《学校评论》上撰文对当时中等教育存在的主要问题进行了归类和评述。在他所列举的中等教育存在的5个方面的问题中，涉及了中学课程在20世纪初存在的相互之间进行斗争和竞争的问题，包括手工训练和技术课程在中学的位置、艺术课程在中学的位置、商业课程在中学的位置等。杜威在文章中指出："为了满足一些学生对商业课程、手工训练课程、科学技术课程的需求，在一些城市里，一些分科中学陆续建立起来，如商业中学、手工训练中学和技

---

① Samuel E. Dutton, "The Place and Function of the High School," *Education*, No. 6 (1898): 588-591.

② William J. Reese, *The Origins of the American High School* (New Haven: Yale University Press, 1995), p. 260.

术中学等。这些功能较为单一的中学在建立之后，一定程度上满足了部分特殊人群对一些实用技术的需求。然而，到了20世纪初期，中学类型和中学课程开始朝另外一个方向发展，这个新方向就是不同课程类型之间的互动和相互融合。这种融合就是在一个城市中学里，商业课程、手工训练课程跟其他通识教育课程一样，都成了这个中学里必不可少的、有机的一个组成部分。同时，根据社会和工业的发展需求，将更多的课程，如手工艺术、绘画、音乐、社会学课程等，逐渐增加到中学的课程列表中。由于手工训练课程和商业课程是人类生活必不可少的组成部分，对这些课程的需求也越来越明显，这些课程也是绝大多数人一生所从事的固定和永久的职业类型。所以，只有将这些课程同时开设在同一所中学里，才能促进人的全面发展，满足工业发展的需求。"①

在杜威发表完《中等教育的当前问题》(*Current Problems in Secondary Education*）演讲之后，在随后的讨论中，来自布拉德利理工学院（Bradley Polytechnic Institute）的查尔斯·班尼特（Charles A. Bennett）从手工训练学校的角度阐述了如何在一所综合的中学里开设课程的想法。在班尼特的论述中，他已经有意识地使用一个普通中学（general high school）的概念，其包含通识教育课程、手工训练课程和商业课程等课程种类。这种意识，杜威在上文中已经有所论述。这种"普通中学"的意识理念在1918年被"综合中学"所取代。班尼特指出："单独的拉丁语中学和英语中学仅仅对整个美国的部分地区产生影响，这些地区主要是东部地区。而手工训练中学产生于西部，之后迅速被东部的一些州和城市模仿和接受，并开始对整个国家的一些较大城市的中等教育产生重要影响。手工训练中学的大量建立，的确

① John Dewey, "Current Problems in Secondary Education," *The School Review* 10, No. 1(1902): 14-27.

满足了很多人对效率的追求和对一些职业技能的需求。然而，由于这些中学过于强调一些关于手工训练课程序列中的技术课程分支，从而导致了学校课程的失衡，而如果在这些手工训练中学里加入其他一些专业领域的课程知识，如语言、文化、应用课程与艺术等，这个时候的课程就不会显得过于臃肿和失衡，从而达到学校课程之间的均衡发展。这也进一步说明了一个被认为是好的中学包含的课程应该是拉丁语中学、英语中学和手工训练中学这3类中学课程的集合体，这种中学建立之后也将适用于城市和一些规模大小不同的城镇。为了达到建立这种中学类型的目的，中学首先需要做的就是交叉一些教学部门，而不是继续像过去中学里那种以纵向课程为设置方式的运作模式。同时，根据中学所在社区的大小和经济实力减少和扩大中学的规模。这样，不管是大的城市还是小的城镇，都将拥有上面所描述的这类中学。对于这类中学的建设，不管是以放大的形式，还是以缩小的形式，我们所能获得的最好结果就是每一个孩子在被允许选择自己未来的课程或课程计划之前，都需要努力完成一些最基本要求的课程工作量。换句话来说，在学生被明确允许去选择自己的课程方向之前，他们必须已经完成了英语、一种外国语言、数学、科学、历史、绘画和手工课程等基本课程。同时，在中学的前两年，所能允许学生自由选择的课程应该很少。当孩子将一定的学习时间花费在这些基本课程上之后，这个时候他们再做出的选择将会比最开始的选择更加明智和符合自己的兴趣与天赋。我们所提倡的这种中学也能够更好地满足中学里常见的一些课程需求情况，这种中学既不是一个手工训练中学，也不是一个拉丁语中学，更不是一个英语中学，而是包含了一个范围更广的、涵盖各种中学类型里一些基本课程的普通中学（general high school）。”①

---

① Charles A. Bennett, "Current Problems in Secondary Education from the Standpoint of the Manual Training School," *The School Review* 10, No. 1(1902): 41-44.

克鲁格指出，1905年是美国中等教育史上的一个关键点，它标志着一个时代的结束和另一个时代的开始。尼古拉斯·巴特勒（Nicholas M. Butler）在回忆录中也指出，1905年之后，对每个人来说，一切都开始变得平淡。1905年是人们开始将焦点转向职业训练与教育，开始讨论中学里进行职业教育的年份，也是查尔斯·埃利奥特（Charles W. Eliot）最后一次在公开场所面对别人对《十人委员会报告》进行批评时，公开地进行辩护与坚守的年份。这并不是代表着温和的修正理念已经被接受了，这时对《十人委员会报告》进行攻击的言论依然存在，只是气势和热情已有所消退。1905年之后，也是上一代教育家陆续离开中等教育争论舞台的时期。1906年，哈里斯从教育专员的位置上退休，接任者是来自加利福尼亚大学的埃尔默·布朗（Elmer E. Brown），他是一个温和的修正主义者。1909年，埃利奥特从哈佛大学校长的位置上退休。1902年，南丁格尔也离开了芝加哥，变成了库克县的一个学校督学。虽然干到了1912年退休，但相比于芝加哥市督学，到了库克县之后，他就相对变得默默无闻。十人委员会中的另一位重要成员约翰·泰特洛（John Tetlow）在波士顿服务了32年之后，也于1910年退休。①

1905—1910年，伴随着中学入学人数的快速增长，关于中学课程的讨论已不再聚焦于古典课程和现代课程之间有什么区别和作用这个问题上，而是将课程讨论的焦点放在了实践课程和学术课程之间，这标志着美国中学课程发展趋势的一个新方向。虽然这一时期教育主题从表面上被职业教育和工业教育所占据，但是各州对创建更多的、专注于商业或手工艺术方面的职业中学的热情并不那么高涨，他们更多地倾向于将这些职业的或半职业的课程增加到已经承载了大量课程的

---

① Edward A. Krug, *The Shaping of the American High School* (New York: Harper & Row, 1964), pp. 214-215.

普通中学里。1914 年，伊利诺伊州大学的查尔斯·约翰斯顿（Charles Hughes Johnston）教授指出，他所指导的研究生做了一项关于中学课程发展状况的调研，调查了全国范围内人口超过 4000 人的城镇里的 54 所中学，这 54 所中学基本上代表了每个州的一个大致情况，这些中学也包含了一些位于小城市里的中学。调查结果显示，这 54 所中学共计有 93 门课程存在，其中的 50 门课程属于职业教育类别。这 54 所中学里的 14 所中学没有公布具体的课程计划，但是它们通过选修制的形式对学校的课程进行管理。另外的 40 所中学提供了 186 种具体的课程科目。这些都说明这时的中学课程进一步增多和丰富了。约翰斯顿还指出，1904 年，洛杉矶中学的课程数量已达 48 种。而 8 年以前，这所学校只有 4 种课程且课程之间的差异不大。① 课程的构建要符合社区的需要，要适合孩子本身的兴趣与职业发展需求。小规模中学可能由于自身规模的局限性而存在各种各样的限制，其如何在这种教育适应运动的带动下更好地发展自己呢？约翰斯顿认为，解决这一问题最好的方法就是中学在前两年不去考虑任何大学的入学需求，而在最后两年再去考虑一些必需的要求和规定。这种考虑也是因为很多学生在中学的第一学年或第二学年就辍学了，而中学却在潜意识地按照四年的课程计划去规划这些孩子的课程，这样的课程规划也是不经济的。②

伊利诺伊大学的查尔斯·霍利（Charles Elmer Holley）在 1912—1914 年对全美不同地区 54 所中学的课程进行了随机抽样调查，这些中学都位于人口总量超过 4000 人的城市地区，调查取样的依据是这些中学在 1912—1914 年公开发布的课程公报。通过调查发现，有 7 门课程这些学校都开设了，分别为英语、代数、几何、德语、拉丁语、物理

① Charles Hughes Johnston, "Curriculum Adjustments in Modern High Schools," *The School Review* 22, No. 9(1914): 582-590.

② Charles Hughes Johnston, "Curriculum Adjustments in Modern High Schools," *The School Review* 22, No. 9(1914): 588.

和历史。然而，虽然这7门课程的名称一样，但具体包含的内容差异较大，即使像英语这样的课程，在具体的授课内容上也远没有达到统一。在对学校课程计划的管理上，这些学校主要采用了两种方法：第一种是非固定课程计划。这种形式就是将课程作为一个整体提供给所有孩子，但要求孩子首先必须修读几门课程，剩下的课程根据孩子自己的需求从学校提供的总课程计划列表中进行选择。这种课程形式需要学校的校长和老师对学生进行密切跟踪和督促才能最大限度地确保孩子在学业上取得成功，但也为孩子在不同阶段调整更适合自己的课程提供了方便。另外一种是根据学校的总课程数量，将其划分为不同名称的课程类别，每一类课程都对自己所包含的科目进行了较为明确的规定和限制，选修的范围则较少，跟19世纪90年代流行的平行课程有点相似，学生需要做的就是选择适合自己的课程类别，学校的教师和校长不需要太多的监督和指导。第二种课程有点半自动化的意思，一旦学生选择了自己的课程类别，除非强烈地提出更改课程计划，在平行阶段，学校和教师对学生的管理是比较少的。在实践中，这两种课程形式有逐步走向融合的趋势。霍利在结论分析中指出，课程的差异是现代美国中学的一大重要主题，课程能否取得成功取决于很多因素，如有效的学校管理和职业指导体系、使课程变得有效的过程设计的清晰而又持续的相关联的课程、根据学生偏好所划分的不同的课程需求，以及一些新的和重要的教育适应活动等。因此，在当前中学的教学和管理过程中，仅仅就课程教学来说，在走向真正的差异化教学方面所取得的进步是十分有限的。①

1914年，威廉·刘易斯（William D. Lewis）指出了公立中学课程存在的14个问题：一是学校课程几乎被学术型课程独占。二是许多孩

---

① Charles E. Holley, "Curriculum Differentiation and Administration in Typical High School," *Educational Administration and Supervision* 1, No. 5(1915): 333-340.

子，尤其是男孩子，在这样的学术型中学里学习几乎就是个失败，因为他们不可能也不会将自己置于一个基本上就是背诵和记忆一些教科书的课程计划中。三是学校课程很难吸引那些大脑里充满了引擎与发动机声音的孩子的兴趣，因为学术课程看起来跟他们未来生活相距太过遥远，有太多的不确定性。四是课程的压力都放在了个人的发展上，而不是为了改良社会而训练学生。五是学生的辍学率很高，这是个不可否认的事实。六是在中学里仅学习了一年或两年的学生后来在社会上处理一些现实的问题时，并没有体现比文法学校的毕业生具备更高的效率。七是在中学里完成了四年课程的毕业生在后来的社会生活中发现，中学里学习的课程缺乏实用性。八是在中学里获得的文化知识感觉就像空气里的雾气一样，很快就会蒸发掉。九是所有中学毕业生真正拥有的就是心智训练的一些衍生物，这些衍生物的价值只有在以后继续坚持学习时才能将功能发挥到最大化。十是习惯不利于文化和自律的养成。十一是对那些继续进入大学深造的学生来说，目前中学里的课程是非常合适的。与此同时，也存在另外一个问题，即是否那些深造的学生或学生所在的社区将会受益？因为社区是辖区内公立中学建设和运营资金的供给方。十二是如果一些男孩对学校提供的课程教育价值感觉到很模糊和摸不着边际时，那么对大量女中学生来说，这些课程的实践价值几乎为零。十三是课程还过得去（getting by）的理念控制了大量的学校。十四是学校里的势利眼已经成为一个心照不宣的特征。① 刘易斯进一步指出："中学课程过于书生气和学术气，就是为了升学而准备的，这就导致了每年有成千上万的孩子在小学毕业后就终止了学业。联邦教育署的统计数据显示，在 11 277 所中学里，40.94％的孩子就读于中学一年级，26.94％的学生就读于中学二年级，

① William D. Lewis, *Democracy's High School* (Boston: Houghton Mifflin Company, 1914), pp. 1-5.

18.63%的孩子就读于中学三年级，13.49%的孩子就读于中学四年级，而真正升入大学的学生最后则变得少之又少，而现实是中学并没有意识到需要对这么多的辍学学生负什么样的责任。”①

此外，时任美国总统的罗斯福也是职业教育的积极提倡者。1907年12月3日，罗斯福总统在每年的国会会议上指出：“我们的学校体制存在着严重的缺陷，把额外的很多时间都放在了书本知识的训练上，而逐渐使学生远离了农场和工作间的社会环境。没有什么比工业学校这种类型的学校更适合我们目前国家的教育了。在城市里，这类学校为机械工业服务；在农村里，这类学校为农业实践教学服务。”两个月之后，罗斯福在全国教育协会督学分部的冬季会议上继续要求“教育要朝着把青少年男女学生带回农场和工作车间的方向发展”。罗斯福总统的发言再次强调了工业教育的重要性，在工业化进程中，社会需要大量熟悉工业技术的新生劳动力涌向市场，满足工业发展的需求。②

在社会效率运动的推动下，提倡社会效率的教育人士认为职业教育应该是统一的中学里的一个组成部分，不应该为了商业、手工训练等课程而建立单独的职业中学。社会效率运动的支持者们也认为应该建立在当时还被称为“综合的中学（cosmopolitan high school）”这种类型的学校，这样来自不同社会阶层的学生就能够集中在一起，虽然可能不在一个共同的班级里，但至少会聚集在学校这个社会机构的大环境里。与此同时，社会效率运动提倡在学校里开设和提供更多的具有实践特征的课程，这些课程既与工业教育有关，也适用于体育和家政教育。其中，家政课程（home economics, housewifery, and domestic science）是最能够反映社会效率运动对教育产生影响的一类课程。虽

① William D. Lewis, *Democracy's High School* (Boston: Houghton Mifflin Company, 1914), p. 24.

② Edward A. Krug, *The Shaping of the American High School* (New York: Harper & Row, 1964), p. 225.

然社会效率运动的支持者和提倡者们建议中学开设更多的实践课程，但从本质上来说，他们并没有反对中学里学术课程的存在和发展。同时，社会效率本身也没有这方面的思想和观念存在，这与工业教育运动提倡者反对和抵制学校里学术课程的做法还是有较大差异的。

克伯莱在1911年时指出："公立中学已经成为民主社会里的一个重要机构，成了人民的中学。在工业教育运动中，一些商业中学陆续建立起来，由于这类中学在建立的起始阶段中都附带着一定的商业利益，在发展的过程中，这些商业中学的毕业生已经很难走进大学的殿堂。与这些商业中学相类似的农业中学，在过去的10年里得以快速发展，到现在除了一些农业类的大学欢迎他们的毕业生之外，其余大学已经拒绝和不太愿意接受这类学校的中学毕业生了。因此，虽然在工业教育运动的推动下，一些机械艺术、商业、农业、家政艺术等课程吸引了一些中学生，但从本质上来说，这些职业训练课对自由文化教育课程的地位没有产生真正的威胁。由于相当一部分的中学生选择了这些职业教育课程，进而导致了选修拉丁语和希腊语学生的占比在降低，这一点是不可否认的，这种结果也是许多人希望看到的，但是对真正的自由教育课程来说，是没有打击的。"① 刘易斯也指出："所有关于公民政府、历史和社会的课程都应该能够帮助孩子更加清晰地理解社会和他所处的周边环境面临的问题。学生应该能够通过学习学校课程和参与学校的组织与管理，获得成为社区合格公民的资格和正确思考社会问题的能力。尽管在工业教育运动的推动下，一些新的课程开始大量出现在中学里，这些课程也是中学里所需要的，因为它们满足了社会变革和工业发展的需求，但是我们没有必要去担忧学术课程在中学里所占据的传统的重要地位，因为从过去发展过来的这种教育传统的

① Ellwood P. Cubberley, "Does the Present Trend toward Vocational Education Threaten Liberal Culture?," *The School Review* 19, No. 7(1911): 454-464.

目的就是为了服务上层阶级。”①

1908 年之后，职业教育已经成为当时学校和教育界讨论的最主要的一个话题了，各种各样关于职业与工业教育的政府文件、著作、杂志论文、调研报告、咨文等铺天盖地而来。在全国教育协会的年会和分部会议上，工业教育也成了督学和中学校长讨论的热点和焦点问题，而之前一直受大家关注的中学课程中的学术课程，此时不管是古典的还是现代的，都已经不再是大会讨论的主要问题，都让位于职业教育这个最新的主题了。在对职业教育进行讨论的同时，在中学阶段由什么样的中学来开展职业教育也是社会各界讨论的重要话题，直到 1918 年之后，通过综合中学开设综合课程的模式才将这一问题最终确立下来。

第三节 全国教育协会推进中学课程改革的努力与尝试

在美国，在联邦政府层面并不存在着一个能够控制各州教育事业统一发展的联邦权力或全国性的管理中枢，这与一些中央集权型国家自上而下的垂直管理模式相异。因此，中等教育的管理与决策权就落在了各州手里，有些州在较大程度上能统一管理州范围内的中等教育，有些州就直接将中等教育的管理权全部交给地方学区和地方学校管理委员会。这种管理模式对中等教育而言所导致的直接结果就是中学的管理缺乏统一性，进而导致了教育机会的不平等和中学课程的不统一。② 1857 年全国教育协会成立之后，在发展壮大的过程中，开始在年会上对社会上出现的一些教育热点问题讨论和交流，也通过年会这个

---

① William D. Lewis, *Democracy's High School* (Boston: Houghton Mifflin Company, 1914), pp. 26-29.

② Alexander J. Inglis, *Principles of Secondary Education* (Boston: Houghton Mifflin Company, 1918), pp. 197-198.

平台对下一年将要讨论和研究的教育问题提前安排，这样就能够让来自不同州的参会者有更多的准备，也能够在一定范围内提前开展小规模调研，便于在下一年的年会上以经验交流的形式进行报告，合理的改革实验也能够激发其他学区和州学习和模仿的热情。到 19 世纪 80 年代末期，全国教育协会的规模进一步扩大，下设的分部也进一步增多，逐渐成了当时对一些重大教育问题进行讨论和交流的全国性场所，所讨论的问题涉及了公立教育与私立教育、世俗教育与宗教教育、教育中政府的角色、教师培训与教育哲学、课程内容、学科、学校财政等。[①] 在全国教育协会所关注的这些问题中，中学课程是其中重要的议题之一，这是因为伴随着公立中学数量的增加，中学已经成为教育阶梯中十分重要的一个组成部分，也逐渐被视为民主社会的一个重要机构，更是学区经济社会发展中人才和熟练技术工人的主要输出地，更被视为治愈社会问题的重要工具。在中学具备这么多功能的同时，人们对当时中学课程能否促使这些功能的实现深表怀疑，对古典课程占据着中学核心课程地位的状态表示不满，对中学主要执行着大学预备机构的单一功能表示抗议。在这样的背景下，呼吁改革中学课程的声音四起。面对这些问题，在联邦教育署缺乏统一的中学课程改革实施纲要的前提下，全国教育协会于 1892 年任命成立的十人委员会在解决这些问题方面迈出了美国中等教育史上的第一步，开展了第一次全国性的中学课程发展状况调查，并以发布报告的形式对如何解决这些问题提供了对策建议。十人委员会完成工作之后，全国教育协会继续以成立其他全国性委员会的形式，对后续不同时段的中学课程开展全国性的调研，以发布重要课程改革报告的形式建议和推动中学课程改革，这包括了 1895 年成立的大学入学需求委员会、1913 年成立的中等

---

① Samuel L. Blumenfeld, *NEA: Trojan Horse in American Education* (Boise, Idaho: The Paradigm Company, 1984), p. 21.

教育改造委员会等，而且这种努力一直持续到20世纪20年代后期。当综合中学正式确立并成为美国中等学校的标准类型以后，对中学课程的讨论才暂时平息下来，这种稳定局面一直持续到20世纪50年代以后。

一、十人委员会与中学课程价值平等理念的提出

全国教育协会于1892年成立了十人委员会，这个委员会也是美国成立的第一个全国性、专门对中学课程进行调研的专业委员会，其成立最初的目的是解决统一大学入学需求这一问题。在全国教育协会成立十人委员会之前，一些区域性的组织已经陆续建立起来，最早的是1885年建立的新英格兰各州大学和预备学校协会（the New England Association of Colleges and Preparatory Schools），这个协会成了美国第一个区域性的、专注于推进中学与大学之间合作的组织。[①] 这个协会的建立，一定程度上激发了全国教育协会成立十人委员会的热情。全国教育协会决定成立十人委员会对中学课程问题进行调研之前，协会内部已经提前开展了一些基础性调研工作，为这个全国性委员会的成立做了铺垫。

1891年，全国教育协会在多伦多召开年会，在全国教育协会下属的全国教育委员会召开的部门会议上，由詹姆斯·贝克（James H. Baker）任主席的一个关于对中等教育问题进行调研的五人委员会提交了一份名为"统一大学入学需求（Uniformity in Requirements for Admission to College）"的报告。这个五人委员会在报告中指出："美国当时的中学与小学相比，在很多方面都存在着巨大的差异性。整体

① Isaac Leon Kandel, *History of Secondary Education: A Study in the Development of Liberal Education* (Boston: Houghton Mifflin, 1930), p. 467.

来说，大多数规模较大、声誉较好的公立中学提供的中学学习时长为四年，它们提供像数学、科学、历史、文学和语言等方面的通识教育课程，同时这些中学也为那些为升学做准备的学生提供希腊语、拉丁语和数学等课程。中学在课程设置的过程中，要为四种类型的学校提供具有差异性的课程：第一类为文科学院（Colleges of the Liberal Arts），第二类为科学学院，第三类为专业学院，第四类为研究型大学。这四大类型的高等教育机构的入学需求各不一样，中学为了满足不同机构的入学需求，需要开设各种难度和时间长度不一的课程，这样才能满足不同机构的需求。"①

在涉及大学预备课程的差异性方面，这个五人委员会列举道："美国东部某州一所著名中学的校长在谈到大学入学需求时指出，他们一般为 12—15 所大学提供生源，这些大学的入学需求是不同的。而另一位新英格兰地区的中学校长也指出，目前大学的入学需求是如此的使人分散精力和心灰意冷，这些差异其实是没有必要的，也是不合理的。约翰·泰特洛在 1888 年谈到哈佛、威尔斯利、斯密斯这三所学院的入学需求时也指出，要想在一个班级开设能满足这三所学院的入学需求课程，要么以法语课程为选择标准将这个班分为三个班，要么将这个班的课程总量再翻一倍。泰特洛后来也是十人委员会中的一名重要成员。"② 加利福尼亚州的一位较大中学的校长在谈到学校的课程计划时指出，不管是学校课程本身还是课程所体现的灵魂价值，都是严格地按照加利福尼亚大学的入学需求设计的；在克利夫兰中学，学生入学

---

① James H. Baker et al., "Uniformity in Requirements for Admission to College," in *The Journal of Proceedings and Addresses of the National Educational Association: Session of the Year 1891* (New York: Press of J. J. Little & Co., 1891), p. 307.

② James H. Baker et al., "Uniformity in Requirements for Admission to College," in *The Journal of Proceedings and Addresses of the National Educational Association: Session of the Year 1891* (New York: Press of J. J. Little & Co., 1891), pp. 310-311.

以后，学校就分发给每位学生一份涵盖18所大学录取需求的课程清单，学生需要在第一学年结束时做出准备升入哪所大学的决定，之后学校开始按照学生的选择进行课程的分类教学；在康涅狄格州的布里奇波特市，一位中学校长在谈到大学与自己所在中学的关系时指出，他们都是根据大学的入学要求被迫进行课程调整的。①

1887年以前，在全国教育协会每年的年会和各分部的会议上，那些倡导古典课程和传统大学入学课程的教育者们一直避而不谈手工训练这一课程主题，中学里开设手工训练课程在全国教育协会的讨论议题中根本没有立足之地。不同的专业学校和技术学校也对中学的课程开设导向有着重要的影响。1887年之后，手工训练课程才开始慢慢地成了全国教育协会关心的一个议题。② 到19世纪90年代初期，由于高等教育机构里的课程主要由一些规定的古典课程控制着，中学作为大学的预备机构也主要为满足大学的升学需求而开设相应的预备课程，中学课程的古典特性尤为突出。为了解决不同中学、同一所中学内部存在的课程差异性问题，打破古典课程在中学课程里占据的主导地位，在上述由贝克任主席的五人委员会已有调研成果的基础之上，1892年7月，全国教育协会任命成立了一个由十人组成的委员会，也被称为“十人委员会”。十人委员会最初的工作设想就是对全国范围内中学的主要课程设置情况进行调研，在此基础之上，提供一个统一的课程计划和学时分配表供全国范围内的中学使用，逐步实现中学课程在全国范围内走向统一，同时也希望大学能够放宽入学标准，在一定范围内实现大学入学需求的统一，相对保持这两个不同机构的独立性和自主性。十人委员会成立之后，按照最初的工作设想，立即组建了九大学

---

① Daniel E. Phillips, “The Elective System in American Education,” *Pedagogical Seminary* 8, No. 2(1901): 229.

② Harold Spears, *The High School for Today* (New York: American Book Company, 1950), p. 308.

科的分课程委员会，紧锣密鼓地在全国范围内开展了大量的调研工作和讨论工作，并于1893年11月发布了在当时影响深远的“中学课程十人委员会报告”，为统一中学课程做出了巨大的努力。在全国教育协会成立十人委员会专门为成千上万的学校和大学提供解决办法的意见建议之前，美国还没有一个全国性的教育组织做出过此类努力。十人委员会作为美国教育领域里第一个最好的专业委员会来对学校的相关问题进行调查研究，也吸引了两位著名的自由教育的提倡者加入其中，他们是埃利奥特和哈里斯。[①] 赫伯特·克里巴德（Herbert M. Kliebard）指出：“在19世纪90年代，在中学课程这块苗圃（seed-bed）里，为后期激烈争论埋下“火种”的事件就是1893年十人委员会发布的报告，这个报告也是唯一最重要的导火索。”[②]

《十人委员会报告》发布之后，各种讨论随之而来，由于这份报告所涉及问题的复杂性，原本计划统一中学课程的设想并没有完全实现，对于这份报告的评价也褒贬不一。但从整体上来说，这份报告将美国中学课程的改革之路向前推进了一大步，也为后续继续讨论、寻找更好的课程方案做了铺垫。在这份报告的诸多贡献中，对于后期中学的发展方向、中学的课程设置导向起到最重要作用的就是报告提出了“中学学术课程和古典课程具有价值平等”的理念。这种理念的提出打破了一直以来中学古典课程所占据的统治地位，在中学快速发展的过程中，中学古典课程已远远滞后于社会经济的发展，并且成了社会各界对中学进行批评的主要对象。而通过在中学里逐渐增设一些学术课程，慢慢缓解了社会对中学的指责之声，让课程能够更好地服务于社会的发展。

---

① Diane Ravitch, *Left back : A Century of Failed School Reforms* (New York: Simon and Schuster, 2000), p. 41.

② Herbert M. Kliebard, *The Struggle for the American Curriculum : 1893-1958* (New York: RoutledgeFalmer, 2004), p. preface XX.

十人委员会的辛勤工作充分展示了一个专业委员会推动课程改革的力量，它的成功实践也激发了更多的教育领导者通过组织一些专业的委员会寻求公共的支持，在展示他们专业能力的基础上，推动一些教育的变革。在十人委员会的影响和带动之下，一些新的委员会相继建立，继续探索推动中学课程的改革之路，而此后不久成立的大学入学需求委员会就是其中最重要的一个委员会。

二、大学入学需求委员会与中学课程单元制和选修制的确立

1893 年《十人委员会报告》发布之后，一方面为了更好地推广委员会报告中倡议的课程计划，另一方面也为了缓和中学与大学之间的紧张关系、探索更好的中学课程评价方式和大学入学标准，基于这两个方面的考虑，在加利福尼亚大学拉丁语教授威廉·琼斯（William C. Jones）的呼吁下，全国教育协会在 1895 年召开的年会上，决定成立一个新的委员会，这个委员会就是“大学入学需求委员会”。该委员会于 1895 年成立之后，分别于 1896 年和 1897 年向全国教育协会提交了两份调查报告，之后在对这两份报告进行整理和归类的基础之上，于 1899 年提交了第三份报告，这份报告就是在中学课程领域为大家所熟知的《大学入学需求委员会报告》。这份报告历经四年才得以完成，在报告完成过程中，委员会的 14 位成员广泛地借助了不同区域性教育组织、专业协会组织和全国教育协会其他分部的力量，在全国范围内开展了大规模调研，所发布的报告长达 180 多页，是继十人委员会之后，全国教育协会组织的第二次关于中学课程的全国性调查，报告中达成的诸多决议对 19 世纪末至 20 世纪早期的美国中学和中学课程有着较大的影响，也被誉为美国中学课程改革历史上的第二个里程碑。

大学入学需求委员会所发布报告的主要内容在于尝试构建大学入学考试课程的全国统一标准，或者统一的课程单元。而报告最根本的

问题在于根据几个主要课程所涵盖的相关科目来形成中学最需要开设的学习课程，这些课程的价值在本质上是平等的，对于课程价值的测评方式可以从数量和质量两个方面入手。《十人委员会报告》中没能对课程的评价标准进行科学的规定，虽然提出了需要开设哪些课程，但是不同地区和不同中学对同一课程的规定和教学要求是不一样的，即使课程都是以“希腊语”命名，但是教学难度、教学时长、教学安排都不一样，这就依然导致了中学课程的不一致性，也让大学在录取中没法衡量不同学生的水平。为了解决这一问题，推广《十人委员会报告》中提出的“不同课程本身之间的价值”是平等的这一理念，大学入学需求委员会在报告中提出了“单元”的概念，并明确地解释了单元的时间工作量构成。简单地说，单元就是某一课程在1学年里所要完成的工作量。具体地说，1单元就是在1学年里的40个星期里，每星期上4次同一课程，每次课程长达45分钟，这一课程工作量就构成了1个单元，2个单元就是2个这样的工作量。当课程的工作量以单元的形式确立下来之后，所有中学都可以按照这个标准去开设某一门课程。如果中学觉得某门课程重要，就可以在4年的中学时间里开设4个单元这样的课程；反之，也可以仅仅开设1个或2个其他的课程，但前提是所有课程的价值是平等的，重要程度就由不同学校分配给课程的单元数来决定。单元制确立之后，不同大学只需要在录取时规定好它们所需要的课程名称和单元数量，中学也仅需要按照这个要求去调整不同课程的单元比重就可以了，这样就在一定程度上推进了中学课程的统一，也缓和了中学与大学之间的紧张关系，公立中学作为大学的生源供给地之一，其在这个过程中也逐渐获得了更多的自主权和独立权。此外，大学入学需求委员会还在报告中建议了基本的大学入学需求单元数量。他们认为在中学的4年时间里，4个单元的外国语（不接受低于2个单元的语言课程）、2个单元的数学、2个单元的英语、1个单元的历史和1个单元的科学，这个基数为10的单元总量是可以作为大学录取要求的最低标准的，但至于多少合适，最终还是由不同的大学来决定。

委员会在报告中提出“单元制”的同时，还明确地提出了中学应该实施“选修制”。选修制的理念在《十人委员会报告》中已经有所提及，但在当时的背景下，还主要以理念的形式存在于中学的课程计划书中，付诸实际行动的中学数量较少。但在1900年前后，在公立中学规模和数量快速增长的前提下，在中学继续以发展学术型课程为主导的背景下，它们开始考虑不同学生个体的需求和中学所在学区的要求。这样在要求所有学生必须修读一些规定的课程之外，允许他们选修一些符合自身发展的课程就成了中学课程改革的一个重要转向。这个转向一方面可以降低学生的辍学率，另一方面可以实现中学培养合格公民的目的，对那些准备升入大学的学生来说，他们还可以通过选择更多的学术课程实现自己的学术提升之路。选修制作为大学入学需求委员会的一大贡献，确立之后就被迅速推广开来，到1905年左右，中学里实施选修制已经不再是一个具有争议的话题了，已经不仅仅是被理念性地写在中学每年的课程计划书之中了，而是真真切切地得到了各类型中学的接受和采纳并被有效地运用到实践中。

1905年以后，中学课程再次出现拥挤，中学辍学率依然很高，尤其是很多学生在一年级结束之后就辍学了，社会各界又开始把问题的矛头指向了中学课程。社会各界对中学产生不满也主要是因为他们认为中学并没有为工商业提供所需要的熟练工人，以及应有的技术能力，这也成了当时各界对中学进行批评和指责的主要原因，其矛头直接地指向了中学里开设的那些无用的课程，中学里教授的那些课程与社会工商业的需求之间是脱节的、没有关联的。为了掌握当时中学课程的真实情况，1905年，全国教育协会任命成立了一个执行委员会对当时的中学课程情况进行调研。在接下来的3年里，这个执行委员会每年都发布相关调查报告，指出了当时中学存在的21个方面的问题。这些问题具体可以概述如下：①课程过于拥挤；②中学管理中存在很多的重复和浪费；③不同课程之间的关联性不强；④过多地把注意力放在了一些非本质的和没有实际操作意义的课程内容上；⑤呈现的很多主题在任何一种课程中都没有合法的课程地位；⑥学生的课业负担过重；⑦课程不够灵活；⑧小学和中学课程之间的关联不够紧密；⑨学生个人的兴趣和能力未能受到充分的考虑；⑩课程难度递增原则的依据不够合理；⑪课程训练的方式方法与孩子的发展阶段不相适应；⑫师资配备不够合理；⑬学生受不同个性特征的教师的影响太小；⑭很多教学方法的教育性不够强；⑮许多应该在学生最适合的年龄段开设的课程被推迟提供；⑯很多工作的职业性不够强；⑰中学的辍学率高；⑱差生和一些优等生都未得到应有的重视；⑲缺乏手工训练的实践；⑳贸易教学的课程较少；㉑整个中学的教育体制过于机械化。①

1910 年前后，在社会各界对公立中学的批评中，表现最为突出就是中学毕业生或在中学不同阶段辍学的学生离开学校之后，无法适应他们所面临的工业和商业环境。在职业教育运动和社会效率运动的影响下，为了满足社会各界对中学开设职业教育的诉求，以及解决由什么样的中学负责提供职业教育和学术教育这一问题，全国教育协会先于 1910 年成立了一个九人委员会，为调和中学职业课程与学术课程进行了第一次的努力与尝试，并且在此基础之上，于 1913 年成立了中等教育改造委员会，在更大规模的层面上就改造美国中等教育进行调研，最终提出了以综合中学和综合课程模式作为接下来中学和中学课程发展的主要方向。

---

① Charles Hughes Johnston, *High School Education* (New York: Charles Scribner's Sons, 1912), pp. 73-74.

三、中等教育改造委员会与中学综合课程模式的形成

1910 年前后，美国公立中学的数量超过 10 000 所，公立中学的学生数量也接近百万，占据着中等教育所有学校类型的绝对主导地位。伴随着学生人数的增多，也伴随着对更多的中学、更多的教师、更多的设施与设备、更多的教育投入、更多的课程等的需求，人们开始再次考虑如何通过重新改造美国中等教育来满足各种新的需求。中学入学人数的增多，一方面与移民和农村人口纷纷移居到城市有关，这些在城市里居住的青少年接触公立中学的机会就比在农村生活的青少年多得多；另一方面与工业化和商业化过程中企业对更多高技能劳动工人的需求有关，这种需求激发了越来越多的学生通过升入中学获得更多的知识来达到这个要求。在学生的性别比例上，公立中学的女学生在 1890 年占学生总数的 57.6%，1900 年增加到 58.4%，而且中学里女教师的占比大于男教师。在中学的 4 年学习中，女学生往往坚持完成了 4 年学业，这保证了她们毕业后能够去一些小学和拉丁语学校工作。而男学生对中学里开设的那些学术型课程往往感到厌烦，早早就辍学了。[①] 此时，关于中学课程过于学术化、职业课程偏少的讨论成了教育界和工业界讨论的焦点问题。为了解决这一问题，全国教育协会再次主动担负起重组美国中等教育的使命，于 1910 年开始对中学课程进行全国性调研且一直持续到 1922 年，当综合中学和综合课程模式作为中学的主要类型和主要课程形式被确立下来之后，才暂时放缓了关于中学课程讨论的脚步。在这个过程中，职业教育与工业教育运动、社会效率运动和科学管理运动，以及全国教育协会一些重要人物思想的转

---

① Edward A. Krug, *The Shaping of the American High School* (New York: Harper & Row, 1964), pp. 171-172.

变，都对这一时期全国教育协会关于课程的讨论产生了重要影响。

（一）职业教育运动的影响

最早引起职业教育运动的事件是马萨诸塞州工业和技术教育委员会（the Massachusetts Commission on Industrial and Technical Education）在1906年发布的报告。这个委员会向公共学校介绍了工业和职业教育的相关内容，同时也建立了工业学校，这个学校与常规的公立学校体系完全不一样。这个委员会在报告中指出，过时的学校课程导致了无数的孩子在没有为未来的工作做好准备的前提下就早早地离开了学校。尽管公立学校已经提供了一些职业和商业课程，这个委员会仍抱怨公立学校的课程在精神、内容和教学方法上被一些文学上的课程内容独占，而大部分孩子在未来的劳动市场上需要具备工业技术能力，这样才能有效地从事生产劳动。对孩子进行工业教育后，受益的也将是这些孩子，他们将能更好地为未来的工作做好准备。而对雇主来说，他们也愿意雇佣更多训练有素的技术工人。对国家来说，也能在工业技术上感受到最大成功。相比目前学校的文学教育来说，委员会认为绝大多数的孩子应该在学校里接受更多的工业训练，从而找到更好的工作。[①] 马萨诸塞州工业和技术教育委员会下属的一个分委员会，在苏珊·金斯伯里（Susan M. Kingsbury）的带领下，在马萨诸塞州开展了一项关于"儿童与工业和学校之间关系"的特殊调查。金斯伯里在调查报告中指出，根据调查估算，1906年，马萨诸塞州大约有25 000名年龄在14—15岁的孩子不在学校学习。这25 000名孩子中有六分之五的孩子未能完成小学阶段或文法学校阶段的课程学习，同时有一半的孩子甚至连小学七年级都没有上完，早早辍学在家。他们中的许多人都在一些非常艰苦的工作岗位上工作，大部分工作对他们

---

① Diane Ravitch, *Left back : A Century of Failed School Reforms* (New York: Simon and Schuster, 2000), p. 78.

个人能力的提升是没有任何帮助和益处的。其中，大量的孩子工作于环境恶劣的纺织工厂就是最典型的案例。① 为什么在马萨诸塞这个教育体制发展较为完善、历史较为悠久的州会出现大量孩子在适龄学习阶段辍学的情况呢？金斯伯里通过对35—40位的督学求教后得知，他们普遍认为当时的学校教育对14岁以后还继续求学的孩子来说缺乏实践特征。② 而这个阶段往往属于美国教育中的中等教育阶段，换句话来说，如果中等教育阶段的学校教育更加具有实践特征的话，那么学校至少会吸引到更多的学生待在学校里继续学习。金斯伯里在报告中所运用的25 000名孩子的数据，在后期逐渐成为人们提倡在中等教育阶段加强学校工业教育和职业训练的重要依据。此外，在1906年马萨诸塞州工业和技术教育委员会发布的报告中，其中一个主要的建议就是要求地方学区应该建立独立的工业学校（independent industrial schools），以此构建公立学校系统的完整性。③

1906年马萨诸塞州工业和技术教育委员会发布的这份报告不仅在本州得到了广泛传播，同时还被广泛地传播到其他州里，对当时美国的工业教育产生了重要影响。与此同时，也就是在1906年11月，在纽约市公共学校手工训练部主任詹姆斯·哈尼（James Parton Haney）和哥伦比亚大学师范学院的一个手工训练专业的教授查尔斯·理查兹（Charles R. Richards）的倡导和努力下，全国工业教育促进协会（the National Society for the Promotion of Industrial Education）正式成立，这个协会的成立被认为是大工业和手工制造业的工人不懈努力和呼吁

① Carroll D. Wright, *Report of the Commission on Industrial and Technical Education* (Boston: Wright & Potter Printing Co., 1906), pp. 30-31.

② Carroll D. Wright, *Report of the Commission on Industrial and Technical Education* (Boston: Wright & Potter Printing Co., 1906), p. 87.

③ Carroll D. Wright, *Report of the Commission on Industrial and Technical Education* (Boston: Wright & Potter Printing Co., 1906), pp. 21-23.

的结果。协会还通过招募一些实业家、劳联领导者、社会工业者和教育家们来支持工业教育立法，提供公共资金支持工业教育事业的发展。根据全国工业教育促进协会的章程，这个协会成立的最主要的目的在于引起社会公众对工业教育重要性的关注，提供一个讨论和研究工业教育在当时所面临问题的全国性平台，促进工业教育培训机构的建立。这种机构在当时没有特别指明是哪一类机构，但是根据协会章程中一个补充说明可知，协会拒绝承认他们有将这类培训机构限定于职业学校的倾向，这是因为在当时对哪类机构应该承担职业教育培训职能的限定还没有一个统一的意见。一些教育家接受和支持工业教育，但是他们不支持建立各种各样的职业学校，他们中的很多人依然是手工训练学校的坚定拥护者。理查兹本人也指出，在公立学校里进行各种职业教育培训是不切实际的。① 1907 年，提倡工业教育的改革者们认为，工业教育是社会进步的关键要素。罗斯福总统也宣称美国这时的学校体制是有严重缺陷的，因为学校仅仅将重点放在那些文学课程的训练上，进而导致了学生远离了农场和工作间环境。这一时期没有什么比最好类型的工业学校更适合社会需要了，在城市里，学校开设一些机械工业的课程；在农村里，学校教授一些农业实践教学知识。② 其实，早在美国职业教育运动兴起之前，许多职业教育和商业教育的科目就已经在一些中学开设起来，有些州和城市已经建立了独立的职业中学，专门为各种行业培训所需要的中等技能人才。明尼苏达州和亚拉巴马州在大学以下层次的教育阶段中，为农业建立了专门的州立中等教育学校；马萨诸塞州为纺织业建立了三所由公共财政支持的纺织学校；此外，很多州还建立了专门的公立手工训练学校。

---

① Charles R. Richards, "Is Manual Training a Subject or a Method of Instruction?," *Educational Review* 27, No. 4(1904): 371.

② Edward A. Krug, *The Shaping of the American High School* (New York: Harper & Row, 1964), p. 225.

（二）社会效率运动的影响

1903年，全国教育协会通过成立节约教育时间委员会（Commission on Economy of Time in Education）也加入到社会效率的改革运动中来。委员会认为在过去的10年里，大量中学课程先后出现，大量时间浪费在学习这些以各种文学或文化命名的课程中，而这些时间原本可以更好地用来学习职业和工业教育的内容。委员会还进一步指出，促使学校更加有效运转的最好办法就是调整年轻人的课程学习内容，以期让他们满足社会的需要。节约教育时间委员会所得出的结论得到了许多社会学家们的支持，这些社会学家们也纷纷赞成学校教育的目的应该是实用主义的，而不是文化上和精神主义上的。① 亨利·苏桑诺（Henry Suzzallo）作为节约教育时间委员会的成员和哥伦比亚大学师范学院的教育哲学教授，指出课程计划中任何一门课程的选择首先就是一个社会学的问题。课程中的任何一个活动，不管是传统的还是革新的，当发现其不能在社会中找到与之对应的相关活动时，这个活动或内容就应该被删除。他还指出，学校最需要发挥的作用就是把男、女学生调配到其能力发挥最大化、缺陷显现最小化的工作岗位上去。② 换句话来说，这不是通过社会效率去推动每个个体接受教育，而是他们本身主动地去接受这种类型的教育，这个决定应该根据社会的需要来做出。

根据社会学的理论分析，大部分年轻人需要接受工业岗位的训练，只有很少的一部分人在个人智力上能够从事学术研究工作。哥伦比亚大学的校长巴特勒指出，职业教育的目的就是让最大比例的人能够适

---

① Diane Ravitch, *Left back : A Century of Failed School Reforms* (New York: Simon and Schuster, 2000), p. 79.

② U. S. Bureau of Education, *Report of the Committee of the National Council of Education on Economy of Time in Education* (Washington, D. C. : U. S. Government Printing Office, 1913), pp. 32-37.

应他们所生活的环境。现代学校的工作就是为孩子更好地适应社会而做准备的，学校对他们进行工业和手工训练就是为了提前让他们适应未来等待他们从事的一些工作岗位。从社会学角度，尤其是那些来自社会课程专家的权威声音来看，他们纷纷强调学校最根本的目的就是使社会大众能够满足社会的需要。伴随着教育社会学的兴起和工业教育运动轰轰烈烈的开展，这都从根本上改变了公众关于教育目的的讨论。到 1910 年，教育家们开始根据孩子们未来的职业需求为他们提供具有差异性的课程。学校课程的差异性取决于孩子是否愿意变成一个农民、家庭主妇、文员、工人、售货员、机械师等。而当学校开始提供具有差异性的课程时，教育家们发现仅仅只有一小部分的学生准备选择那些有学识的职业，许多学校也开始使用职业指导帮助学生选择适合的课程计划，社会效率主题的讨论也成了教育工作者之间最为热门的话题。①

社会效率论者一直呼吁学校的课程应该证明其存在的理由，而新出现的那些实践课程，从课程名称和定义上就可以看出它们存在的原因。那些传统课程或被称为学术型的课程，如外国语言、数学、历史、英语和科学等，相比于那些实践课程就很难用一个满足社会发展的理由去诠释自己存在的合理性。1910 年前后，这些课程在受到质疑和指责的过程中，采取了要么满足社会效率的需求、要么直接拒绝社会效率在学校存在的处理方式。

（三）埃利奥特思想的转变

埃利奥特作为传统学术型课程的提倡者和护卫者，在社会效率运动的推动下，其课程观也开始发生转向。1908 年，当他在全国职业教育促进会上发表演讲时，就已经显现其观点的改变。埃利奥特在会上

---

① Diane Ravitch, *Left back: A Century of Failed School Reforms* (New York: Simon and Schuster, 2000), pp. 80-81.

指出，有些孩子因为各种原因，可能很早就离开了学校。这个时候，我们就需要考虑一下怎样才能帮助这些孩子选择适合的学校，如工业学校、普通的公立中学、机械艺术中学等。这时，我们突然发现小学教师具备了另外一种能力，就是根据学生的表现和未来可能从事的工作提前对他们进行分类。这个根据孩子未来可能的发展方向提前对他们进行分类的做法，之前一直是埃利奥特十分反对的一种教育改革措施，在1905年的会议上，他还是如此自信地维护他在《十人委员会报告》中提出的课程安排建议。①

埃利奥特作为哈佛大学的校长，一直以来借助他在教育界中的影响力来推动中等教育的改革。1910年以后，埃利奥特的中学课程观开始发生改变。他认为中学课程未能让孩子们在观察学习和意识转换方面有足够多的锻炼经历，手工训练和审美欣赏方面的课程也很少。他督促中学应该将更多的精力放在关于自然研究、科学、实践艺术、绘画、音乐和美术等课程上。1916年，他在公开发表的《亟待变革的美国中等教育》（*Changes Needed in American Secondary Education*）一文中，再次重申了他鉴于当时美国社会的发展所提出的中学课程观。埃利奥特在文中指出："目前中学的课程太缺少意识训练（sense training）方面的内容，整个课程计划中的语言、文学、哲学、历史和少量的数学等课程占据了中学课程计划的绝大部分时间。即使那些已经在某一些专业领域工作的年长者在回忆自己当初所接受的中等教育、反思自己的思考和表达习惯时，依然会察觉他们的感觉意识从来都没有被训练到接近精确的程度，他们的思考习惯依然会出现模糊、晦涩、不精确等问题。当他们说或写一个声明的时候，依然感觉到缺少仔细斟酌、小心谨慎、率直、简明却有质量等的能力，这些能力应该是科学精神

---

① Edward A. Krug, *The Shaping of the American High School* (New York: Harper & Row, 1964), p. 226.

在对人进行培养和教导的过程中必不可少的一些基本培养要素。”①

埃利奥特继续指出，基于上述中学课程存在的现实问题，对人的意识进行训练应该是人类任何一个教育阶段的主要目标。朝着这种教育目标的努力过去一直未曾实施过，现在也没有实施，现代教育的类型也主要继承了过去教育中提倡的文学方面的教育，而且一直延续到现在。为了纠正目前美国中等教育中存在的一些非常明显的缺陷，中等教育的课程计划应该立即进行一些改革：第一，引进和推广更多的涉及手、耳、眼睛等方面的课程，如绘画、木工手艺、车工工艺、音乐、缝纫和烹饪等课程。第二，将更多的时间分配给科学观察等方面的课程，如化学、物理、生物和地理等课程。同时，在教授这些课程的过程中，要与具体的实验室工作结合进行，在老师的指导下，让孩子们在实验室里通过使用他们的眼、手等器官，直接去感受和观察一些科学现象的发生，加强意识器官的训练。第三，对于那些位于农村的中学，农业方面的课程应该在中学课程计划中占据重要地位。对于位于城市的中学，应该给不同需求的孩子们提供各种各样的手工训练课程。对于所有中学来说，音乐、绘画、机械和升降机控制等课程都应该在中学课程计划中占据一定的比重。②

此外，在另外一项关于美国当时中学课程发展状况的调查中，调查结果也显示，从整体上来说，不管是公立还是私立中学，都未将意识训练视为中学课程教育目标的重要内容。所提供的课程中能够大量地训练眼、耳、手等方面技能的课程所占的比重较低。同时，现代科学所要求的精确计算和审慎的推理能力在现有的中学课程方案中很难获得。这项调查得出的一个总的结论就是中学开设的训练人的观察和

---

① Charles William Eliot, *Changes Needed in American Secondary Education* (New York: The General Education Board, 1916), pp. 9-10.

② Charles William Eliot, *Changes Needed in American Secondary Education* (New York: The General Education Board, 1916), pp. 11-12.

意识能力的课程在所有中学课程中占据的比例大约在十分之一到六分之一。参与调查学校的督学、教师和学校委员会成员也都表示在他们熟悉的中学里，这样的课程开设状况是确确实实存在的。①

（四）全国教育协会的早期讨论

这一时期，除全国工业教育促进协会高度重视工业教育之外，全国教育协会在1907—1910年的年会上或分部的会议上也都对公立学校如何开展工业教育问题进行了讨论，以期对大量辍学的学生、工业发展中对技术工人需求等问题进行回应。1907年2月，在全国教育协会督学分部召开的部门会议上，威斯康星梅诺米尼（Menominee）的督学洛伦佐·哈维（Lorenzo D. Harvey）指出："在金斯伯里所提交的报告中，提到有25 000名孩子因各种原因而辍学，但是学校如果能够提供一些工业教育的话，至少会吸引到更多的孩子在学校待更长的时间，因为这些在14—15岁辍学的孩子中，有45%的家长是愿意让孩子继续留在学校接受教育的，但他们支持的前提是学校的课程能够激发孩子的学习兴趣。因此，各种职业学校是被需要的，劳联（labor unions）也会通过拨付公共资金支持这类学校的建立，因为这些学校培养出来的具有更加熟练技能和知识水平的毕业生对更好地维护劳联的社会地位和组织公信力是有极大的帮助，二者之间的关系是相互的。"② 来自辛辛那提的城市学校督学弗兰克·戴尔（Frank B. Dyer）指出："各种

---

① Charles William Eliot, *Changes Needed in American Secondary Education* (New York: The General Education Board, 1916), p. 11.

② Lorenzo D. Harvey, "Is There Need for Industrial Schools for Pupils Unlikely to Complete the Regular Elementary-School Course and Go on to the High School? Should it Provide Trade Instruction?," in *The Journal of Proceedings and Addresses of the National Educational Association: Session of the Year 1907* (Chicago: The University of Chicago Press, 1907), pp. 311-313.

形式的职业教育学校应该很快就会在每个城市建立起来。”① 随后，1907 年召开的全国教育协会年会积极呼吁各州和学区在条件允许的前提下，应该通过拨付公共资金建立各种职业学校来满足社会和个体的发展需求。大会还指出，这种行动应该是州的责任，这种责任不仅仅是传授知识给社区公民，还是确保孩子在将来能够成为社区里一位有用公民的早期投入。②

1903 年，马萨诸塞州斯普林菲尔德市的督学托马斯·巴利埃特（Thomas M. Balliet）呼吁整个美国的手工训练学校应承担为全国的专业技术培训服务的职能。③ 而早在 1900 年，马萨诸塞州沃尔瑟姆市手工训练中学的校长伯特伦·伦费斯特（Bertram A. Lenfest）就指出，使用公共经费来支持职业教育的时代即将到来，这个职业教育体系中应包含各种职业学校。④ 1906 年，在全国教育协会督学分部的会议上，威斯康星州梅诺莫尼市的学校督学哈维表达了在一个普通的中学里既开设一些职业教育课程，也开设一些学术课程的想法。他指出：“职业

---

① Frank B. Dyer, “Is There Need for Industrial Schools for Pupils Unlikely to Complete the Regular Elementary-School Course and Go on to the High School? Should it Provide Trade Instruction?,”in *The Journal of Proceedings and Addresses of the National Educational Association : Session of the Year 1907* (Chicago: The University of Chicago Press, 1907), p. 315.

② Charles C. Van Liew, el al, “Declaration of Principles,”in *The Journal of Proceedings and Addresses of the National Educational Association : Session of the Year 1907* (Chicago: The University of Chicago Press, 1907), p. 29.

③ Thomas M. Balliet, “Manual, Trade, and Technical Education,”in *The Journal of Proceedings and Addresses of the National Educational Association : Session of the Year 1903* (Chicago: The University of Chicago Press, 1903), pp. 67-68.

④ Bertram A. Lenfest, “Character, Content, and Purpose of High-School Courses in Manual Training,”in *The Journal of Proceedings and Addresses of the National Educational Association : Session of the Year 1900* (Chicago: The University of Chicago Press, 1901), p. 497.

学校无疑是我们当前需要的一种学校类型，这种学校对个体更好地掌握一些职业技能将是一个巨大的帮助，他们通过自己技能的提升能够更好地发展自己和服务社会。然而，这种学校不应该仅仅局限于一些手工劳动的课程，应该与一些学术型课程方面的一些工作联系起来，这样对个体来说才会产生最大的教育价值。因此，如果让公立中学来承担职业教育的一些功能的话，这会比一个单一的职业学校更有效率，同时也能够为一些学术型的中学有效地开展工业训练和职业教育提供良好的发展基础。"①

1909 年，在全国教育协会召开的年会上，时任中等教育分部主席的詹姆斯·布朗（James Stanley Brown）发表了《中学的自治》（*the Autonomy of the High School*）一文。布朗在文中指出："让 95%不准备升入大学的学生去学习跟占比仅为 5%的、准备升入大学的学生一样课程的理念是行不通的。大学是否能够保证他们所规定的大学入学需求课程就是最适合当前正在中学读书的那 80 万名中学生所需要的课程？大学对中学生能力和个性需求的了解程度是否跟平日里天天跟他们接触的中学老师一样彻底和全面？对于这样的质疑和反问，大学往往只能含糊其辞地应对。所以，中学需要有自己的民主和自治，它们在承担责任的同时，更需要有权威。它们所需要权威和自主最好的证明方式就是它们能够很好地服务于社会的发展和需求，它们也有责任去付诸这样的行动。"② 而根据联邦教育署 1910 年公布的教育统计公报显

---

① Lorenzo D. Harvey, "Is There Need for Industrial Schools for Pupils Unlikely to Complete the Regular Elementary-School Course and Go on to the High School? Should it Provide Trade Instruction?," in *The Journal of Proceedings and Addresses of the National Educational Association: Session of the Year 1907* (Chicago: The University of Chicago Press, 1907), p. 312.

② James Stanley Brown, "The Autonomy of the High School," in *The Journal of Proceedings and Addresses of the National Educational Association: Session of the Year 1909* (Chicago: The University of Chicago Press, 1909), pp. 481-485.

示，1909—1910 学年，美国在校的中学生总数为 915 061 人，接近百万大关，但这些学生中有很多在中学仅仅待了很短的一段时间，他们升入中学并不是为了继续升入大学，而是尝试着去为自己的未来生活做准备。在 1909—1910 学年共有 111 363 名中学毕业生，但最后只有 37 811 人是为升入大学而准备的。[①]

（五）职业中学与综合中学之争

在提倡职业教育的同时，如何管理这类学校也是当时各州争论的一个焦点问题，直到马萨诸塞州通过将职业教育的管理权归属到州教育委员会才打破这个僵局。1909 年，马萨诸塞州废除了之前成立的工业教育委员会，同时将这个委员会的管理权收归到州的教育委员会，与其他类型的教育一样，由州教育委员会进行统一的管理。同时，马萨诸塞州教育委员会也调整了之前这个工业教育委员会的组成人员，新的成员包括了之前的工业教育委员会的主席保罗·汉诺斯（Paul H. Hanus）、马萨诸塞州第一任教育专员大卫·斯内登（David Snedden）。马萨诸塞州在 1909 年将以前州负责教育的部门改成了办公室，从而取代了以前由贺拉斯·曼（Horace Mann）创建的教育秘书这个职位，教育办公室的最高管理人员也以“专员”进行命名。[②] 然而，不管是什么机构掌管了职业教育这个新兴的领域，建立一个什么样的学校来发展职业教育才是人们关心的问题。到 1909 年，手工训练中学已经失去了原有的历史地位，很多州和城市学校的督学及管理者们对建立单独的职业学校感到担心和忧虑。克利夫兰市的学校督学威廉·埃尔森（William H. Elson）指出：“克利夫兰正在建造一个更大的技术中学，

---

① Milton C. Potter, “The High-School Courses,” in *The Journal of Proceedings and Addresses of the National Educational Association : Session of the Year 1913* (Chicago: The University of Chicago Press, 1913), p. 486.

② Edward A. Krug, *The Shaping of the American High School* (New York: Harper & Row, 1964), p. 231.

这所中学在建造的过程中并没有按照任何其他类型的中学模式进行设计，这类技术中学既不像手工训练学校，也不像职业学校，可能像这两类学校的联合体。这所学校有着特殊的目的，学校在课程的分配上将学术课程和职业课程进行同等课程比重和教学时长的分配。学校不提供通常的大学预备科目，却为那些准备升入技术学院的学生提供所需要的课程。”①

也有些学者建议从小学七年级和八班级就开始对学生分类，其结果导致了学生只能进入职业学校或普通中学开设的职业课程班。查尔斯·德加谟（Charles DeGarmo）在1909年还提议建立初级工业中学（Junior Industrial High School），这种类型中学的招收对象是完成了小学六年级的课程且年龄已满12岁的学生，或者年龄在13—14岁、但因各种原因导致了在正常的小学课程学习上存在困难的学生，初级职业中学的学制长达4年，正常学生在完成学业后年龄将达到16岁。德加谟进一步指出，这种学校至少可以保证更多的学生能继续留在学校，也可以满足大量学生的发展需求。② 此外，芝加哥大学弗兰克·莱维特（Frank M. Leavitt）在1910年也提到在一些城市存在着一些中级工业学校（intermediate industrial school），等等。然而，这些中等教育类型的学校没有引起太多人的注意，反而能够让当时的教育家、学校督学和校长们感兴趣是在一个普通的中学里建立单独的课程计划，这些课程计划包括职业的或半职业的，这些课程可以通过选修的形式在中学里实施和开展。到1913年，由职业和工业教育主题所引发的职业教育运动逐渐失去了原有的热情和社会动力，公立学校也已将职业教育视为公共教育体制发展中的一个方向，公立学校的管理者也支持在学

① William H. Elson, “The Technical High School of Cleveland,” *The School Review* 16, No. 6(1908): 353.

② Charles DeGarmo, “Relation of Industrial to General Education,” *The School Review* 17, No. 3(1909): 152-153.

校里开展职业教育，但前提是学校能够自主控制职业教育的发展，而不是由社会企业和其他组织进行控制。1913 年，全国工业教育促进协会指出，学校管理者和督学对建立单独的职业学校表示了不支持的态度，而一个统一的中学（cosmopolitan high school）却能够满足多样的教育目的，这种中学类型也迅速地得到了越来越多的支持和认可。与此同时，人们对建立单独的委员会来管理职业教育的提议表示不可接受。到 1920 年前后，这种提议将职业教育与普通学校教育予以分开的想法遭到人们猛烈的批评和反对。①

关于是建立独立的职业中学还是统一的综合中学的争论大约持续了 10 年，到了 1917 年《史密斯-休斯法》（*the Smith-Hughes Act*）通过之后，中学发展职业教育的行动才得到了明确的支持，这个法案也通过直接支持建立综合中学来开展职业教育。最终，建立统一化的综合中学来同时开展职业教育和学术教育获得了最后的胜利。②

在 20 世纪前 20 年，在许多教育者和社会商业人士看来，职业教育应该是中等教育里的一个重要组成部分，这种认识在 1910 年前后成了社会各界的共识。然而，对于中等教育阶段所开展的职业教育和学术教育是由一个单独的机构来统一完成还是由不同的机构来分开完成这一核心议题，社会各界还存在着广泛的争论。对提倡工业教育的学者来说，他们提倡效仿德国的中等教育体制，进行双轨教育。然而，提倡中等教育的统一化体制的学者不在少数，杜威、亚历山大·英格利斯（Alexander James Inglis）、卡拉伦斯·金斯利（Clarence Darwin Kinsley）等都是其中的代表。尤金·达文波特（Eugene Davenport）在 1914 年就指出："对职业教育的需求已经得到了社会各界的普遍认

① Edward A. Krug, *The Shaping of the American High School* (New York: Harper & Row, 1964), p. 243.

② William G. Wraga, "The Comprehensive High School and Educational Reform in the United States: Retrospect and Prospect," *The High School Journal* 81, No. 3(1998): 123.

可，我们现在需要讨论的就是建立一个什么样的中学来开展职业教育。毫无疑问，建立一个单独的学校系统来开展职业教育就很简单地完成了社会对职业教育的需要。如果我们根据孩子的不同职业需求建立了一些分科中学，其实是根据他们的职业发展路线提前将他们分割开来。从分割的那一时刻起，不可避免的社会分层现象就会很快形成和出现。然而，在目前的中学里开设职业课程也是可行的事情，学生可以用四分之一的时间去选修自己喜欢的职业课程，将剩下的四分之三时间用在非技术课程和通识教育课程上。此外，在人口密集的大城市，也不可能按照所有孩子的不同职业需求建立各种各样的分科中学，学区也没有那么大的财力去支持这么多公立中学的运转。因此，对城市学校系统来说，建立综合中学才是最合适的选择。"①

1913 年，全国教育协会成立了中等教育改造委员会。中等教育改造委员会成立之后，立即在全国范围内就更好地重组美国中等教育展开了调研，从 1915 到 1922 年，陆续发布了 16 份关于中学课程的相关报告。在这些报告中，对各个课程报告都具有指导意义、同时也对接下来几十年美国中等教育发展方向具有导引作用的就是 1918 年发布的《基本原则》报告。这份报告讨论了中等教育阶段的教育目标、组织与管理、学制、综合中学、课程等一系列关于未来美国中学发展的问题，其中最主要的贡献就是将综合中学确立为未来美国中等学校的标准类型，将综合课程作为综合中学的课程模式在公立中学里推广开来。

---

① Eugene Davenport, "Vocational Education and the State," *School and Home Education* 34, No. 12(1914): 131-133.

第二章　公立中学古典课程与现代学术课程价值平等理念的提出

美国内战结束之后，公立中学得以快速发展，其数量在 1860 至 1890 年这 30 年间从 1860 年的 40 所增长到 1890 年的 2526 所。[①] 在中学发展的早期，在公共教育仅将自己的责任限于为孩子提供初等教育时期，社会大众对于建立中学的欲望并没有那么强烈。然而，伴随着美国工业化进程的加快，原本在农业社会要求中学阶段的孩子为家庭承担一定劳动量的需求，在工业占比逐渐加重的过程中日渐减少，而社会和家长要求孩子接受更高层次教育的愿望却愈发强烈，家庭也愿意为孩子接受更高层次的教育承担更多的开支，这些都促进了中学的快速发展。然而，大量由教会支持的文实学校把公立中学的出现视为对自己发展的巨大威胁，大学也为失去其对中学原有课程内容和学术标准的控制而感到恐惧，一些纳税人更是不愿意通过增加公共税收开支来支持公立中学发展。但这一切都没有阻止公立中学的大量出现和发展，1874 年卡拉马祖案（*Kalamazoo Case*）更是以立法的形式确立了使用公共税收支持公立中学发展的合法地位。[②]

与此同时，在 19 世纪末期美国公立中学快速发展和极具美国特征

---

① Andrew S. Draper, *American Education* (Boston: Houghton Mifflin Company, 1909), p. 155.

② Allan M. West, *The National Education Association : The Power Base for Education* (New York: The Free Press, 1980), p. 4.

的教育体制形成过程中，全国教育协会也为来自各州的教育者们提供了交流教学经验与管理模式的平台。与其他一些国家中央集权型的教育管理体制相区别，美国公立学校的组织和管理主要由各州和学区负责，因此学校主要以满足州和地方学区的发展为己任。由各州负责对本州范围内的学校进行管理的教育体制，在发展的过程中逐步呈现其独有的特征。而全国教育协会正是把握住了这种独有的特征，通过举办一些全国性的教育活动将自己的影响力逐步扩大，进而提升自己在公立学校教育中的权威性。全国教育协会每年都通过召开年会对一些重要的教育问题进行讨论和交流，并尝试着去探索一些解决问题的方式方法，各州的教育管理者、学区督学和教师们也通过参加年会进行一些教育管理经验和教学成效的交流与研讨，进而在一些核心的教育理念和管理模式上达成共识，并在会后及日常的教育管理与教学实践中将这些先进的教育理念、管理模式和教学方法应用到所在学区的管理和教育教学中。各州的教育管理者在这个互相学习、借鉴与应用的过程中，无形中将全国教育协会在大会中主推的一些教育法案和实施的一些教育改革不同程度地应用到州或学区里，成为全国教育协会在各州实施教育改革的重要“试验田”。

第一节　中学课程十人委员会的建立与报告的发布

19 世纪末 20 世纪初，伴随着美国工业革命进程的加快，由科技进步带来的先进技术被广泛应用于社会各界。经济的发展和社会的进步推动了人们对教育的需求，而这一时期美国的公共教育虽有所发展，但中等教育的发展速度缓慢，入学率偏低，辍学率居高不下。教育发展的滞后性与社会发展的现实性之间的矛盾愈发凸显，引发了社会各界的广泛关注，改革中等教育的呼声也随之高涨。为了解决中等教育出现的问题，缓解当时中等教育与高等教育之间紧张的衔接关系，越来越多的教育家和中学管理者开始呼吁通过建立统一的中学课程体系和大学入学标准改善中学课程的混乱局面和二者之间的紧张关系。在这个过程中，全国教育协会作为当时美国最大的全国性教育组织，走在了呼吁改革中学课程的最前端。这一时期，全国教育协会一方面通过将中学和中学课程的研究作为每年年会讨论的重要议题来凸显问题的重要性；另一方面通过成立相关委员会直接参与课程调研、发布课程报告来推动中学课程变革，其中尤以 1892 年全国教育协会下属的全国教育委员会建立的十人委员会影响力最大，发布报告的影响也最为深远。

一、全国教育委员会的成立

全国教育委员会（National Council of Education）是全国教育协会的一个组成部门。在 1880 年 6 月召开的全国教育协会上，通过投票表决，一致同意建立该委员会。全国教育委员会的成立得益于全国教育协会的学校督导分部和全国教育协会理事会（Board of Directors）的共同努力。1880 年 2 月，全国教育协会的学校督导分部在华盛顿召开的一次会议上，提议任命一个临时委员会负责组织和成立一个全国性的教育委员会，这个全国性的教育委员会在隶属关系上属于全国教育协会的一个组成部分，在日常事务的处理上将与全国教育协会保持更紧密的联系，处理一些临时性和紧急性的教育问题与突发事件。学校督导分部任命成立的临时委员会经过 4 个月的工作，将一份关于组建全国教育委员会的报告于 6 月 14 日呈交给了全国教育协会理事会。理事会成员经过讨论后，一致同意了报告的主要设想与内容，并将其提交至正在召开的全国教育协会年会大会上审议与表决。全国教育协会对报告的主要内容和细则经过认真的讨论与审议后，一致同意成立全国教育委员会。①

为了促使全国教育委员会的工作与接下来全国教育协会的大会工作、不同分部的工作、理事会的工作保持步调一致，全国教育协会临时成立了一个委员会来制定全国教育委员会的章程，同时要求这个临时委员会需要将制定的章程和建议选举委员会成员的方法向理事会和各分部报告。经过临时委员会成员们的辛勤工作和热情付出，临时委员会制定的全国教育委员会章程得到了一致认可与肯定。在全国教育委员会第一届成员的组成方面，章程规定第一届委员会共计由 51 位成员组成，其产生方式如下：第一，全国教育协会下属的 5 个分部（即初等、高等、师范、督学和工业）各推选 3 名人员成为委员会的成员，共计 15 人。第二，全国教育协会理事会推选另外的 12 名成员。第三，由分部和理事会提名上来的 27 人再推选产生另外的 24 位成员，共计 51 人成为第一届全国教育委员会的成员。任何一位第一次被推选上来的委员会成员都可以有 6 年的任职时间。在全国教育委员会的领导机构和执行机构方面，章程规定委员会的官员由 1 个主席、1 个副主席和 1 个秘书组成；另外，委员会下设一个处理日常事务的执行委员会，执行委员会由 7 名成员组成，包括上述的 3 名官员和另外的 4 名其他成员。执行委员会的 7 名成员每年都需要进行重新推选，重选的时间和地点与全国教育协会举办年会的时间与地点一致，在没有找到合适继任者的前提下，这 7 名成员可以连任。执行委员会根据社会情况和教育形势，负责设立一些常设委员会和临时委员会去帮助解决紧急的教育问题，

① Thomas W. Bicknell, "National Council of Education," in *The Addresses and Journal of Proceedings of the National Educational Association: Session of the Year 1880* (Salem, Ohio: Printed by Allan K. Taten, 1880), p. 90.

也会向全国教育协会报告每年的工作情况。①

全国教育委员会成员主要由一小部分在全国范围具有一定知名度的教育家组成，自成立之后，迅速成为全国教育协会下属机构中最有影响力和最受尊敬的部门。全国教育委员会负责调查各种各样的教育问题，参与相关教育问题调查的委员会每年都在全国教育协会年会上报告自己的调研成果，全国教育委员会里一些主要的教育领导者们在19世纪最后的十几年里也都一直控制着全国教育协会每年的主席人选和其他一些主要官员的任免。为了确保全国教育委员会的一些思想和主要观点能够得到较快和彻底的贯彻和推行，委员会主要通过行使推选全国教育协会“提名委员会”（the Nominating Committee）成员的权利挑选他们认可的人员，进而通过“提名委员会”帮助他们挑选最适合的全国教育协会主席人选。全国教育委员正是依据这个重要的领导地位，当他们发布一些重要的公告和声明时，全国教育协会的其他成员和教育家都倾向于遵守和执行。然而，全国教育协会的成员们虽然认为他们是美国教育界里最好的智慧团体，但在全国教育协会官方历史的文字记载中未对全国教育委员会工作给予很高的评价。19世纪90年代，全国教育协会一些持不同政见的会员们甚至将全国教育委员会视为保守派（old guard）的代表，迫切地要求从这个氛围令人窒息的组织中脱离出来。②

到1890年，全国教育委员会的成员组成数量由原来的51人增加到60人，而日常事务的管理仍由原来的执行委员会负责，其组成成员与1880年成立时的推选原则保持一致，由主席、副主席和秘书及其他的4

---

① James McCosh, “Constitution of the National Council of Education,” in *The Addresses and Journal of Proceedings of the National Educational Association: Session of the Year 1880* (Salem, Ohio: Printed by Allan K. Taten, 1880), pp. 92-93.

② Wayne J. Urban, *Why Teachers Organized* (Detroit: Wayne State University Press, 1982), p. 112.

名成员组成，共计7人。与此同时，由执行委员会任命成立的常设委员会（standing committee）数量增加到12个，每个常设委员会都由5位成员组成。这12个常设委员会分别为州立学校系统委员会（Committee on State School Systems）、城市学校系统委员会（Committee on City School Systems）、高等教育委员会（Committee on High Education）、中等教育委员会（Committee on Secondary Education）、初等教育委员会（Committee on Elementary Education）、师范教育委员会（Committee on Normal Education）、科技教育委员会（Committee on Technological Education）、教育学委员会（Committee on Pedagogics）、女子教育委员会（Committee on Education of Girls）、卫生教育委员会（Committee on Hygiene in Education）、教育文献委员会（Committee on Educational Literature）、教育统计委员会（Committee on Educational Statistics）。全国教育委员会下属的这些常设委员会在日常的工作中首先需要思考和解决全国教育委员会给它们安排的相关主题的调查和研究工作，同时需要将相关调查结果及时进行报告。除此之外，它们自身也需要选择一些与它们委员会工作本身相关联的问题进行调查研究。①

如果把全国教育协会从1857—1892年这一时段视为大会时期（the Convention Period）的话，那么从1892—1917年则进入了全国教育协会的委员会时期（the Committee Period）。② 全国教育协会通过成立一系列委员会，从教育努力的视角帮助解决因学校数量的增长、经济危机等而造成的一些重要的社会问题和教育危机，而且成效显著。这些

---

① NCE, "Constitution of National Council of Education," in *The Journal of Proceedings and Addresses of the National Educational Association : Session of the Year 1890* (Topeka: Kansas Publishing House, 1890), pp. 290-291.

② Allan M. West, *The National Education Association : The Power Base for Education* (New York: The Free Press, 1980), p. 7.

委员会的成员大多是善于雄辩的领导者、知识渊博的学者、熟悉教育规律的管理者，他们都是为了解决一些突出的教育问题而汇聚一堂、潜心工作。在工作的过程中，他们注重对一些重要信息和数据的收集与分析，注重权衡不同州和地区的教育发展状况，注重所发表报告的权威性、重要性和独特见解性，进而通过这些令人信服的报告达到劝说联邦教育署、州，学区的督学，不同层次学校的教育委员会和校长接受他们提出的教育改革方案的目的，并且收获颇丰。在十人委员会成立之前，在 1891 年，全国教育委员会通过其下属的 12 个常设委员会中的中等教育委员会成立了一个五人委员会，就"大学入学需求的统一性"（Uniformity in Requirements for Admission to College）问题进行了前期的调研工作。这五人都是来自公立中学的教师，詹姆斯·贝克担任了这个五人委员会的主席，他也是接下来 1891—1892 年全国教育委员会的主席。贝克担任过丹佛中学的校长，刚刚转任到科罗拉多大学，并于 1892 年 1 月担任该校校长一职。贝克被认为是十人委员会成立的发起人和倡导者，也是十人委员会中的重要成员之一。而上述所提到的全国教育委员会下属的中等教育委员会在 1891 年成立的五人委员会，其实已经对接下来十人委员会所要做的一些工作开展了前期研究，并促成了十人委员会的建立。① 1891 年，这个五人委员会在报告中提出了以下建议："首先，全国教育委员会应该任命成立一个委员会，由这个委员会在全国范围内挑选一些大学和学院、中学和预备学校的代表聚集在一起商讨中等教育和高等教育之间的问题，召集开会的时间和地点将与 1892 年全国教育协会年会的时间和地点相一致，在这个会议上再具体讨论这个委员会的规模，以及代表成员的组成等问题。此外，委员会还建议，应提供一组古典预备课程，服务普通大众；

① Bernard Mehl,"The High School at the Turn of the Century:A Study of the Changes in the Aims and Programs of Public Secondary Education in the United States,1890-1900"(PhD diss. ,Urbana:University of Illinois,1954).

提供一组不含希腊语的大学预备课程，供学生升学选修；提供一组标准的预备课程，供升入科学学校的学生使用；考虑一组合适的中学课程，满足所有大学的入学需求；在至少依据一所中学完整的课程基础之上灵活地构建适用于所有大学的大学入学需求课程。”①

二、十人委员会的建立

1892年7月，全国教育委员会下属的中等教育委员会在上一年提出的成立一个关于大学和中学之间衔接关系的委员会的计划，在1892年全国教育协会年会上得到了落实和执行，这个委员会被命名为“大学与中学间会议委员会”（the Committee of Conference between College and Secondary Schools），由来自于哥伦比亚学院的尼古拉斯·巴特勒担任委员会的主席。1892年7月9日，巴特勒提交的报告经过全国教育委员会的集体讨论并进行修改后获得了通过。报告的主要内容：“根据会议代表们的一致意见，我们认为全国教育理事会有必要举办由大学和中等学校主干课程的授课教师们参加的一些会议。因此，我们推荐以下10位成员负责组建一个执行委员会，在1892—1893学年全权统筹安排由各主干课程教师组成的各分课程委员会，同时这个执行委员会需要向理事会完整报告所开展的所有活动。我们推荐的10位成员分别为查尔斯·埃利奥特，哈佛大学校长；威廉·哈里斯，联邦教育署教育专员；詹姆斯·安吉尔，密歇根大学校长；约翰·泰特洛，波士顿女子中学校长；詹姆斯·泰勒（James M. Taylor），纽约州瓦萨学院校长；奥斯卡·罗宾逊（Oscar D. Robinson），奥尔巴尼中学校长；詹姆斯·贝克，科罗拉多大学校长；理查德·杰西（Richard H.

---

① James H. Baker et al.,“Uniformity in Requirements for Admission to College,”in *The Journal of Proceedings and Addresses of the National Educational Association: Session of the Year 1891*(New York: Press of J. J. Little & Co., 1891), p. 316.

Jesse)，密苏里大学校长；詹姆斯·麦肯齐（James C. Mackenzie），新泽西州劳伦斯维尔学校校长；亨利·金（Henry C. King），奥伯林学院教授。与此同时，请全国教育委员会向全国教育协会理事会申请一定的调研经费，用于支付召开不同课程会议必需的各种会议开支等。"①

在巴特勒向全国教育委员会提出由上述 10 人组成一个专门的委员会具体负责不同中学学科会议的筹备和组织工作的建议后，虽然从成员构成上看，学院和大学的代表明显多于中学，但关于人员的代表性和资格能力等问题并未在大会上遭到质疑，这一定程度上也说明了这些代表在当时教育领域具有的影响力。因这个委员会由 10 人组成，所以也被称为"十人委员会"。对于为什么选择这 10 人组成一个专门委员会，以及这 10 人是如何被挑选出来的等问题，后期的研究者通过对文献的分析和整理给出了他们的答案。克鲁格指出，泰特洛是十人委员会的成员之一，通过查阅他的工作笔记和手稿后得知，埃利奥特主导了这个委员会的人员构成。与此同时，巴特勒在报告发布多年后也指出，这个委员会的人员组成是埃利奥特的意见。② 在这 10 人中，6 位在大学工作（5 位是大学校长，1 位是大学教授），3 位在中学工作（3 位都是中学的管理者），还有 1 位是美国教育专员。与此同时，为了支持十人委员会更好地开展工作，全国教育协会理事会同意拨付 2500 美元用于支付委员会的正常工作开销。③ 从十人委员会的人员构成上，我们

---

① Nicholas Murray Butler, "The Report of the Committee of Conference between Colleges and Secondary Schools," in *The Journal of Proceedings and Addresses of the National Educational Association : Session of the Year 1892* (New York: Press of J. J. Little & Co., 1893), p. 754.

② Edward A. Krug, *The Shaping of the American High School* (New York: Harper & Row, 1964), p. 38.

③ NEA, *Report of the Committee of Ten on Secondary School Studies with the Reports of the Conferences Arranged by the Committee* (Knoxville: American Book Company, 1894), p. 4.

可以看出：第一，巴特勒在建议十人委员会组成成员时，公立中学的管理者和代表并未受到应有的重视，而高等教育领域的管理者占据了委员会成员的主导地位，巴特勒本人也来自高等教育机构。第二，在当时整个教育领域，也是被许多人普遍接受的一种观点，教育领域的改革往往不是依赖于学校督学，而是依赖那些大学校长们。大学校长们往往被认为是在学术能力和管理水平上都很成功的一个集合体，在大部分中学管理者和教师心中，是非常值得信赖的专家。第三，在委员会成员所代表的大学类型中，传统的学院并未占据主导地位，只有哈佛大学算是老的、具有新英格兰风格的高等教育机构。其余几所大学，如密歇根大学、科罗拉多大学、密苏里大学都与传统大学的风格相迥异，代表着西部高等教育发展的新模式，这些在西部建立起来的大学与学院往往注重科学、农业、机械、社会科学等方面的专业教育。而另一所瓦萨学院代表着那时女子高等教育发展的趋势与方向。第四，在代表中等学校的3位委员中，只有罗宾逊代表着真正的所谓的“常规的（regular）”公立中学。另外两位校长，一位来自波士顿女子中学，另外一位来自专门的大学预备学校，这两所学校严格意义上都不是真正的公立中学。

三、《十人委员会报告》的形成与发布

1892年7月，在全国教育协会年会上，巴特勒向全国教育委员会提出关于组建一个由10人组成的委员会的建议获得批准之后，1892年11月9日至11日，这个由10人组成的委员会在纽约市的哥伦比亚大学召开了第一次会议。在这次会议召开之前，委员会已经通过问卷调查的形式，搜集到了全国范围内40所具有代表性中学的课程开设情况，同时期望通过分析这些学校的课程计划了解哪些课程在中学里开设得最为广泛。通过对这40所中学提供的课程计划进行分析后发现，这些

代表性中学的课程存在 3 个方面的问题：第一，这 40 所学校开设的中学课程总数大约在 40 门，却只有 13 门课程开设得较为普遍。第二，许多课程的授课时间很短，学生能得到的训练很少。第三，不同中学给同一课程分配的教学时长差异较大。① 委员会在对上述 3 个方面的问题进行归类之后，围绕着改革中学课程内容、明确中学培养目标、完善中学与大学之间课程衔接等主题，将大约 27 种课程划分为九大类，成立了 9 个课程的分委员会，每个分课程的委员会也由 10 人组成，并要求这 9 个分课程委员会对十人委员会提出的 11 个方面的问题进行讨论。这九大课程分别为拉丁语；希腊语；英语；其他现代语言；数学；物理、天文和化学；博物学（生物，包括植物学、动物学和生理学）；历史、公民政府和政治经济学；地理（自然地理、地质学和气象学）。提出的 11 个方面的问题主要涉及学生各科目学习应该开始的时间；每个科目应该分配到的教学时间和教学总量；每个科目应该包含的教学主题；大学的入学需求；在大学入学考试中，不同学科最佳的测试方法；对于那些不打算接受高等教育的学生，学科教学和测试的最佳方法；等等。② 概述起来，整个委员会主要想通过解决这 11 个问题来解决两个方面的问题：第一，改进中学课程计划。第二，根据报告建议的课程计划和课程内容进一步改善中学和大学之间的关系。

十人委员会按照不同课程内容将所收集到的课程分为九大类别之后，九大分课程委员会在随后的 6 周里相继组建起来，按照前期的安排，参加了 12 月 28 日各学科组织的工作会议。在出席九大分会的 90 位成员中，47 位代表在大学里任职，42 位代表在中等学校工作，1 位

---

① Calvin Olin Davis, *Our Evolving High School Curriculum* (New York: World Book Company, 1927), p. 39.

② NEA, *Report of the Committee of Ten on Secondary School Studies with the Reports of the Conferences Arranged by the Committee* (Knoxville: American Book Company, 1894), pp. 5-6.

代表在政府部门工作。在此之后，九大分会继续就自己学科的工作报告进行了讨论和撰写，并相继向十人委员会提交了各自分学科的课程报告。十人委员会原计划在 1893 年 7 月全国教育协会年会上，向全国教育理事会提交总报告，但由于一些分会未能及时将自己学科的报告提交至十人委员会，所以直至 1893 年 11 月，十人委员会才最终发布了历时一年多完成的《中学课程委员会报告》，也称《十人委员会报告》。在《十人委员会报告》的末尾，最初任命的 10 位成员都在最终报告上签了名，同时在报告的最后附上了贝克提交的一些少数派的意见。①

十人委员会提出的 11 个方面的问题初看起来很细小、重要性不高，然而，在 19 世纪 90 年代，这份报告显示了巨大的影响力，这种影响力的获得源于委员会提出在中学课程计划里开设一些新的学科，并分配给足量的课时和学习时长。这种方案的提出对课程地位牢固的古典课程形成了攻击，如拉丁语、希腊语这些古典课程。委员会在总报告撰写过程中发现，有四大分会的课程计划极难安排，分别是物理、天文和化学，博物学，历史、公民政府和政治经济学，地理。这 4 个分课程委员会都提交了内容完整且解释得当的课程报告，这种局面的形成主要源于这四大类课程与前 5 类相比，在当时中学里开设的效果并不好，课程地位也不高，没有引起社会各界的重视。然而，这四大分课程委员会的委员们迫切期望他们所在委员会的课程在中学里能够与拉丁语、希腊语、数学这些古典课程拥有同等的重要性和课程安排比重。但是，他们也知道，在当时的教育形势下，这种期望与传统的课程价值理念是背道而驰的，中学的教师和管理者们对这些学科本身的价值和对学生心智训练所起的作用是表示怀疑的，即使像英语和其他现代语言这

---

① NEA, *Report of the Committee of Ten on Secondary School Studies with the Reports of the Conferences Arranged by the Committee* (Knoxville: American Book Company, 1894), pp. 11-12.

些课程在中学里的地位也依然不高。[①] 正是由于这些不同课程委员会之间及古典课程和现代课程之间都阐述了各自课程的重要性，都希望他们的方案能够如实地体现出来，使十人委员会最终完成的报告超出了最初的工作使命，也最终成就了这份报告所具有的里程碑式的重要地位。

第二节　《十人委员会报告》的主要内容和历史意义

从1892年十人委员会的成立，到1893年11月报告的发布，虽然仅仅经历了一年多的时间，但整个报告的内容十分丰富，影响也极其深远。报告所提供的4组中学课程计划体现了委员会为统一中学课程所付出的努力与贡献，而报告中提出的不同课程之间在价值上具有平等的理念更为中学发展学术课程指明了方向，为接下来越来越多的学术课程在中学课程计划中的出现做了铺垫。

一、统一中学课程方案的4组课程计划

从《十人委员会报告》的主体内容来看，报告涵盖了中学课程、教学等内容，包含课程方案、教学内容、教学方法、就学年龄、学时等一系列相关问题，共计达成了35个决议。在中等教育的培养目标方面，十人委员会下设的九大分会经过讨论一致认为，无论学生将来去向如何，无论他们何时终止学业，中学里每一门课程都应该以同样的方式和同样的程度教给学习这门课程的所有学生；在学科教学方面，

---

① NEA, *Report of the Committee of Ten on Secondary School Studies with the Reports of the Conferences Arranged by the Committee* (Knoxville: American Book Company, 1894), p. 13.

对于不同课程所提供的学习时间，所有分会的专家都希望学科中基础课程的授课时间比现在能更早一些；在师资储备与培养方面，委员会一致认为小学和中学都需要更多训练有素的教师，师范学校和学院要为培养更多品质优良的教师做出更多的努力；在中学课程方案的设置原则方面，《十人委员会报告》概括了中等教育的4组课程计划（详见表2-2和2-3），即古典文学、拉丁文-科学、现代语和英语。这4组课程计划之间的主要差别在于外国语言的总数和修读的深度。古典文学包括3门外语，其中1门是现代语；拉丁文-科学包括2门外语和1门现代语；现代语课程包括2门外语，并且2门都是现代语；英语课程包括1门古代的或现代的外语。从古典文学课程到英语课程，这样的课程计划安排代表着外国语言数量的减少，也代表着现代学术课程的不断增加；4组课程计划都包含当时已经十分常见的代数-几何序列里的数学课程；每一门课程计划都包含一些外国语言、数学、英语、科学和历史课程。委员会建议所有中学生应从这4个被称为学术型课程的计划中进行选择，其中的3组课程计划包括拉丁语或希腊语，而另一组计划仅包括1门外语，没有音乐、绘画或雄辩术等课程。委员会认为在中学4年的时间里，只要学生顺利完成上述4组课程计划中的任何一组，就可以作为升入大学和科学学院的一种凭证。委员会也同时认为4组课程中的任何一组作为升学的准备都是合适的。他们强调不论是对学校、大学还是国家，加强中等学校和高等院校之间的紧密联系都是十分重要的。①

概括地说，《十人委员会报告》主要依据了3个主要原则：第一个原则，关于不同学生去向的差异性问题。十人委员会要求九大分课程委员会对未来不同去向学生的课程教学问题进行讨论，提供较为合理的课程设置建议。十人委员会为九大分会提供的讨论思路：对于那些

---

① NEA, *Report of the Committee of Ten on Secondary School Studies with the Reports of the Conferences Arranged by the Committee* (Knoxville: American Book Company, 1894), pp. 46-48.

进入大学或科学学校学习的学生和那些不准备升入任何类型学校的学生是否应该给予同样课程难度的教学，九大分课程委员会经过讨论后指出，不管学生未来去向如何，也不管学生何时终止学业，所有课程都将以同样的方法和同样的难度被传授给在读的每一个学生。第二个原则，关于课程选修的问题。由于不同学生不可能被期望完成委员会所建议的所有课程，也不是所有中学都能够提供委员会报告中建议的4组课程计划，因此在中学里实施一定的选修制度是切实可行的。选修制理念的提出导致中学出现了双重选修的原则，一方面是一些较大的中学将按照自己学校的实际情况，选择十人委员会所建议的课程计划中他们能够提供和安排的一些课程计划子集；另一方面是学生能够从学校提供的课程计划目录中选择适合自己的课程计划。但是，委员会仍建议中学不能偏离报告中提供的课程计划太远而去开设另外一些课程，应该围绕着4组课程计划，在确保平等、效率、严肃、认真的前提下安排中学课程，同时确保在对学生进行科学的指导之下，让他们在有限定性的课程目录中选择课程，这个原则也导致了第三个原则的产生。第三个原则就是平等，所谓平等，就是大学入学需求的平等。委员会认为，如果一所中学按照上述的前两个原则开设了中学课程，那么每一所学院和大学都应该考虑将这所学校开设的课程计划作为大学录取的基本条件，或者至少提供一组大学里的学位计划给学习这些课程的学生。①

《十人委员会报告》体现了委员会全体成员在绝大多数问题上取得的共识和一致意见，也是全体成员共同讨论和交流的结晶。纵观整份报告内容，与报告密切相关的、内在的10个方面的问题成了后期社会各界对报告进行评论的抓手。这10个方面的问题分别为形式训练的教

---

① Davis L. Angus and Jeffrey E. Mirel, *The Failed Promise of the American High School ,1890-1995*(New York: Teachers College Press, Columbia University, 1999), p. 9.

义、课程之间的相关与关联、教学方法的改革、课程的性质、课程平等的理念和通识教育的特征、个体差异性的问题、统一课程的构建、中学的预备教育和完成教育、中等教育的特质、中学教学的提升。在形式训练方面，《十人委员会报告》中有多处地方明确地对这种教义进行了质疑，这种与官能心理学息息相关的、重视人们各种器官训练的教学形式，在《十人委员会报告》中遭到部分委员的反对和抛弃，并渐渐地淡出了中学课程教学的舞台。在反对形式训练的同时，人们开始大力提倡约翰·弗里德里希·赫尔巴特（John Friedrich Herbart）的教育心理学思想，赫尔巴特思想中的关联和联合的教育理念在报告中也体现得较为明显。九大分课程委员会也纷纷认为，中学里开设的这些不同课程都应该通过一种或两种课程计划进行相互之间的关联和联合，并在实际教学中加以充分的体现；① 在课程平等的理念和通识教育的特征方面，课程价值平等的理念在十人委员会的报告中已经得到充分体现，许多公立中学在实践中已经按照英语、科学和现代语言这些学术课程跟古代语言和数学这些古典课程具有同等重要程度的方式进行课程的设计和安排。同时，十人委员会除赞成在中学里实施选修制和推广课程价值平等理念之外，还赞成在中学里开设通识教育课程。这种通识教育课程在《十人委员会报告》发布之前，许多中学已经进行了这方面课程教学的改革尝试。在19世纪早期，通识教育课程基本上就是拉丁语、希腊语和数学这3门课程，也简称三艺（the Trivium）。而到了19世纪末期，新的通识教育课程开始将自然科学、社会科学包含进去，有些学校甚至将音乐和绘画也包含进去，出现了新的四艺（the New Quadrivium）。十人委员会通过本身所具有的社会影响力，将通识教育课程由原来最初的三大类，拓展和丰富到七大类，

---

① NEA, *Report of the Committee of Ten on Secondary School Studies with the Reports of the Conferences Arranged by the Committee* (Knoxville: American Book Company, 1894), p. 16.

中学通过开设这七大类通识教育课程，丰富了中学课程的原始基础，逐渐满足了越来越多具有不同兴趣的学生个体的需求。①

在发布的课程报告方面，十人委员会为中学提供了一个总的课程计划，也为不同区域和规模的学校提供了4种不同的课程计划，这些课程计划也是十人委员会为中等教育做出的最为重要的贡献。十人委员会在对九大分会提交的各自学科需要的时间分配情况进行归类和汇总之后，以汇总表的形式将中学里需要教授课程的总量呈现出来。然而，由于各分会对自己学科所需要的教学时长和分配比重要求不一，如果按照九大分会提出的课程需求安排中学4年的课程计划的话，整个课程计划就显得十分臃肿且很多学校很难按照这个总计划设计自己学校的课程。在结合当时美国中等学校发展实际的基础之上，委员会将周课时量（period）由5个调整为4个之后，分配给不同学科的周期数就实现了基本一致。十人委员会在对九大分会提供的课程表进行修改之后，构建了4组不同的课程计划，并希望这4组计划能够作为不同中学开设课程的依据，在全国范围内广泛地推广开来。同时，这4组课程计划都与一个总的课程计划相一致，委员会也希望这个总的课程计划能够成为所有中学效仿的模板（如表2-1所示）。在总的课程计划里，每一门课程都将以同样的方式对待所有选修这门课程的学生。对于当时在中学里开展的通识教育（general education），十人委员会认为应主要由四大类课程构成，分别为语言、科学、历史和数学。十人委员会进一步指出，这四大类通识教育课程在教学效果上是相同的。换句话来说，在任何一组通识教育课程计划里，科学和历史跟语言和数学的重要性是一样的。十人委员会提供的课程计划中没有出现经济学、伦理学和哲学，这主要是因为委员会认为只有在学好英语、历史之后，

① Bernard Mehl, "The High School at the Turn of the Century: A Study of the Changes in the Aims and Programs of Public Secondary Education in the United States, 1890-1900" (PhD diss., Urbana: University of Illinois, 1954).

才能更好地去理解这些课程。此外，在十人委员会提出总的课程计划和4组课程计划的同时，美国一些地区的中学已经按照这种形式开始了各自学校课程的教学，这也在一定程度上说明委员会所建议的课程计划符合美国中学课程发展的整体趋势。例如，1895年，54%的中学生选修了代数，44%的学生选修了拉丁语，34%的学生选修了历史，32%的学生选修了修辞学，29%的学生选修了生理学，25%的学生选修了几何学，24%的学生选修了自然地理学，22%的学生选修了物理，11%的学生选修了德语，9%的学生选修了化学，7%的学生选修了法语，4%的学生选修了天文学，只有3%的学生选修了希腊语。[①] 从数据上可知，十人委员会所建议的四大类通识教育课程的选修比重都超过了5%，这也说明十人委员会对全国性中学课程基本状况的把握还是较为精准和科学的。

表 2-1 《十人委员会报告》的总课程计划表[②]

中等学校第一学年		中等学校第二学年	
拉丁语	5P.	拉丁语	4P.
英国文学,2P. 英语写作,2P.	4P.	希腊语	5P.
德语或法语	5P.	英国文学,2P. 英语写作,2P.	4P.
代数	4P.	德语（接上学期）	4P.
意大利、西班牙和法国历史	3P.	法语（初级）	5P.
实用地理（欧洲政治——大陆和海洋的植物群和动物群）	4P.	代数*，2P. 几何，2P.	4P.
	25P.	植物学或动物学	4P.
		英国史（至1688年）	3P.
			33P.
		*选择簿记和商业算数。	

① The United States Bureau of Education, *Report of the Commissioner of Education for the Year 1894-1895* (Washington, D. C. : Government Printing Office, 1896), pp. 23-25.

② NEA, *Report of the Committee of Ten on Secondary School Studies with the Reports of the Conferences Arranged by the Committee* (Knoxville: American Book Company, 1894), p. 41.

续表

中等学校第三学年		中等学校第四学年	
拉丁语	4P.	拉丁语	4P.
希腊语	4P.	希腊语	4P.
英国文学，2P. 英语写作，1P. 修辞学，1P.	4P.	英国文学，2P. 英语写作，1P. 修辞学，1P.	4P.
德语	4P.	德语	4P.
法语	4P.	法语	4P.
代数*，2P. 几何，2P.	4P.	三角学， 高等代数，	2P.
物理	4P.	化学	4P.
英国历史和美国历史	3P.	历史（集中的）和公民政府	3P.
天文学，3P.（第一学期） 气象学，3P.（第二学期）	3P.	地质学或自然地理学，4P.（第一学期） 解剖学、生理学、卫生学，4P.（第二学期）	4P.
	34P.		33P.
*选择簿记和商业算数。			

备注：P.（Period）代表着周课时量，下同。

表 2-2　《十人委员会报告》的 4 组课程计划表①

学年	古典 三门外语（一门是现代的）		拉丁语-科学 两门外语（一门是现代的）	
一	拉丁语	5P.	拉丁语	5P.
	英语	4P.	英语	4P.
	代数学	4P.	代数学	4P.
	历史	4P.	历史	4P.
	自然地理学	3P.	自然地理学	3P.
		20P.		20P.

① NEA, *Report of the Committee of Ten on Secondary School Studies with the Reports of the Conferences Arranged by the Committee* (Knoxville: American Book Company, 1894), pp. 46-47.

续表

二	拉丁语 ………… 5P. 英语 ………… 2P. *德语或法语初级 ………… 4P. 几何学 ………… 3P. 物理学 ………… 3P. 历史 ………… 3P. 20P.	拉丁语 ………… 5P. 英语 ………… 2P. 德语或法语初级 ………… 4P. 几何学 ………… 3P. 物理学 ………… 3P. 植物学或动物学 ………… 3P. 20P.
三	拉丁语 ………… 4P. *希腊语 ………… 5P. 英语 ………… 3P. 德语或法语 ………… 4P. 数学{几何学 2, 代数学 2} ………… 4P. 20P.	拉丁语 ………… 4P. 英语 ………… 3P. 德语或法语 ………… 4P. 数学{几何学 2, 代数学 2} ………… 4P. 天文学（半年）和气象学（半年） ………… 3P. 历史 ………… 2P. 20P.
四	拉丁语 ………… 4P. 希腊语 ………… 5P. 英语 ………… 2P. 德语或法语 ………… 3P. 化学 ………… 3P. {三角学和高等代数 或 历史} ………… 3P. 20P.	拉丁语 ………… 4P. 英语{古典 2, 现代 2} ………… 4P. 德语或法语 ………… 3P. 化学 ………… 3P. {三角学和高等代数 或 历史} ………… 3P. {地质学或地文学（半年） 和 解剖学、生理学、卫生学（半年）} ………… 3P. 20P.

* 有些学校或是认为教授希腊语比教授现代语言可能会更好，或是学校当地舆论或学校的历史希望学校用多种方式教授希腊语。在这些学校，希腊语可能会在古典计划的第二年被德语或法语取代。

表 2-3　《十人委员会报告》的 4 组课程计划表（续）

学年	现代语言 两门外语（一门是现代的）	英语 一门外语（古代的或现代的）
一	法语或德语初级 ………… 5P. 英语 ………… 4P. 代数学 ………… 4P. 历史 ………… 4P. 自然地理学 ………… 3P. 20P.	拉丁语或德语或法语 ………… 5P. 英语 ………… 4P. 代数学 ………… 4P. 历史 ………… 4P. 自然地理学 ………… 3P. 20P.
二	法语或德语 ………… 4P. 英语 ………… 2P. 德语或法语初级 ………… 5P. 几何学 ………… 3P. 物理学 ………… 3P. 植物学或动物学 ………… 3P. 20P.	拉丁语或德语或法语 ………… 5 或 4P. 英语 ………… 3 或 4P. 几何学 ………… 3P. 物理学 ………… 3P. 历史 ………… 3P. 植物学或动物学 ………… 3P. 20P.
三	法语或德语 ………… 4P. 英语 ………… 3P. 德语或法语 ………… 4P. 数学{代数 2 几何 2} ………… 4P. 天文学（半年）和气象学（半年）… ………… 3P. 历史 ………… 2P. 20P.	拉丁语或德语或法语 ………… 4P. 英语{普通 3 拓展 2} ………… 5P. 数学{代数 2 几何 2} ………… 4P. 天文学（半年）和气象学（半年）………… 3P. 历史{关于拉丁-科学 2 其他 2} ………… 4P. 20P.
四	法语或德语 ………… 3P. 英语{古典 2 现代 2} ………… 4P. 德语或法语 ………… 4P. 化学 ………… 3P. {三角学和高数 或 历史} ………… 3P. {地质学或自然地理学（半年） 和 解剖学、生理学、卫生学（半年）} ………… 3P. 20P.	拉丁语或德语或法语 ………… 4P. 英语{古典 2 现代 2} ………… 4P. 化学 ………… 3P. 三角学和高数 ………… 3P. 历史 ………… 3P. {地质学或自然地理学（半年） 和 解剖学、生理学、卫生学（半年）} ………… 3P. 20P.

二、古典课程与现代学术课程价值平等理念提出的历史意义

《十人委员会报告》对中学课程方案的设置、中学课程的学科教学、中学和大学之间的衔接关系等问题进行了阐述，一定程度上实现了课程的统一性，缓解了中学与大学之间的紧张关系，为当时正处在十字路口的中等教育照亮了道路，拉开了中等教育课程改革的大幕。报告发布之后，为了让更多的教育工作者及时了解报告的具体内容，哈里斯要求联邦教育署印制了 3 万份报告文本免费分发到联邦范围内的学校教师、学校管理委员会成员和其他关心教育事业发展的人士手里。与此同时，在报告的第一版文本发布后不久，全国教育协会又通过美国图书公司出版了报告的第二版文本。这一版与第一版的区别在于加上了主题索引目录，便于人们更好地查找感兴趣的主题内容。到 1901 年，又有 10 538 份报告售出，报告的出版总量达到了近 4 万份，这一销售量在当时是非常惊人的，因此有更多的人了解了这份报告的具体内容。[①] 除此之外，关于该报告的文章、评论和书评等也相继出现在当时的一些主流报纸、杂志和期刊中，如《大西洋月刊》《哈珀周刊》《纽约论坛报》《波士顿杂志》等，报告所产生的影响力及各种对该报告的讨论也随之而来。而所有关于该报告的讨论概述起来主要分为 4 个方面：第一，关于十人委员会成员和九大分课程委员会组成成员的资格与能力问题的讨论。第二，关于报告背后谁发挥着更大作用的讨论，这与第一个问题中关于委员会成员的构成有关联。例如，报告是出自中等教育专家之手，还是大学或学院的管理者们发挥着主导作用。第三，关于报告的哲学和心理学基础的讨论与评价。第四，关于报告中

---

① Edward A. Krug, *The Shaping of the American High School* (New York: Harper & Row, 1964), p. 67.

建议的课程计划与中学未来发展之间的关系。①

在《十人委员会报告》的重要性方面，哈里斯曾多次明确地表示："《十人委员会报告》是这个国家曾经发布的最重要的一份教育报告。"② 戴维斯·安格斯（Davis L. Angus）和杰弗里·米雷尔（Jeffrey E. Mirel）认为《十人委员会报告》是美国曾经出版的最为重要的一份教育报告，这份报告预示着教育研究人员和其他领域的学者们自此将开始他们关于课程改革的争论。他们同时指出，一些对《十人委员会报告》提出批评的研究者主要是认为这份报告未能考虑到那些虽进入中学读书却在中途大量辍学学生的利益，大量学生在中学的不同阶段辍学主要是因为他们对学校课程的不满意。然而，正是由于十人委员会强烈地认为所有学生都应该选修这些所谓的"学术型"课程，一些反对者在后来慢慢地将十人委员会所坚持的这种课程观窄化为一个格言，即"适合大学入学需求的课程也同样适合人们以后的社会生活"③。克鲁格指出："自《十人委员会报告》发布以来，关于该报告的讨论铺天盖地而来。不但在中等教育领域大家讨论这个报告，而且几乎整个教育领域都在讨论这个报告。1894—1905 年，几乎每一个与教育主题相关的条款或文件都会涉及这个报告，要么与这个报告进行对比，要么与这个报告相区分。"④ 托马斯·布里格斯（Thomas H. Briggs）指出："《十人委员会报告》对中等教育的改革与发展产生了重要的影响，阅

① Bernard Mehl, "The High School at the Turn of the Century: A Study of the Changes in the Aims and Programs of Public Secondary Education in the United States, 1890-1900" (PhD diss., Urbana: University of Illinois, 1954).

② Allan M. West, *The National Education Association: The Power Base for Education* (New York: The Free Press, 1980), p. 7.

③ Davis L. Angus and Jeffery E. Mirel, *The Failed Promise of the American High School, 1890-1995* (New York: Teachers College Press, Columbia University, 1999), pp. 8-10.

④ Edward A. Krug, *The Shaping of the American High School* (New York: Harper & Row, 1964), p. 66.

读任何一个分课程委员会提交的报告都能感受到中等教育在过去 40 年里取得的进步。此外，这份报告为接下来中学的快速发展指明了方向，也为接下来全国教育协会成立其他委员会继续讨论课程和中学教学，进而形成更符合社会需求的课程计划提供了指南。”① 与此同时，十人委员会开创了全国教育协会通过拨付专款用于支持一些专门的委员会对一些重要的教育问题进行调查的先例，也反映了全国教育协会在推动教育发展与变革过程中发挥的重要作用。② 弗雷德里克·伊比（Frederick Eby）指出，埃利奥特于 1888 年发表了关于《学校课程能够缩减并丰富吗》的报告之后，全国教育协会于 1892 年任命成立以他为主席的十人委员会，专门调查和研究中等教育的组织和课程，并发布了美国教育史上曾经出版的最具有历史意义的改革报告，同时导致了中学原有的课程结构发生了根本性的改变。③ 戴安·拉维奇（Diane Ravitch）也指出：“在全国教育协会成立十人委员会专门为成千上万的学校和大学提供解决办法的意见建议之前，美国还没有任何一个全国性的教育组织做出此类努力。十人委员会作为美国教育领域里第一个最好的专业委员会来对学校的相关问题进行调查研究，也吸引了当时最出名的两位自由教育的提倡者加入其中，他们分别为哈佛大学校长埃利奥特和美国教育专员哈里斯。委员会成员还包含了另外 4 所大学的校长、3 所中学的校长和 1 位大学教授。在这些成员中，埃利奥特和哈

① Thomas H. Briggs, “The Committee of Ten,” *Junior-Senior High School Clearing House* 6, No. 3(1931): 136-140.

② James M. Green, “The Duty of the National Educational Association in Shaping Public Educational Opinion,” in *The Journal of Proceedings and Addresses of the National Educational Association: Session of the Year 1901* (Chicago: The University of Chicago Press, 1901), p. 65.

③ Frederick Eby, *The Development of Modern Education in Theory, Organization, and Practice* (New York: Prentice-Hall, 1934), p. 884.

里斯都是较为出名的、现代课程的积极提倡者。”① 巴特勒作为当时《教育评论》的编辑，自从十人委员会建立之后，开始全力支持这个委员会的工作。在报告发布之后，巴特勒主编的杂志至少出版了14篇关于该报告的文章或一些评论性文章，作者包括埃利奥特、哈里斯和德加谟等。此外，巴特勒还在《哈珀周刊》上发表了两篇赞誉十人委员会及其报告的文章。在后一篇文章中，巴特勒指出，这份报告在欧洲的受欢迎程度就像在美国一样，受到大家的普遍认可。② 密西西比州教师协会的理查德·琼斯（Richard W. Jones）指出：“《十人委员会报告》不仅在美国本土对学校教师和管理者产生了重要影响，而且对所有文明的国家都产生了重要影响，世界各地也普遍将这份报告视为教育领域里的一部经典报告。”③ 约翰·拉蒂默（John F. Latimer）指出：“《十人委员会报告》在中学课程改革史上起到的作用不仅仅是一个‘蓝图’式的课程改革文本，更是美国教育史上曾经发布的、影响最为深远、最具有实践性和民主性的教育哲学报告。说这份报告最为深远，是因为这份报告从当时已经过时和陈旧的课程理论中穿透出来，在20世纪的曙光刚刚来临之际提出了满足个人需求和民主社会需要的新的课程原则；说这份报告是最实践的课程报告，是因为报告中提供了课程设置方案，不同中学可以根据学校规模的大小有选择性地接受不同的课程计划；说这份报告是最民主的报告，是因为这份报告对那些选择升学或不升学的学生来说，在教育的受益上未进行任何的区分。”《十人委员会报告》体现的哲学思想几乎影响了接下来30年的中等教育发展，但其对

① Diane Ravitch, *Left Back: A Century of Failed School Reforms* (New York: Simon and Schuster, 2000), p. 41.

② Nicholas Murray Butler, “The Reform of High-School Education,” *Harper's Weekly* 1, No. 13(1984): 42.

③ Richard W. Jones, “Our Proposed New Requirements for Admission to Colleges,” *The School Review* 9, No. 2(1910): 106.

中等教育领域影响最大的时间段则是 1893 年到 1910 年。这段时间，《十人委员会报告》深深地影响着整个美国中等教育的发展。[①]

在《十人委员会报告》提出的关于中学古典课程与现代学术课程价值平等的理念方面，克里巴德指出："事实上，《十人委员会报告》建议的课程计划在 19 世纪末期代表着一种与传统的古典课程适度分离的课程发展观。在《十人委员会报告》建议的 4 组课程计划中，希腊语的学习仅仅限制在古典课程计划中，即使在古典课程计划中，所修读的年数总量也由以往的 3 年减少到 2 年。而 4 组课程计划中的另外两组课程计划，即现代语和英语课程计划，没有任何的拉丁语需求。但是，委员会表示古典和拉丁-科学课程在某种程度上的重要性要高于现代语言和英语课程。之所以这样说，不是因为前两种课程在本质上好于后两种，而是因为前两种课程计划经过多年的发展已经相对较为完善，而且训练有素的教师也十分充足。委员会也希望通过提供这 4 组平等的课程计划能够使现代学术课程与古典课程在价值理念上逐渐平等起来，即使在实践中无法实现平等，至少也在课程选修原则和理念上平等起来。委员会拒绝妥协的地方主要是因为他们依据了人文主义中强调的教育理念，即自由教育对所有人都应该是一样的原则。"[②] 克里巴德进一步指出："从本质上来讲，这 4 组课程计划基本上都是学术课程。而这一时期新出现的一些课程，如手工训练课程和商业课程等都被排除在这 4 组课程计划之外，而且这 4 组课程很清晰地反映了当时大学通过入学需求对中学进行控制的严格程度。"[③] 达顿指出："课程的相对价值

---

① John F. Latimer, *What's Happened to Our High School?* (Washington, D. C.: Public Affairs Press, 1958), pp. 116-117.

② Herbert M. Kliebard, *The Struggle for the American Curriculum: 1893-1958 (third edition)* (New York: RoutledgeFalmer, 2004), p. 14.

③ Herbert M. Kliebard, "The Cardinal Principles as Archeological Deposit," *Curriculum Studies* 3, No. 2 (1995): 198-199.

是很难有一个明确的定论，很明显，课程的教育价值在很大程度上取决于它的有用性，这种有用性比课程本身所包含的具体内容更重要。就达顿而言，他非常支持《十人委员会报告》中表达的课程观点。这种观点就是学校里一些像英语、物理、历史这些现代学术型课程在课程的价值与地位上应该被赋予与拉丁语、希腊语、数学这些古典课程同样的价值和分量。”①

此外，从《十人委员会报告》中关于九大学科的分类列表中，也可以看出他们既重视古典课程，也重视现代学术课程。委员会将拉丁语和希腊语作为两个独立的委员会建立起来，而将法语和德语统一归到其他现代语言委员会中，足以说明当时拉丁语和希腊语在中学里具有的威望和声誉。然而，十人委员会也完全接受和认可现代学术型课程，说明了他们想改变中学课程的主观意念和实际行动。埃德温·蒙哥森（Edwin F. Mengersen）指出：“十人委员会实施了美国中等教育史上的第一次全国性的课程调查，并依据所有课程具有平等价值的理论假设，发布了影响深远的《十人委员会报告》。”②《十人委员会报告》提出的现代学术课程与古典课程具有同等价值的观点与埃利奥特秉承的一种新的自由教育的价值理念息息相关，这种新的自由教育认为传统的课程理念应该将一些现代课程包含进去。埃利奥特非常支持选修制度的推广和应用，而选修制的核心就是认可不同课程之间的平等价值。因此，埃利奥特极其反对那种认为传统课程价值更高，拉丁语、希腊语和数学具有至高无上课程地位的教育理念。与此同时，这种传统的古典课程与英语、现代语言、社会科学和自然科学等现代课程没有任何关系。19 世纪 90 年代，无数的教育者认为传统的课程具有更重

---

① Samuel E. Dutton, *Social Phases of Education in the School and the Home* (New York: The Macmillan Company, 1907), p. 114.

② Edwin Fred Mengersen, "The Quantitative Standardization of Secondary Education, 1890-1910" (PhD diss., Washington University, 1959).

要的价值，这主要受当时教育思想的影响，因为这一时期形式训练的理论依然占据着人们思想的主导地位。但埃利奥特并没有盲目地接受和顺从这种理念，他已经开始意识到这种全凭器官训练和记忆学习的抑制作用，他认为只有在依靠科学的调查和与个体差异相一致的基础上进行的思想训练和判断力训练才是最科学和有效的。① 因此，埃利奥特多次宣称，在有条理的组织课程和认真的教授之下，大学在制定入学需求时，应该赋予这些课程同等的学科地位。埃利奥特的这一观点得到了很多人的支持和赞同，十人委员会成员之一的詹姆斯·泰勒就发文指出，强调"所有学科的学习都具有同等的教育价值"是报告的六大根本原则之一。② 克雷明指出："十人委员会在报告中坚持课程价值平等的原则，这种努力调和了长期以来关于语言与古典课程和自然与社会课程之间谁优谁劣的争论，提出这种原则本身就向前迈出了了不起的一大步。"③ 詹姆斯·贝克也指出，如果各门课程得以认真教授的话，所有课程都将具有同等的价值。与此同时，十人委员会在为统一中学课程计划做出努力与尝试。首先，他们建议中学应停止增加短期课程到中学课程计划中去，因为这些短期课程会将那些传承已久的传统科目挤出中学课程计划。同时，十人委员会还建议大学和学院停止增加一些新的大学入学需求科目，主要是因为大学每增加一个新的学士学位时，都会增加许多新的大学入学科目。此外，十人委员会还坚定地宣称所有学生都应该认真地修读中学里那些核心的学术课程。总而言之，《十人委员会报告》既是第一个要求中学课程应该由专业的

---

① Bernard Mehl, "The High School at the Turn of the Century: A Study of the Changes in the Aims and Programs of Public Secondary Education in the United States, 1890-1900" (PhD diss., Urbana: University of Illinois, 1954).

② James M. Taylor, "The Report of the Committee of Ten," *The School Review* 2, No. 4 (1894): 193-199.

③ Lawrence A. Cremin, "The Revolution in American Secondary Education, 1893-1918," *Teachers College Record* 56, No. 6 (1955): 297.

教育家进行设计而不是由外行的委员会管理的报告，也是第一份呼吁建立全国统一的中学课程标准的报告。①

然而，《十人委员会报告》产生于一个心智训练理论受到批判性审视的年代，官能心理学逐渐衰落，新的心理学初露锋芒，中学教育的改革者们已开始关注赫尔巴特教育心理学在中学的应用。② 十人委员会的组成成员虽都是当时美国教育界的知名人物，但整个委员会背后最大的驱动力是委员会的主席埃利奥特，埃利奥特在当时被誉为教育界的一个全国性的领导者（national leader）。十人委员会成员中唯一真正代表公立中学的奥斯卡·罗宾逊在报告发布之后指出："报告在形成与发布的过程中，除委员会一些常规会议工作之外，其他工作都主要由埃利奥特完成。"③ 在保罗·汉诺斯看来，不管是委员会的工作，还是最后发布的报告，其实就是努力地将埃利奥特想要在中等教育领域实施的关于丰富（enrich）和统一（unify）的中学课程改革思想实施开来。④ 从报告中提供的 4 组课程计划我们还可以看出，委员会的绝大多数成员依然认为通过学习这些古典课程，尤其是希腊文和拉丁文，学生是可以达到心智训练的目的的，这种思想的存在既与执笔人埃利奥特极力支持官能心理学有关，更与十人委员会的成员绝大多数都是智力训练的支持者有关。然而，也正是这 4 组令委员会较为满意的课程计划，成了后来人们攻击和评判的主要目标。这一方面是因为人们已经大力呼吁在中学开设手工训练和其他一些实践性学科，但最后呈现的 4

---

① Davis L. Angus and Jeffrey E. Mirel, *The Failed Promise of the American High School, 1890-1995* (New York: Teachers College Press, Columbia University, 1999), p. 10.

② 丹尼尔·坦纳、劳雷尔·坦纳：《学校课程史》，崔允漷等译，教育科学出版社，2006，第 78—79 页。

③ Oscar D. Robinson, "The Work of the Committee of Ten," *The School Review* 2, No. 6 (1894): 366.

④ Paul H. Hanus, *Adventuring in Education* (Cambridge, Massachusetts: Harvard University Press, 1937), p. 151.

组课程计划并没有将人们的呼吁体现出来；另一方面是因为没有任何关于这些学科的分课程委员会成立或推荐将这些学科列入后来发布的中学课程计划中。[①] 朱利叶斯·萨克斯（Julius Sachs）在《从大学预备学校的角度看〈十人委员会报告〉》一文中就反对《十人委员会报告》提出的各门学科具有同等的心智训练价值，应同等分配课时的观点。他认为不同学科具有不同的心智训练价值，应被分配以不同的课时量，如分配给德语课程的时间要少一些，而希腊语课程学习的时间要多一些。此外，他还强调历史学习的重要性，认为总报告和历史分会报告都没有充分认识到这一点。[②] 报告中之所以未将音乐、艺术、绘画、演说、体育和实用性学科作为课程的一部分，也是源于他们认为这些学科没有心智训练的价值。随着 20 世纪初中学入学人数的增多，那些支持为无法接受高等教育的学生寻求选择性课程的学者们与那些支持学术型学科的学者们在课程改革理念上渐行渐远，这一结果导致了教育体制逐步出现分层现象，并使外来移民、本地少数民族和低收入家庭的孩子逐步失去了享有学术训练的机会。[③]

第三节　《十人委员会报告》在各州的推广与应用

《十人委员会报告》发布之后，有些州和城市对报告建议的课程计划采取了全盘接受或部分接受的形式进行回应。例如，在美国南部，许多州直接采用或部分采用了十人委员会建议的课程计划，肯塔基州、

---

① Edward A. Krug, *The Shaping of the American High School* (New York: Harper & Row, 1964), p. 60.

② Julius Sachs, "Report of the Committee of Ten: From the Point of View of the College Preparatory School," *Educational Review* 8, No. 6(1894): 75-83.

③ 约瑟夫·沃特拉斯：《20 世纪美国教育中的哲学冲突》，王璞等译，安徽教育出版社，2011，第 14 页。

密西西比州和密苏里州就是其中较为典型的代表；有些州和城市虽然接受和认可了委员会报告中建议的4组课程计划，但由于学校规模的有限性和师资水平的差异性，他们往往只选择其中的1组或2组课程计划作为学校课程设置的标准和范本；有些州虽然没有在州层面发表是否按照十人委员会所建议的课程计划改革州内中学课程的意见，但州内的许多城市和学区主动地回应了报告中建议的计划，先行一步在自己学校进行了尝试，这既与美国中学教育由学区负责有关，也与有些经常参加全国教育协会年会且具有改革思想的校长和督学的引领相关；有些城市和学区的中学，虽然没有严格按照十人委员会报告所建议的课程计划来调整自己学校的课程，但却执行和实施了报告中的一些重要的指导思想和课程改革精神，例如在中学的前两年加强学生的通识教育，州范围内的中学或者市范围内的中学的课程前两年应该相一致，以及加强中学与大学之间的衔接关系，等等。此外，十人委员会所列举的课程类型有些其实已经在联邦的不同地区和城市开展开来。

一、中学学术型课程在各州的推广和应用

在各州践行和推广《十人委员会报告》中暗含的一些课程改革精神方面，很多参加全国教育协会督学分部的督学们、州教师协会的领导者们和一些具有改革精神的校长们走在了最前列。在密西西比州，报告发布后不久，密西西比州教师协会专门成立了一个“十人委员会”，讨论如何对十人委员会发布的报告进行衔接和推广。在密西西比州教师协会成立的这个十人委员会中，来自公立中学的管理者占了绝大部分，其中有8人来自公立学校，1人来自学院，还有1人来自大学。这个委员会根据1893年《十人委员会报告》中的中学课程开设建议，制订了符合南部州特色的课程改革计划，包含了公立中学3年的课程设置计划，最终得到了州教师协会的采纳和大学的同意，成了大学

入学需求的基础。这个尝试也是密西西比州第一次通过教育组织的努力实现中学课程在州内的统一，对中学和大学来说都具有十分重要的意义；对中学教师来说，更加明确了他们需要完成的工作，增强了他们工作的信心。[①] 在加利福尼亚州，州公共教学督学塞缪尔·布莱克（Samuel T. Black）在 1895—1896 年的州学校发展报告中指出，在过去的 5 年里，州的教育事业取得了巨大进步。其中，在中等教育方面，公立中学的地位得以逐渐提升，学生在完成中学的所有课程后，就可以将其作为升入大学的条件。这一结论的得出，充分体现了《十人委员会报告》中倡导的进一步改善中学与大学之间关系、统一大学入学需求的基本精神。在西弗吉尼亚州，州学校督学维吉尔·刘易斯（Virgil A. Lewis）在 1896 年的年度报告中指出，西弗吉尼亚州的教育协会支持州内所有中学在前两年的学习时间里开设统一课程的决议，这一决议跟《十人委员会报告》中建议的所有学生在中学的前两年应该接受统一的通识教育的建议相吻合。在密苏里州，州学校督学约翰·柯克（John R. Kirk）在 1895 年的学校报告中高度肯定了大学在处理好中学与大学之间衔接关系方面所付诸的努力与行动，这种行动也是《十人委员会报告》中力荐的一种改革举措；在内布拉斯加州，《十人委员会报告》倡导的课程改革理念在该州中学的课程改革中扮演着十分重要的角色。1895 年，在《十人委员会报告》的影响下，内布拉斯加州要求州内的中学生逐渐停止选修高级算术课程，而开始修读较为容易的代数。1902 年，州教育部建议校长和督学们在设置中学课程时，能够将中学课程的广度和对称性与课程的授课深度结合起来，保持二者之间的协调性。同时，州公共教学部也努力按照十人委员会设计的课程标准在州内开展相关课程的教学工作，强调应该加强英语、数学、历

① Richard W. Jones, "Our Proposed New Requirements for Admission to Colleges," *The School Review* 9, No. 2(1901): 106.

史和科学等课程的教学，而另外一些关于语言方面的课程应该逐渐减轻课程设置比重。在俄亥俄州的哥伦布市，1895 年，该市开设了 3 种中学平行课程，分别为四年制课程、四年制压缩到三年制课程、商业课程。四年制课程包括大学预备课程、完全中学课程和商业课程。从表面上看，这些课程计划跟十人委员会建议的 4 组课程计划没有多大关联，《十人委员会报告》中没有包含一个单列的商业课程，而这种课程却出现在哥伦布市的中学课程计划中。然而，这个商业课程其实跟十人委员会建议的 4 组课程计划中的英语课程只有一点点的差异性。选择商业课程的学生需要选择英语、代数、几何、三角学、历史、物理、化学、公民政府、生理学，以及一些严格规定的商业课程。在商业课程计划中，除了不要求再选修一门外语之外，其余的课程基本上就是按照《十人委员会报告》建议的通识教育课程的开设要求进行设计的。哥伦布市几乎所有的中学在设置学校课程时，都或多或少地将英语、现代语言、数学、历史和科学等学术型课程包含进课程计划里。尽管在 1895 年之前不同中学之间的课程计划在细节上有一点区别，但在 1895 年之后，在中学里开设通识教育课程的趋势已经变成了中学里课程改革的主要方向。①

在《十人委员会报告》发布的 9 个月后，在联邦教育署开展的 1894—1895 年的中学课程调查中，委员会建议的修辞学（Rhetoric）及另外 3 个属于科学课程领域的课程第一次出现在中学课程的调查列表中。1897—1898 年，除了这 3 门课程之外，委员会建议的另外所有课程都可以在不同中学的课程列表中找到。② 另外，在联邦教育署 1893—

① Bernard Mehl, "The High School at the Turn of the Century: A Study of the Changes in the Aims and Programs of Public Secondary Education in the United States, 1890-1900" (PhD diss., University of Illinois, 1954).

② John F. Latimer, *What's Happened to Our High School?* (Washington, D. C.: Public Affairs Press, 1958), p. 68.

1894年的年度报告中，中学课程计划中开始出现《十人委员会报告》中建议的商业课程及该课程的选修情况。在该年度联邦教育署的中学课程选修情况报告中，这一年选修商业课程的学生占比达到了5.2%。到1900年，接近22%的中学生选修了商业课程，有4种商业课程在中学里开设，分别为商业课程概论、簿记、商业法、经济地理。在这4种课程中，簿记是选修人数最多的一种课程。到1900年，有2893所公立中学报告其学校开设了商业课程，而这一年公立中学的总数为6005所，接近一半的公立中学在这一年开设了商业课程。到1905年，开设商业课程的公立中学数量达到了3500所，超过26%的公立中学学生选修了上述4种不同的商业课程。到1910年，公立中学开设商业课程的总数降到了1440所，仅仅有11%的学生选修了商业课程。而1910年以后，开设商业课程的学校数量慢慢地呈螺旋式增长。到1922年，有超过5000所公立中学开设了簿记课程。①

1906年，埃德温·德克斯特（Edwin G. Dexter）对《十人委员会报告》发布之后的10年间所产生的影响进行了调研。他对比了1894年和1904年这两个时间段里，《十人委员会报告》对他所调查到的中学课程产生的影响。他在1894年选取了美国一些主要大城市里的80所中学作为研究的基础，在之后的10年里对这80所（35所在东部、25所在中西部、南部和远西部各10所）中学的课程改革情况进行了跟踪调查，同时在1904年将调查的中学数量从原来的80所增加到160所（49所在东部、46所在中西部、30所在南部、35所在远西部）。德克斯特将搜集到的数据进行整理和分类之后，又向所调查学校追加了两个方面的问题：学校教师在多大程度上接受了十人委员会建议的课程计划？在接受这个课程计划之后，学校和教师是否能够按照委员会报告中建

① John F. Latimer, *What's Happened to Our High School?* (Washington, D. C.: Public Affairs Press, 1958), pp. 36-37.

议的课程分配比重和教学时长去安排课程?通过对比1894年和1904年调查到的学校课程开设情况的数据之后,德克斯特对所调查学校推行《十人委员会报告》的效果感到有些失望。他认为《十人委员会报告》看起来并没有对这些学校产生太多直接的影响。[①] 德克斯特的研究结论难免有点过于主观化,如果在他所调查的80所中学里未发现任何中学按照《十人委员会报告》所建议的课程计划来变革自己学校课程的话,我们尚且可以说《十人委员会报告》对中学的影响极其微小。然而,他只是在对所调查到的学校进行数据分析时,未发现有大量的学校严格按照十人委员会所设计的课程计划调整自己学校的课程方向,这也只能说他们没有全部或整体上采纳《十人委员会报告》中提出的课程计划,而不能说没有影响。

1894年,芝加哥市学校督学艾伯特·莱恩(Albert G. Lane)指出:"很高兴能够得知我们所在城市的学校课程计划能够完全地跟十人委员会所建议的课程计划相一致。"1897年,汉纳·克拉克(Hannah B. Clark)在对芝加哥市公立中学课程进行调查后指出:"芝加哥市的公立中学一直以来都没有去追寻一些孤立的课程计划,而是紧跟着全国范围内具有较大影响力的课程发展模式的步伐并做出积极的回应。之所以能够紧跟全国范围内具有影响力的课程发展趋势,主要是因为芝加哥市教育委员会的主任们在每个阶段都能够非常机智地选取他们所需要的课程模式。《十人委员会报告》发布之后,在报告巨大影响力的推动和驱使之下,芝加哥市采纳了报告中建议的课程计划,这些课程计划的重要性和科学性也得到了中学的认可。"[②]

在罗得岛州,1899年罗得岛州的学校督学在年度报告中指出:"在

---

① Edwin G. Dexter,"Ten Years' Influence of the Report of the Committee of Ten," *The School Review* 14,No. 4(1906):254-269.

② Hannah B. Clark,*The Public Schools of Chicago:A Sociological Study*(Chicago: The University of Chicago Press,1897),pp. 80-81.

对罗得岛州的中学课程计划与《十人委员会报告》中建议的课程计划进行对比后发现，《十人委员会报告》建议的课程计划在本州实施的状况是十分理想的，而委员会建议中的英语课程在本州的实施情况可以说是比理想的还要理想。进一步地说，这里有一个很明显的发展趋势就是《十人委员会报告》中建议的课程计划正在被州内的中学采纳，报告中建议的4组课程计划也正在对罗得岛州的中学课程改革发挥着主导作用。”在马萨诸塞州的新贝德福德市，该市的学校督学威廉·哈奇（William E. Hatch）在1894年的学校年度报告中指出，新贝德福德中学采纳了《十人委员会报告》中建议的课程计划。明尼苏达州圣保罗市的学术中学，在1900年，有大学预备、通识教育和英语这三类平行课程。在这所学校的第一学年里，除了在英语课程里可以选修簿记或绘画，在通识教育课程里可以选择拉丁语、法语或德语，其余的课程基本上都是一样的。在这三类平行课程里，每一组课程都包含代数、英语和通史。在中学的第二年，通识教育和英语这两类课程的组成内容基本一致，唯一有点区别的就是在英语课程里可以用绘画和自然地理替换外国语课程。大学预备课程在第二年提供代数、几何、英语，与其他两个课程相区别的就是大学预备课程没有开设科学课程。这种趋势持续到了第三学年和第四学年，在第三学年，物理课程成了3组课程中的一个组成部分。这种整体的课程发展趋势也成为其他中学效仿的榜样。伊利诺伊州的迪凯特，在1898年开设了4种平行课程，分别为英语、古典、拉丁和科学，这4种平行课程跟该地区1893年的课程类型基本一致。在《十人委员会报告》的影响下，除了在英语课程里没有要求选修一门外国语之外，这4种平行课程在中学的前两年所有课程基本一致。事实上，这4组课程最主要的区别就是对语言的不同需求。在美国的远西部地区，在犹他州的奥格登市，在《十人委员会报告》的影响下，中学逐渐通过开设包含英语、科学、历史的通识教育课程平衡不同学生之间的课程需求。1902年，古典课程中至少有1年的科学、4 年的英语、1 年的历史、4 年的拉丁语和至少 2 年的数学。在古典课程的第三年，可以通过选择德语、法语和化学代替数学课程。①

通过对上述不同州和城市的中学课程计划进行介绍和分析后可知，《十人委员会报告》发布之后，委员会工作之初想在全国范围内努力实现统一中学课程的工作目标在后期的中学课程改革实践中显得并不明显。但是，《十人委员会报告》中倡导的课程改革精神和理念得到了很多州和学校的支持和采纳。例如，1902 年 7 月，印第安纳州的教育委员会采纳了州中学委员会提交的关于修改中学课程计划的报告。教育委员会之所以采纳州中学课程委员会提交的报告，是因为这份报告跟十人委员会表达的课程改革理念相近。修改后的中学课程计划包含了通识教育课程的核心科目，这些核心科目成了任何一所中等学校课程计划的基础。这些核心科目为语言（现代和古代）、历史（包括社会科学）、科学、英语，而且支持选修制度。1902 年，印第安纳州教育委员会在报告中指出，委员会所期望的一些课程应该包含能够在中学的 4 年里一直都开设的一些科目，而不是有很多种课程类型，但每种课程只开设很短的时间。印第安纳州教育委员会在年度报告中通过使用这样的课程需求将《十人委员会报告》中的精神贯彻到中学课程的改革中。

二、中学学术型课程在州的应用实例

《十人委员会报告》作为美国历史上最重要的教育报告之一，所倡导的通识教育理念，以及 4 组具有代表性的课程计划，都极大地推动了 1895 年以后美国中学课程的改革。在其影响下，美国中学课程呈现了

① Bernard Mehl, "The High School at the Turn of the Century: A Study of the Changes in the Aims and Programs of Public Secondary Education in the United States, 1890-1900" (PhD diss., University of Illinois, 1954).

四大主要发展趋势：第一，中学原有的课程模式在一段时间内还将继续存在，这种趋势就是在任何一所中学里的不同课程计划之间相似性较大，很多课程都是一样的。第二，美国中学里的很多课程在细节上仍存在着巨大的差异性。虽然《十人委员会报告》强调中学课程的统一性，但这种努力很难在较短时间里实现。斯托特开展的一项关于中北部各州 40 所中学在 1900 年之前课程设置状况的调研指出："1891—1895 年，这 40 所中学有 73 种单独的或者说具有明显区分度的课程，同时没有任何一所学校能够全部列出这 73 种课程，这些课程都散布在不同的中学里。这 40 所中学，有 28 所提供 3 年或 3 年以上的数学课程，有 38 所提供 3 年或 3 年以上的科学课程，有 11 所提供 3 年或 3 年以上的社会课程，有 17 所提供 3 年及 3 年以上的英语课程。而 1896—1900 年，只有 22 所中学提供 3 年或 3 年以上的数学课程，有 30 所中学提供 3 年或 3 年以上的科学课程，有 13 所中学提供 3 年或 3 年以上的社会课程，有 28 所中学提供 3 年及 3 年以上的英语课程。"① 在对斯托特提供的 1891—1895 年和 1896—1900 年这两个时间段中北部各州中学的课程设置状况进行比较后，我们可以推断美国这一时期中学课程发展的第三个趋势，越来越多的中学开始将课程设置重点放在一些新的教学科目上，如英语、科学和社会课程等。与此同时，我们也可以预见到美国中学将持续重视这些新课程的教学，如历史、科学和英语等。这种趋势不是说在 1890 年之前，这些科目不存在于这些中学里，只是说当时中学囿于时代环境，未能重视这些新课程，而将重点放在那些专为升学服务的古典课程上了。最后一个趋势就是在 1896—1900 年，一些中学开始使用选修制来灵活地提供课程计划，或者允许学生跨平行课程选择一些自己喜欢的科目。这种趋势在 1899 年大学入学需

① John Elbert Stout, *The Development of High-School Curriculum in the North Central States From 1860 to 1918* (Chicago: The University of Chicago Press, 1921), pp. 67-89.

求委员会提倡在中学里使用选修制度以后，受到的欢迎程度越来越高。然而，由于中学管理者担心选修制度会打乱中学的课程计划，因此愿意按照十人委员会所建议的课程理念，要求所有中学生在第一年，有的中学要求在前两年，都必须按照学校的要求去修读那些规定的通识教育课程。在之后的第三年或第四年，再根据自己的兴趣和能力去选修专业化的课程，这种要求对于不同去向的学生都是一样的。在这样的课程趋势指引之下，即使那些在中学一年级或二年级辍学的学生，也能够通过在校那段时间里学习到的一些通识教育知识为成为社区里的合格公民做最好的准备。此外，《十人委员会报告》中强调的课程价值平等的理念也充分地体现在中学所开设的越来越多的新课程中。

然而，由于各州和不同城市自身特有的情况，它们对《十人委员会报告》的采纳程度和支持情况很难用一个较为具体的词汇来概述，我们只能说有些州基本上按照《十人委员会报告》中的课程样本制定了适合本州发展的中学课程，有些条件较好的城市按照报告中的要求进行了课程方案的调整与分类，有些中学严格按照报告中的要求提供了一组或两组与报告中相同的课程计划。在具体的应用上，密苏里州是其中具有代表性的地区。

《十人委员会报告》发布之后，密苏里州教师协会（the State Teachers' Association of Missouri）及时进行了报告的宣传与解读，并成立专门的委员会对该州如何推广和应用《十人委员会报告》进行了调查研究，在参照《十人委员会报告》中列举的 4 组平行课程的基础之上，设计了密苏里州中学课程改革的 4 组平行课程，分别为英语课程、现代语言与科学课程、拉丁语和科学课程、古典课程，具体课程分配情况见表 2-4。与此同时，这个委员会考虑到州内不同城市和中学发展的差异性，以及不同学校师资力量的不均衡性，对课程的开设要求进行了意见补充，具体如下：

其一，如果中学只有一个教师，这个学校只需要按照课程 1 中规定的第一学年和第二学年的课程进行教学，其余的课程可以自主安排。

其二，不超过 2 个教师的学校，应该仅仅将课程限定在课程 1 规定的前 3 年的课程名称上，其余的课程可自主安排。

其三，只有 3 个教师的学校，应该按照课程 1 中规定的 4 年的课程内容进行教学，或者按照课程 1 和课程 3 中的前 3 年课程内容安排教学。

其四，只有 4 个教师的中学，开设的平行课程应该不超过 4 组平行课程中的 2 组，至于提供哪两组，由学校自主决定。

其五，有 5 个或 5 个以上教师的中学，可以开设表 2-4 中列出的所有 4 组课程。

表 2-4　密苏里州中等学校平行课程列表①

学年	课程 1	课程 2	课程 3	课程 4
	英语	现代语与科学	拉丁语和科学	古典
第一学年	英语	英语	英语	英语
	代数	代数	代数	代数
	动物学	动物学	拉丁语	拉丁语
	希腊史与罗马史	希腊史与罗马史	希腊史与罗马史	希腊史与罗马史
第二学年	英语	英语	英语	英语
	代数	代数	代数	代数
	植物学 或 自然地理学	植物学 或 自然地理学	拉丁语	拉丁语
	英国历史与公民政府 或 现代史 或 美国历史与公民政府	英国历史与公民政府 或 现代史 或 美国历史与公民政府	英国历史与公民政府 或 现代史 或 美国历史与公民政府	英国历史与公民政府 或 现代史 或 美国历史与公民政府

① The State Teachers' Association of Missouri, "Report of the Committee of the State Teachers' Association of Missouri," *The School Review* 4, No. 12(1896): 547.

续表

学年	课程 1	课程 2	课程 3	课程 4
	英语	现代语与科学	拉丁语和科学	古典
第三学年	英语	英语	英语	英语
	几何	几何	几何	几何
	物理	物理	物理	拉丁语
	现代史 或 英国历史与公民政府 或 美国历史与公民政府	德语 或 法语	拉丁语	希腊语
第四学年	英语	英语	英语	英语
	化学	化学	化学	物理
	立体几何与三角学	德语 或 法语	拉丁语	拉丁语
	复习 或 选修课程	复习 或 选修课程	复习 或 选修课程	希腊语

密苏里州教师协会成立的这个中等教育委员会除对不同师资力量配备的学校开设什么样的平行课程进行补充性说明之外，还对平行课程里具体课程的开设方式与修读要求提供了参考建议，具体表述如下：

其一，在统一课程标准的驱动下，拉丁语的发音方法应该采用罗马的方法，足够多的发音数量是我们大力鼓励和提倡的。在教授希腊语发音的过程中，应该结合希腊语的重音符号和元音的数量去练习，这个要求跟十人委员会下属的希腊语分会制定的希腊语学习要求是一致的。

其二，中学的图书馆在满足学生一般性阅读的同时，应该被用来作为一个实验室学习历史、文学和语言。规模较大的学校应该提供适合和足够多的阅读空间，同时雇佣称职的图书管理员更好地帮助孩子阅读和开展学术研究。在这样一个图书馆里列出的参考读物应该是学校正常教学的一个部分，尤其是在历史和文学课程的教学方面。

其三，在历史课程的教学中，要求学生绘制历史课上涉及国家的地图是十分有价值的，这样可以更好地帮助学生了解所学到的民族及民族的历史。

其四，在实验室进行的教学与学习工作应该在教师的监督和指导下进行，但是具体的实验室工作需要学生自己独立完成。实验室的工作笔记与记录应该按照时间发展顺序进行记录，这种记录代表了每位学生自己试验和观察所进行的每一个步骤，可以非常清晰和公平地看到学生到底做了多少工作。

其五，中学教师在工作的过程中，委员会认为教师每天的工作量最多不超过 7 个工作课时（working period），同时每次课教授的学生数最多不超过 30 个。①

最后，这个中等教育委员会还建议州教师协会的主席成立一个专门的七人委员会（committee of seven）。这个七人委员会将代表整个州不同中等教育机构的整体利益，采取措施去督促和建议州立法部门成立一个专门的课程委员会。这个专门的课程委员会将代表州教育部去督促和检查这份报告在不同城市的中学里落实的具体情况，这种需求也是这份报告想表达的重要目的之一。

---

① The State Teachers' Association of Missouri,"Report of the Committee of the State Teachers' Association of Missouri," *The School Review* 4, No. 12(1896):547-548.

第三章　公立中学学术型课程的发展与单元制和选修制的确立

自1893年中学课程的《十人委员会报告》发布之后，关于中学和大学之间的关系、中学课程与大学入学需求之间的衔接关系及中学的功能等问题的讨论成了这一时期全国教育协会关注的焦点。这些问题在当时的集中表现即中学是应该采纳和实施十人委员会所建议的4组课程计划，还是中学继续发挥其大学预备机构的功能、按照不同大学的入学要求来开设相应的课程。为了调和中学和大学之间的紧张关系，进一步发挥中学和大学这两个不同教育机构的各自优势，1895年全国教育协会在科罗拉多州的丹佛市召开的年会上，通过其下属的中等教育分部和高等教育分部，成立了一个联合委员会来专门负责调查和研究如何统一大学入学需求这一特殊问题，这个专门委员会就是“大学入学需求委员会”。

第一节　《大学入学需求委员会报告》的发布及历史意义

1895—1899年，大学入学需求委员会在全国教育协会中等教育分部和高等教育分部的共同指导和帮助下，开展了美国中等教育史上的第二次全国性调查工作。这次调查工作的开展，一方面是为了了解《十人委员会报告》在各地的推广程度，继续解决十人委员会未能解决的一些问题；另一方面也是为了进一步调整中学和大学之间的关系，呈现中学和大学这两种不同教育机构的各自优势，为推动中学的快速发展做出努力。

一、大学入学需求委员会的成立及报告的发布

1895 年，全国教育协会在丹佛召开年会，在全国教育协会中等教育分部召开的会议上，加利福尼亚大学的琼斯教授发表了题为“大学和中学应该采取什么样的行动来推广十人委员会所倡议的课程计划?”（*What Action Ought To Be Taken by Universities and Secondary Schools to Promote the Introduction of the Programs Recommended by the Committee of Ten ?* ）的报告。琼斯教授的报告引起了与会人员的讨论与共鸣，中等教育分部执行委员会的成员们也认为应该成立一个委员会，负责设计一套能够更好地促进中学和大学在入学需求衔接方面的课程改革方案。这种提议得到了大会的一致认可，并在会议上任命成立了一个由 5 位来自中等教育领域的专家组成的委员会。这 5 位成员分别为加州大学伯克利分校的威廉·琼斯教授、芝加哥市督学南丁格尔、芝加哥大学教育系的副教授查尔斯·瑟伯（Charles H. Thurber）、辛辛那提市核桃山中学（Walnut Hills High School）的校长约翰·毕晓普（John R. Bishop）及丹佛中学的校长威廉·斯迈利（William H. Smiley）。同时，中等教育分部向高等教育分部发出合作邀请，邀请他们成立一个类似的五人委员会，共同解决中学和大学在入学需求这一特定主题上存在的一些分歧。中等教育分部的合作邀请得到了高等教育分部的同意，继中等教育分部在年会上成立了这个五人委员会之后，高等教育分部也在年会结束后不久，成立了一个由高等教育领域的专家组成的五人委员会，负责与中等教育分部合作，共同解决中学与大学在入学需求方面的问题。高等教育分部的 5 位成员分别为哥伦比亚大学的巴特勒（提名中的一名成员，后未能真正参加调查

讨论)、密歇根大学的伯克·欣斯代尔(Burke A. Hinsdale)教授、哥伦比亚大学师范学院院长詹姆斯·拉塞尔(James E. Russell)、纽约州纽约市男子中学的校长约翰·布坎南(John T. Buchanan)、哈佛大学教育科学与艺术系教授保罗·汉诺斯。[①] 两个委员会建立之后,由于分别隶属不同的分部,真正意义上的联合工作在丹佛会议结束后的半年内未能有效地开展,10 位成员共同参与的全体会议也未曾举办。为了加快工作进程,确保在 1896 年全国教育协会年会上提交一份初步的调研报告,1896 年 1 月,全国教育协会中等教育分部的秘书查尔斯·瑟伯提议将上述来自两个分部的 10 位成员进行合并,组成一个统一的委员会,并推选这个委员会的主席、秘书和执行委员会。经过 10 位成员的共同投票表决,来自中等教育分部、时任芝加哥市中学督学的南丁格尔担任了该委员会的主席,来自中等教育分部、时任丹佛中学校长的斯迈利担任了委员会的秘书。同时,还成立了大学入学需求委员会的执行委员会,由巴特勒和上述委员会的主席、秘书这 3 人组成,负责处理一些日常性的工作。1896 年 2 月,全国教育协会督学分部在佛罗里达州的杰克逊维尔召开分部会议,南丁格尔和巴特勒参加了此次会议,全国教育协会的主席也参加了此次会议。在此次会议上,南丁格尔和巴特勒向全国教育协会主席提出两个方面的请求:第一,拨付一定的经费支持大学入学需求委员会必要的活动费用支出。第二,以全国教育协会的名义,委托 4 个区域性的、专注于中学与大学之间衔接关系工作的教育协会,帮助大学入学需求委员会调查和分析在统一大学

---

① Augustus F. Nightingale et al. ,"Resolutions Defining Duties of Editorial Committee and Appointing Same,"in *The Journal of Proceedings and Addresses of the National Educational Association*, *Session of the Year 1899* (Chicago: The University of Chicago Press, 1900), p. 677.

入学需求上会涉及的中学科目、课程内容等相关问题。[①] 在大学入学需求委员会建立之后，南丁格尔任命成立了一个由 12 人组成的咨询与通讯委员会（Advisory and Correspondence Committee）。这 12 人由当时已经建立的四大区域性协会的成员组成，分别为新英格兰地区大学和预备学校协会（New England Association of Colleges and Preparatory Schools）、中部各州和马里兰州大学与预备学校协会（The Association of Colleges and Preparatory Schools in the Middle States and Maryland）、南部各州大学和预备学校协会（The Association of Colleges and Preparatory Schools of the Southern States）和中北部各州大学和中等学校协会（The North Central Association of Colleges and Secondary Schools），每个区域性的协会为大学入学需求委员会提供 3 人作为咨询委员会的组成成员，共同帮助大学入学需求委员会完成相关的报告和数据收集工作。[②] 南丁格尔既是中北部各州大学和中等学校协会的成员，也是大学入学需求委员会的主席，从这种合作关系可以看出，在《大学入学需求委员会报告》完成的过程中，这几个区域性组织委派的咨询人员做出了巨大贡献。

南丁格尔在上述会上提出的建议得到了全国教育协会的支持，同时 4 个区域性教育组织也随即参与到大学入学需求委员会的工作中。经过委员会全体成员的不懈努力，他们于 1896 年 6 月完成了调查报告的初稿，并在《学校评论》（*School Review*）主编查尔斯·瑟伯的帮助下，将其中的两份基础性报告发表在《学校评论》上。之后，他们又对报告进行了修改，并在一个月之后召开的全国教育协会年会上，向大会提交了一份长达 150 页的调查报告。报告的主要内容包含了全美各

---

① Augustus F. Nightingale, "The Committee on College Entrance Requirements: Report of the Chairman," *The School Review* 4, No. 6(1896): 415-417.

② Augustus F. Nightingale, "Preliminary Report of the Committee on College Entrance Requirements," *The School Review* 4, No. 6(1896): 416-417.

地区具有代表性的67所大学和学院的入学需求，并将这67所大学的入学需求课程以表格的形式进行了概述，以期为接下来如何统一大学入学需求提供参考和借鉴。①

大学入学需求委员会在尝试提出统一大学入学需求方面，极其重视当时中学所处的社会发展状况。这些发展事实可以概述为以下几点：第一，公立中学的3种社会功能，即为孩子未来的社会生活做准备、通过提供科学的训练为未来从事教师工作的学生做准备、为那些准备升入大学的学生做准备。第二，很多中学毕业生都是在中学阶段的后期做出升学决定的，因此中学阶段的课程应该具有普适性。第三，任何一个孩子在一个教育设施与资源相对完善的中学里完整地接受了4年及以上年限中学教育的话，不管其将大部分时间用于学习拉丁语、希腊语、数学，还是拉丁语、现代语和数学，或者拉丁语、数学和科学，以及一些能够充分展现孩子能力和智慧的混合课程等，都应该获得被大学录取的资格。因此，鉴于上述几个方面的原因，中学的课程计划应该是具有弹性的，学生能够根据自己的智力发展水平去选择一些课程，大学更应该提供更多的选修课程来满足不同学生的需求，每个孩子都应该拥有通过修读不同的课程来展现自身能力的机会，进而使其能够在未来社会中信心满满地去面对和解决各种问题。大学入学需求委员会在充分考虑到中学所具有社会发展特征的基础上，在已经掌握了全美67所具有代表性大学和学院的入学需求的前提下，在1896年全国教育协会布法罗年会上制订了1897年的工作计划。其主要内容：第一，继续和参与调研的相关区域性组织进行合作，确保能够收集到中学、学院、大学等不同机构关于哪些科目应该成为大学入学最基本需求的意见建议。第二，相比之前十人委员会通过提出一些较为宽泛的

① NEA, *Report of Committee on College Entrance Requirements* (Chicago: The University of Chicago Press, 1899), pp. 6-7.

问题来开展调查活动而言，大学入学需求委员会通过阐述明确的工作目标来开展调查活动。委员会建议将所需要的大学入学需求科目明确地归为六大类，分别为英语、古典语言、现代语言、历史、数学、科学。同时，还要求对这六大类课程一年的工作量用“单元”的形式进行明确的定义。第三，研究制定更加科学的测试方法，确保将合格的中学毕业生输送到高等教育机构里。第四，再次向全国教育协会申请拨款，支付完成报告所需要的正常开支。①

大学入学需求委员会在执行上述制订的工作计划的前提下，又跟美国语言学学会（American Philological Association）、美国现代语言协会（American Modern Language Association）、全国教育协会科学分部（the Science Department of the National Educational Association）、美国历史协会（American Historical Association）等协会组织进行了合作，请求他们就自身协会涉及的中学课程科目、课程地位与课程学习难度及修读年限等细节问题进行调研并完成工作报告。1897 年 7 月，全国教育协会在密尔沃基召开年会。在此次会议上，大学入学需求委员会向大会提交了第二份工作报告，报告的内容主要涉及了不同的中学课程计划、课程单元及内容的组成等。与此同时，在大学入学需求委员会全体成员参加的一次会议上，执行委员会提出再增加 4 名成员到这个委员会中来并获得了通过。于是，2 名来自中等教育分部和 2 名来自高等教育分部的专家加入大学入学需求委员会，委员会的总人数达到了 14 人。来自高等教育分部的两位成员分别为普林斯顿大学的数学教授亨利·法恩（Henry. B. Fine）和芝加哥大学公共管理教授埃德蒙·詹姆斯（Edmund J. James），来自中等教育分部的两位成员分别为明尼苏达州中学督学乔治·艾顿（George B. Aiton）和马萨诸塞州剑桥

① Augustus F. Nightingale,“Report of the Committee on College Entrance Requirements,” in *The Journal of Proceedings and Addresses of the National Educational Association: Session of the Year 1899* (Chicago: The University of Chicago Press, 1900), pp. 636-637.

市英语中学的校长雷·胡灵（Ray Greene Huling）。由于巴特勒在后期工作中退出了这个委员会，所以在委员会提交的最终报告中只有13位成员进行了签名。[①] 这13人中，6位是公立中学的校长或督学，7位是大学的教授。这7位教授中有4位后来成了教育学的教授，这与十人委员会的成员主要来自大学和私立的中等学校且来自大学的教授们也不是教育学教授相比，大学入学需求委员会成员的构成呈现对等性和专业性。[②] 同时，全国教育协会理事会拨款500美元用于支持这个委员会接下来的工作。1898年冬季，大学入学需求委员会又跟美国数学协会（American Mathematical Association）进行了合作，邀请他们就中学阶段数学课程的教学与课程安排进行报告。1899年4月，大学入学需求委员会和另外4个相互合作的协会在芝加哥大学召开会议，商讨如何在1899年全国教育协会年会上呈现委员会的总报告和分学科的子报告。经过3天的讨论，报告的主体内容及分学科的子报告达成初步共识，后又经过3个月的修改与完善，最终于1899年7月在洛杉矶召开的全国教育协会年会上，由南丁格尔主席向大会宣读了历经4年而最终完成的《大学入学需求委员会报告》。[③]

二、单元制与选修制确立的历史意义

大学入学需求委员会提交的报告长达180页，这份报告的完成，一方面在于14位成员的共同努力，另一方面在于这个委员会借助当时已

---

① NEA, *Report of Committee on College Entrance Requirements* (Chicago: The University of Chicago Press, 1899), p. 11.

② Bancroft Beatley, "The Committee on College Entrance Requirements," *Junior-Senior High School Clearing House* 6, No. 6(1932): 345.

③ NEA, *Report of Committee on College Entrance Requirements* (Chicago: The University of Chicago Press, 1899), p. 12.

经存在的一些协会的力量，如美国历史协会、美国语言学协会等，使其有别于《十人委员会报告》和关注农村学校的《十二人委员会报告》，这两个委员会都是通过建立自己下属的委员会完成最终工作报告的。从本质上来说，大学入学需求委员会开展工作的主要目的是进一步促使高等教育机构能够接受十人委员会提出的中学课程类型，改善高等教育机构与中等教育机构之间的紧张关系，保持各自机构应该拥有的地位和权力。南丁格尔在1899年全国教育协会年会上，在向中等教育分部和高等教育分部举行的联合会议上报告大学入学需求委员会的最终调查报告时，将这份报告的特征总结为3个方面，分别为简洁的（concise）、保守的（conservative）和调和的（conciliatory），是切实可行的，而不是乌托邦式的建议。① 他还进一步指出，如果要给这份报告提炼一个中心思想的话，折中主义（eclecticism）就是这份报告的中心思想，这种折中体现在较为宽泛的选择权上，对中学和大学来说，双方的选择权都是较为宽泛的。② 报告的发布，标志着在美国教育改革的阶梯中向前又迈出了一大步，这种进步对大学和中学都是十分重要的且意义深远。

大学入学需求委员会在报告中达成了14个决议，这14个决议也成了报告中最核心的内容，阐明了这份报告最想表达的调查结果：一是中学应该正式接受选修制度。二是在录取需求的课程授课难度和教学时长方面，技术学校制定的入学需求应该跟大学入学需求具有同等的

① Augustus F. Nightingale, "Presentation of the Report of the Committee on College Entrance Requirements," in *The Journal of Proceedings and Addresses of the National Educational Association: Session of the Year 1899* (Chicago: The University of Chicago Press, 1900), p. 626.

② Augustus F. Nightingale, "Presentation of the Report of the Committee on College Entrance Requirements," in *The Journal of Proceedings and Addresses of the National Educational Association: Session of the Year 1899* (Chicago: The University of Chicago Press, 1900), p. 628.

标准。三是中学阶段的教师必须由接受过大学或等同于大学层次学历教育的人来担任。四是支持一个统一连贯的六年制中学课程，这个分割点应从小学七年级开始。五是在关涉中学的课程计划应该包含哪些科目和大学入学需求课程有哪些时，委员会在诠释这些建议时认为中学应该提供一些固定学习单元，这是因为中学不会为所有学生提供一对一的课程计划，大学也只需要从中学开设的固定学习单元中选择一些他们认为合理的和合适的课程。六是委员会认为，将报告建议中列举的几门课程作为大学的入学需求是合适的，同时也认可中学生在很大程度上有自由选修的权利，但不赞成无任何限制的选修。委员会特别强调了某些固定单元量的课程在所有中学和大学入学需求序列里存在的重要性。因此，委员会建议以下固定课程单元的分配比例，即 4 个单元的外国语（不接受低于 2 个单元的语言课程）、2 个单元的数学、2 个单元的英语、1 个单元的历史和 1 个单元的科学。七是大学通过允许中学开设与其类似的一些学位课程所需要的学习单元支持中学的发展，当中学里这些学习单元的授课难度和时间长度跟大学里同一课程授课要求相一致时，选择这些课程的毕业生就不受大学入学需求的限制。八是对那些在任何一类科学课程上已经明确地满足了大学入学的需求且在大学还将继续学习这类科学课程的学生来说，中学应该继续提供这类科学课程供他们学习。同时，这类学生不能跟初学课程的学生安排在同一个班级里。九是鼓励那些有天赋的学生用更短的时间完成大学所需要的入学需求课程。十是从整体上来说，委员会支持中学在不同的学年用不同难度的教材教授同一课程，而不是用类似的课程继续教授这一课程。例如，两年的生物课程，用一年的生物和一年的化学来代替，而不是用两年难度不一的生物课程进行连续教学。十一是在大学入学的录取需求中，除了已经建议的美国史和公民政府课程之外，委员会认为大学应该接受至少不低于半学年的某一时期的扩展性历史课程学习，尤其是关于美国史的课程。十二是委员会认为，报告中提到的所有关于课程学习的建议在一个设施完善和教学水平合格的中学里都应该提供至少连续一年且一周为 4 个学时的教学工作量，这样的评价方式应该成为大学在录取时考虑的标准。十三是委员会期望大学和学院能够接受一个单元的经济学课程作为大学的入学需求科目，这个经济学课程可以涵盖基础政治经济学及一些商业地理和工业发展史等补充性的课程。十四是委员会建议在工作日时间里，在学校的监督和管理之下，延长中学的日教学时长，确保更多的学习和教学在学校里完成。委员会建议中学在工作日的教学时长应该从上午 8 点到下午 4 点，这样在一定程度上确保了学生和教师都能在学校里完成各自的工作。①

大学入学需求委员会作为美国历史上对中等教育发展状况进行第二次全国性调查的专业委员会，所发布的调查报告对后期中学课程的设计、大学入学需求的改革都产生了重要影响。从整体上来说，可以从 3 个方面对这份报告的重要性进行概述。第一，与《十人委员会报告》相比，这份报告在发布之后引发的争议和批评较少，报告中的绝大部分内容得到了社会的认可和接受。詹姆斯·贝克作为十人委员会的成员，在《十人委员会报告》发布之后，提交了少数派的意见报告，不赞成报告中的一些观点。而当《大学入学需求委员会报告》发布之后，他表达了整体上支持报告内容的观点。他还进一步指出，对于委员会报告中提出的选修制他过去一直持保守态度，当看到越来越多的大学支持中学在一定限度内推行选修制后，他也认可了这个制度。他也认为，中学培养的是人，而不是专业的人。这也进一步说明了中学

① Augustus F. Nightingale, "Report of the Committee on College Entrance Requirements," in *The Journal of Proceedings and Addresses of the National Educational Association: Session of the Year 1899* (Chicago: The University of Chicago Press, 1900), pp. 656-668.

实行选修制已不再是一个具有争议的话题了。[①] 第二，大学入学需求委员会的工作初衷在于对中学实行的选修制的边界进行一定的限定。在报告中，委员会规定了有些课程是所有学生必须选修的固定课程，这些课程包括英语、外国语言、历史、公民学、经济学、数学、科学（地理、生物、植物学、动物学、物理、化学）等。报告中还努力地通过制定全国性的单元标准对课程的工作量进行规定。这样，不管你选择什么课程，不管你在哪个地区，课程的评价标准将是一致的，也可以通过这个标准限制中学课程的无序性。第三，与《十人委员会报告》相比，《大学入学需求委员会报告》没有提到一些实用学科的教学和安排，如手工训练和商业课程等。这说明了在委员会报告发布的历史阶段中，高等教育机构对那些在中学里选择手工训练和商业课程的学生来说，录取之门仍是关闭的。因为在课程价值平等理念的指导下，如果涉及商业课程和手工训练课程的话，这些课程就将会被赋予同等的课程地位和价值，将给中学的大学预备课程带来更多的困难和麻烦。因此，为了避免中学里一些实用主义思想的盛行，以及一些追求实用主义课程问题的出现，报告继续对那些实用主义课程持保守的态度。这种态度在随后的几年里，在各种社会运动的影响下，在1905年之后，成了各界对中学课程进行指责的主要方向，也更好地印证了报告本身的保守性和折中性。在20世纪来临之际，越来越多的中学开始将通识教育课程作为中学课程计划设计和运转的基础。

拉蒂默指出，十人委员会解散之后成立的大学入学需求委员会在推进中学课程统一方面做出了巨大的努力，发布了有影响力的报告。报告中指出，尽管选修制已经被中学所接受，但是选修的种类不应该

---

① Joseph Swain, "Discussion of the Report of the Committee on College Entrance Requirements," in *The Journal of Proceedings and Addresses of the National Educational Association: Session of the Year 1899* (Chicago: The University of Chicago Press, 1900), p. 631.

是无限制的，有一些科目应该成为大学录取的必需科目，如外国语言（4个单元，不接受低于2个单元的外国语言）、数学（2个单元）、英语（2个单元）、历史（1个单元）、科学（1个单元）；在科学方面，两年都修读同一门科学课程将好于两年里每年都修读一门不一样的课程。从整体上来说，大学应该接受在一个课程设置合理的中学里教授的符合单元要求的学科。十人委员会和大学入学需求委员会在报告的建议中都提出了课程具有“平等价值”的建议，很显然这些课程从本质上来说，都是学术型课程。①

埃尔默·布朗指出：“通过对中学课程发展历史进行调查后发现，英语在任何一组课程领域内都是必不可少的科目，这已得到了普遍认可。十人委员会在明确地指出这些需要的道路上进行了引领，而后期成立的大学入学需求委员会在满足这个需要的基础上已经形成了一个总体计划。事实上，大学入学需求委员会在我们深陷迷局的这一问题上已经提出了一个真正的、像‘哥白尼式’的建议。大学入学需求委员会提出的建议与目前我们所谈到的任何一所中学开设的课程计划没有什么非常明显的差异，但这些建议真正想表达的是现存的许多中学根据委员会提出的建议来简化学校的课程。平行课程有许多公平的选择机会，选修课程也仅仅受所选课程计划里的一些必修课程固定课时的限制，甚至选修课程在一个领导力强的校长的指导下，将在实践中被认为是同样具有效果的。”②

阿尔贝特·温希普（Albert Winship）作为《教育杂志》（*Journal of Education*）的编辑，在《大学入学需求委员会报告》发布后不久指出：“迄今为止，没有任何一份教育报告比1899年全国教育协会在洛杉

① John F. Latimer, *What's Happened to Our High School?* (Washington, D. C.: Public Affairs Press, 1958), pp. 67-68.

② Elmer Ellsworth Brown, *The Making of Our Middle Schools* (New York: Longmans, Green, and Co., 1903), p. 439.

矶年会上发布的《大学入学需求委员会报告》更有价值。就目前来说，这份报告比《十人委员会报告》受到的欢迎程度大得多，也因这份报告受到的欢迎和赞许的程度高，所以不会有那么大的影响力和争论。”①

埃德温·布鲁姆（Edwin C. Broome）指出：“事实上，《大学入学需求委员会报告》是来自中等教育和高等教育领域近150位专家一致意见的结晶，报告的价值是空前的。报告达成了14个决议，其中委员会一致同意入学要求中固定的课程量占比，具体为4个单元的外国语、2个单元的数学、2个单元的英语、1个单元的历史和1个单元的科学。”②

克鲁格指出：“以课程单元和固定单元数量的形式将大学的入学需求固定下来，标志着委员会在彻底摆脱中学的平行课程方面迈出了一大步。这种安排也代表着报告决议中支持的选修制将会得到更大程度的应用，而不是继续使用《十人委员会报告》中列举出来的4组平行课程计划。”③ 他进一步指出：“尽管十人委员会提出了4组课程计划，但是它们之间的差别并不大，而且这些课程都是以学生升入大学为基础设计的。而《大学入学需求委员会报告》通过设置固定的大学入学需求常量对大学的入学需求进行规定，这种常量也同样适用于中学的学生毕业。在之前发布的所有报告中，从没有任何一份报告能够从高等教育机构中赢得这样的胜利。此外，《大学入学需求委员会报告》中支持的在中学里实行选修制，这对中等教育来说其实是一种非常好的教育手段。这种教育手段既避免了等级教育，也避免了所有学生都选择

---

① Albert E. Winship, "Editorial: Notes," *Journal of Education* 50, No. 7(1899): 128.

② Edwin C. Broome, *A Historical and Critical Discussion of College Admission Requirements* (New York: College Entrance Examination Board, 1903), pp. 105-106.

③ Edward A. Krug, *The Shaping of the American High School* (New York: Harper & Row, 1964), p. 142.

同一种课程，满足了不同群体的需求。”①

范德比尔特大学的校长詹姆斯·柯克兰（James H. Kirkland）指出：“报告中最有价值的建议就是坚持将单元制作为所有中学课程设置的基础。”② 在1900年全国教育协会高等教育分部和中等教育分部继续召开的两个部门联合会议上，贝克指出：“大学入学需求委员会发布的报告从实践层面为解决大学与中学之间的入学需求问题提供了很好的合作基础，我们应该向所有的高等教育机构推广此份报告。”贝克的提议得到了两个分部参会人员的一致同意，并决定逐步在全国范围内推广开来。③

印第安纳大学的校长约瑟夫·斯温（Joseph Swain）指出：“大学入学需求委员会在4年的工作过程中付出的辛勤劳动是值得我们所有人学习和称赞的，所完成的报告对美国教育事业的发展是十分有帮助的。整个委员会在工作过程中，充分发挥了集体智慧的力量。他们在充分认识到将大学入学需求科目仅仅局限到一些具体的课程上是不可能的，也是大家所不期望的这一现实困难的基础之上，在坚持不同课程具有平等价值理念的前提下，通过建立一个单元集合体的形式，以单元的形式对课程进行了统一的规定，所有大学入学需求科目也需要以单元工作量的形式进行要求和规定，从单元集合体中进行选择，这种做法

---

① Edward A. Krug, *The Shaping of the American High School* (New York: Harper & Row, 1964), p. 203.

② James H. Kirkland, "The Discussion of the Report of the College Entrance Requirements," *The School Review* 7, No. 7(1899): 407.

③ James H. Baker, "The Resolution of the Joint Session of Higher and Secondary Departments," in *The Journal of Proceedings and Addresses of the National Educational Association: Session of the Year 1900* (Chicago: The University of Chicago Press, 1901), p. 454.

是十分明智的。"[①] 通过这种妥协和折中的策略，一定程度上解决了之前大学入学需求过于多样化的问题，相对保持了大学和中学各自的独立性，满足了各自的需求。

斯坦福大学的校长大卫·乔丹（David Jordan）指出：报告内容的每一个细节他都认真地阅读过，完全赞成报告中的所有决议。这份报告也是有史以来第一份使他陷入沉思的教育报告。报告的完成得益于诸多杰出教育工作者的共同努力，诸多让人眼睛一亮且具有操作性的决议与委员会成员的辛勤劳动和倾情付出密不可分。这份报告很好地协调了大学和中学在入学需求之间的矛盾关系，达到了全国教育协会最初任命这两个联合委员会的工作目的。[②]

此外，《大学入学需求委员会报告》的发布，标志着美国古典课程在20世纪之初走向没落和在中学里的彻底失势。在《十人委员会报告》中，已经建议将希腊语的大学入学需求从3年减少到2年，将拉丁语从4年每周都要求5个学时的工作量减少到前2年每年5个学时、后2年每周4个学时的课程量，这种减少充分体现了古典课程开始在中学里失势。而到了大学入学需求委员会发布报告时，与大学入学需求委员会合作的美国语言学学会要求进一步减少希腊语和拉丁语的课时量，分配给古典语言和课程的比重也逐渐减少。虽然大学入学需求委员会主席南丁格尔是古典教育的拥护者，但在最后签名同意报告发布和出版时，他欣然地接受了美国语言学学会提出的改革建议，这标志着美国古典教育在公立中学里开始走向衰落。

---

① Joseph Swain, "Discussion of the Report of the Committee on College Entrance Requirements," in *The Journal of Proceedings and Addresses of the National Educational Association: Session of the Year 1899* (Chicago: The University of Chicago Press, 1900), p. 630.

② The Editor, "The Los Angeles Meeting of the N. E. A. and the Report of the Committee on College Entrance Requirements," *The School Review* 7, No. 7(1899): 409-410.

第二节　中学课程单元制与选修制的确立与发展

1899年大学入学需求委员会发布的报告，一方面在继续坚持课程价值平等原则的基础之上推广和应用《十人委员会报告》中提出的学术型课程计划；另一方面针对美国中等教育体制的特殊性，通过提出单元制的理念来相对地推动中学课程走向统一，解决课程设置混乱的问题，这样的举措得到了中学和大学的共同支持。在此基础之上，委员会又将《十人委员会报告》中提到的选修制理念以决议的形式正式确立下来，使这种制度从理念层面上升到了操作层面，并在随后推广和应用的过程中得到了中学的大力支持，成了中学里一种固定的课程实施手段。

一、中学课程单元制的提出与发展

（一）中学课程单元制概念的提出

大学入学需求委员会在报告中一方面对课程的概念进行了阐述和定义，另一方面对如何运用一个统一的标准表述不同课程的工作量进行了调查和界定，并提出了解决方案。这个方案就是运用统一的单元（unit）或标准（norm）指代不同课程的工作量。大学入学需求委员会没有设计和提供具体的中学课程计划，这是因为他们认为很难决定哪些课程是合适的。但是，委员会认为在中学课程领域的下位概念中，设计一些全国性的统一标准是参与调查工作的绝大多数专家和学者所期望的。在这种理念的指导下，委员会经过4年的调查，认为使用单元或标准作为对课程工作量进行权衡和评价的标准，应该得到大学和中学的接受。①

委员会同时指出，以单元或标准对不同课程的工作量进行定义，其内在的最基本原则就是不同课程本身的价值是平等的，通过分配到不同课程上的时间和数量对课程的价值进行评价。在当时的社会环境中，人们不期望大学能够制定统一的入学需求标准，也不期望所有中学都开设同样的课程计划。人们所期望的，也是委员会绝大多数成员所期望的，就是大学能够依据全国统一的单元或标准列出他们各自需要的入学考试科目，中学从而能够根据这些统一的单元和标准建构符合自己学校发展实际的课程计划。有些大学可能需要数量足够多的单元课程，有些大学可能只需要基础的单元课程，但所有大学在课程单元的接受标准上将是一致的，只是具体数量可以自行规定和调整。同时，不会有中学能够开设或提供所有单元的课程，但它们可以从课程目录序列中挑选符合自身发展实际的课程，在对这些挑选出来的单元课程进行编制的基础之上，依据地区的发展需求和一定的教育目标构建一个满意的中学课程计划。这种全国性课程单元的建立对大学和中学来说，都是十分重要的，也是他们期望达到的一种理想结果。②

在课程单元的界定方面，委员会指出单元就是某一课程在一学年里所要完成的工作总量，1 单元就是在 1 学年里的 40 个星期里，每星期上 4 次同一课程，每次课程长达 45 分钟，这一课程工作量就构成了 1 个单元，2 个单元就是两个这样的工作量，以此类推；在具体入学需求课程名称和工作量方面，委员会认为 4 个单元的外国语（不接受低于

---

① Augustus F. Nightingale,"Report of the Committee on College Entrance Requirements," in *The Journal of Proceedings and Addresses of the National Educational Association: Session of the Year 1899*(Chicago: The University of Chicago Press, 1900), pp. 670-671.

② Augustus F. Nightingale,"Report of the Committee on College Entrance Requirements," in *The Journal of Proceedings and Addresses of the National Educational Association: Session of the Year 1899*(Chicago: The University of Chicago Press, 1900), pp. 672-673.

2 个单元的语言课程)、2 个单元的数学、2 个单元的英语、1 个单元的历史和 1 个单元的科学，这些固定课程加起来的单元基数为 10 个，但至于多少单元总量能够被大学录取，其最终由不同的大学来规定，这个比例可能是 10—16 单元，或者 10—18 单元，也可能是 10—20 单元。①

(二) 中学课程单元制的发展

对于单元制，哥伦比亚大学校长巴特勒指出："在中学里实行单元制可能是对大学入学需求考试模式进行改革的一种最好方式，通过这种手段可以一次性地将那些死板的、在心理学上不切实际的入学考试要求彻底地搁置一边，这些死板的入学考试要求对中学的毕业生来说实际上也是一种人为的障碍，将很多有升入大学愿望的中学毕业生排除在高等教育的大门之外。从 1890 年开始，哥伦比亚大学就已经根据学生中学毕业的文凭和资质考核他们的大学入学申请，逐渐破除那些墨守成规的课程考核要求。"② 巴特勒还进一步强调，许多大学拒绝直接接收一些从优秀的中学里毕业的学生，这种行为其实是没有什么道理可言的。反对这一举措的群体主要是高等教育机构，他们认为那些从差的中学毕业的学生还不如不接受中学的教育，因为这种从没有质量保证的中学里毕业的学生所形成的思维模式和行动习惯到了高等教育机构之后很难被快速地扭转过来。而大学入学需求委员会通过调查和真实数据期望大学能够接受的一个既定事实就是许多中学已经在实

---

① Burke A. Hinsdale, "Discussion of the Report of the Committee on College Entrance Requirements in Joint Session of Secondary and Higher Departments," in *The Journal of Proceedings and Addresses of the National Educational Association : Session of the Year 1900* (Chicago: The University of Chicago Press, 1901), pp. 452-453.

② Nicholas M. Butler, "Discussion of the Report of the Chairman of the Joint Committee on College-Entrance Requirements," in *The Journal of Proceedings and Addresses of the National Educational Association : Session of the Year 1897* (Chicago: The University of Chicago Press, 1897), p. 653.

行选修制和推广课程价值平等的理念。[①]

1900 年，“中北部各州大学和中等学校协会”作为大学入学需求委员会在调研过程中咨询到的一个区域性委员会，在大学入学需求委员会报告发布之后，按照报告中相关的单元要求，对自己协会所辖的中学和课程开设要求进行了规定。第一，申请进入大学读书的学生必须是完成了 4 年中等教育课程的学生。第二，固定的录取需求为 16 个单元，1 单元就是某一固定课程在 1 学年里每周上 4 次这种课程的工作量。第三，坚持认为 2 年的英语、2 年的数学、1 年的科学、1 年的历史，这一工作量是所有申请人必须要完成的。1902 年，这一地区对单元的定义又进行了新的补充，1 个单元就是 1 次课 45 分钟，1 周上 4 次这样的课程，1 学年要上满 35 个星期。[②]

与此同时，单元制的实施对高等教育机构来说，也是削弱其对中学进行控制和主导的一种有效的手段，更是中学管理者和教师们愿意看到的一种发展方向。委员会通过这种努力，在为中学赢得相对独立发展权的同时，逐渐地开始承担越来越重要的社会责任，这种责任就是更好地服务于社会的发展和学生的需求。

二、选修制在中学的确立与应用

《十人委员会报告》的发布，一定程度上推动了选修制在中学的推广和使用，报告中也列举了使用选修制对满足不同孩子需求发展的重

---

① Nicholas M. Butler, “Discussion of the Report of the Chairman of the Joint Committee on College-Entrance Requirements,” in *The Journal of Proceedings and Addresses of the National Educational Association: Session of the Year 1897* (Chicago: The University of Chicago Press, 1897), p. 653.

② William A. Cook, “A Comparative Study of Standardizing Agencies,” *The North Central Association Quarterly* 12(1929): 390.

要意义。然而，报告并没有以决议的形式要求中学推广，很多中学只是以理念的形式逐步开始实行选修制。继《十人委员会报告》之后，在大学入学需求委员会所提交的报告中，在达成的第一个决议中，明确地提出要将选修制作为中学的一个基本原则推广开来。同时，报告指出选修制将作为中学里一个既定的原则确立下来，但至于中学在多大程度上使用选修制，将由各个学校自行把握。① 自此，选修制开始成为中学开设课程中的一个重要指导性原则。

（一）选修制的含义

在中学课程计划中实行选修制，标志着运用文化知识和训练手段对大脑和心智进行训练的教育时代的结束，标志着将中学教育的概念与中学所处的外部环境进行了衔接与互通，也标志着将通过外界社会对中学教育的实效性进行评价的开始。《十人委员会报告》中提出支持中学实行选修制以后，越来越多的中学管理者开始将选修制视为学校课程管理中的一个重要抓手，通过推行选修制，可以使越来越多的学生走进中学学习，也可以延长他们在校的学习时间，而在这之前学生们通常是不会选择继续留在中学的。与此同时，一些著名的教育者们纷纷认为：历史、经济和自然科学能够为心智训练提供多样的训练方法，在训练价值上这些学科跟文学与语言课程具有同等的价值。在这样的发展要求下，对于社会发展来说，商业、社会学和政治学的课程价值将会得到更大的显现。

埃利奥特作为哈佛大学的校长和十人委员会的主席，极其支持选修制在中学课程中的使用。他多次强调应将选修制度应用到 20 世纪的中学课程改革中，而不是应用到 17 世纪的拉丁文法学校里。19 世纪 90

---

① Joseph Swain, "Discussion of the Report of the Committee on College Entrance Requirements," in *The Journal of Proceedings and Addresses of the National Educational Association: Session of the Year 1899* (Chicago: The University of Chicago Press, 1900), p. 630.

年代的进步主义教育家们也坚持认为选修制作为学校课程安排中的一种方式，应该得到中学的认可和接受。选修制度作为一种形式，就犹如其他已经存在的一些课程设置方式一样，主要用于打破传统的课程修读方式。这种打破和实施不是完全与传统的课程设置相区分，也不是依赖教育改革者们完成这个任务。选修制度是一个体系，不是一个没有组织的混乱制度，更不是一个使人分散精力的课程设置形式，而是一个使成千上万的美国人在实行选修制的情况下能够顺利完成中学教育，当他们年满 22 岁时，能够获得真正学识的一种教育形式。波士顿女子中学的校长、十人委员会下属的拉丁语分会的成员瑟伯认为，目前中学应该抛弃那些传统的课程，通过开始提供一些实用性的课程真正地完成中学阶段教育的使命。①

（二）选修制的发展与应用

选修制作为改革中学课程修读方式的一种教育手段，在《十人委员会报告》提出这个理念之前，一些城市的公共学校系统已经开始在中学里实施，其中马萨诸塞州的牛顿市就是较早在中学里使用选修制的城市之一。1886 年，牛顿市开始在城市的公立中学里使用选修制，之所以使用这种制度，主要是为了满足在校学生和学生家长的迫切需求，因为他们对学校原有的课程计划中的代数和几何课程提出了强烈的抗议和不满，督促学校应该开设一些适合孩子不同需要和天资的课程。同时，他们认为孩子有这个权利选择这些课程。与此同时，埃利奥特为切尔西中学（Chelsea High School）设计的课程计划受到了欢迎，这个课程计划包含了关于使用选修制的原则与方法。在综合考虑上述情况的基础之上，牛顿市开始在城市的中学里推广新的课程修读方式。他们将中学里的课程分为三大类，分别为必修课程（prescribed

① Bernard Mehl,"The High School at the Turn of the Century:A Study of the Changes in the Aims and Programs of Public Secondary Education in the United States,1890-1900"(PhD diss.,Urbana:University of Illinois,1954).

studies）、替换课程（alternative studies）和选修课程（electives studies）。必修课程是要求每一位在校学生都必须修读的一类课程，包括英语、历史及物理和化学的主干课程分支。学校将这些必修课程视为对学生良好心智和高尚道德进行培养过程中最基本的、最必需的课程内容，这些课程对培养一个良好的、有智慧的公民是极其重要的。在日常教学中，英语和历史组成一个练习集合体，在中学的 4 年时间里每天都要求学习（exercise）一次，每周 5 次；替换课程主要由物理和化学的主干课程分支以外的、属于科学范畴内的其他课程组成，学生每周需要学习这些科学课程 4 次，课程的内容可以由物理和化学的主干课程分支组成，也可以由其他学科的替换课程组成。这样的话，学校要求每个孩子每周必须进行的学习数量为 9 次，分别为 5 个英语和历史的课程集合体和 4 个科学课程。而学校委员会规定每个学生每周需要的学习量数为 12 个，这 12 个学习工作量不包括朗诵（elocution）、体操（calisthenics）和军事训练（military drill）等。为了达到学校所规定的每周最低 12 个学习工作量，学校提供了选修课程供学生们选择。至于学生能选择多少课程，这完全根据他们的兴趣、爱好和个人能力，但是最低的要求是他们每周必须再完成另外 3 个学习工作量。学校提供的选修课程主要包括拉丁语、外国语言、代数、几何、绘画、簿记及其他课程等。而根据学校 1893 年的一份课程选修报告显示，从中学的第一学年到中学的第四学年，学生每周的学习工作量从 13.5 次增长到 15.5 次。在中学的 4 个年级中严格按照每周规定的 12 个课程学习工作量的分配占比中，中学一年级仅有 19％的学生选择了 12 个课程学习工作量，到了中学四年级这一比例达到了 45％；拉丁语在中学一年级有 39％的学生选修，到了中学第四年只有 6％的学生选修；对于学生和学生家长所抗议的代数和几何课程，70％的学生在中学一年级没有选修代数课程，77％的学生在中学二年级也避开了几何课程。①

十人委员会在报告中提出选修制理念之后，社会各界对中学是否应该接受或拒绝选修制进行了争论和交锋。在反对者阵营中，表现得最为明显的就是十人委员会中的两位成员贝克和罗宾逊，其中贝克是反对声音最强、影响力最大的代表人物。贝克担任1891—1892年全国教育委员会的主席，也是十人委员会的主要成员之一，曾担任丹佛中学的校长，当科罗拉多大学成立时，他又被委任为校长职务。贝克也是十人委员会中提交少数派意见报告的代表，他主要通过批评课程价值平等理念反对选修制在中学的推广和应用。而罗宾逊作为奥尔巴尼中学的校长，也是十人委员会成员中唯一的一位公立中学的代表，他认为选修制对中学来说，还有很长的路要走。他补充道，选修制仅仅适用于像哈佛学院这样的高等教育机构的学生，不适用于那些还尚处于发育阶段的中学生，因为这些年轻人在中学阶段还不足以成熟到能够去选择决定他们教育生涯和未来生活的课程。此外，还有一些中学的管理者反对中学推广和使用选修制，主要因为政府没有那么多的公共资金去为每一个有不同课程需求的学生提供所需要的课程。②

然而，除少数的中学管理者和教育家认为选修制还不太适用于中学之外，绝大多数的改革者认为选修制对中学的课程发展是十分有益的。朱利叶斯·萨克斯就指出："中学不太可能将某一类课程最大的修读课时量非常精确和详细地标示出来，并要求学生按照这个确定的课程计划学习。我们应该给孩子们一些选择的机会，但是这种选择必须在正确的指导和有经验人士的帮助下才能进行，不能够按照家长们的

① Edward J. Goodwin, "Electives in the High School: An Experiment," *Educational Review* 22, No. 2(1893): 142-145.

② Oscar D. Robinson, "Should Electives in the High Schools Be by Courses or by Subjects?," in *The Journal of Proceedings and Addresses of the National Educational Association: Session of the Year 1895* (St. Paul: The Pioneer Press Co., 1895), pp. 591-593.

突发奇想来给孩子选择，也不能跟随大众躁动的情感需求去选择，更不能根据那些不成熟孩子的心情去选择。”①

在美国，在《十人委员会报告》发布之后，第一所真正按照报告中所倡导的选修制理念将选修制度应用到中学课程管理中的是伊利诺伊州的盖尔斯堡中学（Galesburg High School）。盖尔斯堡中学在1895年夏季重新修订了学校的课程计划，使得学校所有课程都可以选修。在实施了选修制度之后，盖尔斯堡中学的管理者指出，在中学的4年时间里，80位学生中有44位学生在未完成中学学业前退学。在这44位退学的学生中，32位属于在完成了第一年学业后才退学的，其中有20位是属于选修了拉丁语或代数，或者两门都选的学生，这从侧面说明了学生是对古典课程不感兴趣才退学的。根据新的课程安排方案，学生一个月内在一门课程上满足了20个背诵（recitation）工作量的话，将会获得1个学分，同样的工作量如果持续一学年的话，将会获得9个学分。当学生获得100个这样的学分时，就可以获得中学的毕业文凭，文凭中将列出他们所修读的所有课程，以及每门课程的工作量。盖尔斯堡中学提供的可供选修的课程类别包括科学课程、拉丁语课程和商业课程。最后，学生获得的这个文凭不仅是个人智力学习的一种体现，还如实地反映了学生完成的所有课程的工作量。盖尔斯堡中学从1895年开始实施这个课程计划，到1899年第一届学生毕业，学校的在读学生总数也从原来的234人增加到518人，越来越多的学生选择了读完4年中学再决定未来的去向。②

---

① Julius Sachs, *The American Secondary School and Some of its Problems*(New York: The Macmillan Co., 1912), p. 195.

② William L. Steele, "To What Extent Should the High-School Pupil Be Permitted to Elect His Work?," in *The Journal of Proceedings and Addresses of the National Educational Association : Session of the Year 1899* (Chicago: The University of Chicago Press, 1900), pp. 331-336.

盖尔斯堡中学是一个非常成功的例子，80 位学生中有接近一半的学生完成了 4 年的中学学业，这一比例在 19 世纪末期是非常惊人的。如果越来越多的中学开始将通识教育作为中学课程设置的一种形式，这种行动是应该受到鼓励的。中学课程过于苛刻或缺乏灵活性，一定程度上对许多具有不同专业兴趣的学生来说无疑就是对他们关闭了中等教育的大门，而实行通识教育就弥补了这方面的损失。盖尔斯堡中学也开设了许多其他中学都在开设的课程，但他们将原来规定的一旦选择了某些课程之后学生就必须严格遵循课程计划完成下去的要求，修改为学生可以灵活地选修自己感兴趣的课程。根据盖尔斯堡市的中学督学威廉·斯蒂尔（William L. Steele）介绍，盖尔斯堡中学通过提供比通识教育计划还要多的课程来践行选修制度。在选修制度的推动下，学生可以先学习一些他们稍微感兴趣的课程，等他们变得足够成熟时再去选修拉丁语和代数，这时也易于掌握那些较为枯燥和难懂的知识。斯蒂尔进一步指出，通过打破不同课程间的选修壁垒，在连续的 4 个学年里，与未改革前的课程模式相比，超过 27%的学生选修了拉丁语和数学。①

选修制在美国较大的一些城市，如芝加哥和波士顿也都获得了学校的支持。在芝加哥，城市的学校委员会于 1900 年开始接受芝加哥计划，在中学的课程设计中，只规定了 7 个单元的固定课程量，具体为 2 个单元的英语、2 个单元的某一门具体的外国语言、1 个单元的代数、1 个单元的历史和 1 个单元的科学。同时，关于选修制在中学里使用这个议题，芝加哥市的中学督学指出，作为一个教育者，最想看到的就是每个孩子都能够最大限度地通过接受完整的中学教育获得最大的收

---

① William L. Steele, "To What Extent Should the High-School Pupil Be Permitted to Elect His Work?," in *The Journal of Proceedings and Addresses of the National Educational Association: Session of the Year 1899* (Chicago: The University of Chicago Press, 1900), p. 335.

益，同时高兴地看到芝加哥市的中学在这方面取得了巨大进步，这种进步也主要通过在有一定限制的课程范围内推行选修制来实现的。这些有一定限制的课程主要是指语言、数学、历史、科学、商业课程等。在波士顿，从1901年开始，该市实行了更大自由度的选修制，规定中学里除了体操训练、卫生、音乐课程之外，其余所有的课程都可以选修。波士顿市的学校督学埃德温·西弗（Edwin P. Seaver）指出："我们必须摒弃那种让学生接受学校为他们提前安排好的课程方案的陈旧想法，以波士顿中学为例，学校所能提供的课程总量可供学生花费8—10年才能全部完成，而学生在中学的学习时长也就3—4年。因此，为了满足不同孩子的需求，我们应该为他们提供选择自己喜欢课程的机会，鼓励他们做适合自己的选择并坚持到最后。同时，对年轻人来说，让他们承担自己做课程选择的责任，也是教育中十分重要的一个教育目标，让他们感受到自己所选择的课程值得为之努力。"① 在密歇根州的贝城（Bay City）和东塞基诺（East Saginaw），这些地区的中学仅仅要求英语必修，其余课程可以全部选修。在伊利（Erie）和阿勒格尼，中学规定的必修课程为3年的英语、2年的数学、1年的历史，其余的课程都可以选修。在康涅狄格的哈特福德（Hartford），中学要求第一学年必须修读英语和代数、第二学年必须修读英语和几何，其余课程在任何学年都可以选修。在伊利诺伊州的斯普林菲尔德（Springfield），除了英语、代数、几何、历史和物理之外，其余课程都可以选修；在伊利诺伊州的另外一个城市坎顿（Canton），仅仅规定两年的数学、两年的科学、一年半的英语和一年的历史课程为必修课程，其余都可以选修。在密苏里州的堪萨斯市，中学规定的课程为四年的英语、两年半的数学、三年的科学、一年的历史，其余课程都可以选修。在印第安纳波利斯（Indianapolis）中学，所有的外国语言课程都是选修的，

① Edwin P. Seaver, "Elective Studies," *Educational Review* 23, No. 5(1902): 483-485.

所规定的课程为三年的英语、一年半的代数、一年的几何、一年的历史和一年的物理。奥马哈中学（Omaha high school）的校长指出："我们正在计划一个更加通识的选修计划，但前提是我们需要规定几门必修的核心课程。"①

马萨诸塞州的斯普林菲尔德市也在辖区内的中学里推广了选修制，但在实施的过程中，并没有像盖尔斯堡市那样一下子抛弃了原有的平行课程模式，而是在5年的时间里渐进性地将选修制的理念和思想融入中学的课程计划里。经过5年的培育和理念灌输之后，到1899年，学生可以在校长、老师和家长的指导和帮助下选择自己擅长和喜欢的课程。斯普林菲尔德市的改革与实践反驳了那些认为选修制只是为了满足学生一时兴致的指责，这种指责声主要暗含了有些学生为了投机取巧而选择一些容易课程的言论，而从斯普林菲尔德的实践中得知，这类学生的数量可以忽略不计。同时，这些指责和反对可以用大学入学需求的科目进行回应和反驳，这种事实就是不管是否实行选修制，中学的有些课程是必须要修读的。进一步说，由于各种大学、学院、技术学校和师范学校都对自己的录取要求进行了规定，这就使那些为了升学准备的学生必须在有限的课程系列中进行选修。在底特律市，1900年开始在中学里使用选修制度，该市的督学对使用选修制度以后的变化感到十分满意。他指出，对于那些老的课程，如古典课程、拉丁课程、拉丁-科学课程等，满足了他们所在时代的发展需求，现今应该用更加灵活的课程模式适应新的社会发展情况，而这个具有弹性的选修模式正好给了不同学生群体更多的机会和选择空间。②

---

① Daniel E. Phillips,"The Elective System in American Education,"*Pedagogical Seminary* 8,No. 2(1901):222.

② Bernard Mehl,"The High School at the Turn of the Century: A Study of the Changes in the Aims and Programs of Public Secondary Education in the United States,1890-1900"(PhD diss. ,Urbana:University of Illinois,1954),pp. 292-294.

在圣保罗中心中学（Central High School），学校允许学生调整课程，但前提是必须得到校长的准许，经学校校长同意之后，学生可以从一个课程换到另一个课程，这也是选修制的一种灵活表现。在剑桥英语中学（the Cambridge English High School），学校为学生提供了4组课程计划，每一组课程里都附带一定的选修机会。同时，校长有权利批准学生更换到不同的课程类别中去，这样就可以使选修制得以灵活运用。在内布拉斯加州的比阿特丽斯（Beatrice）市，一位中学校长说，学校有99%的课程可以在学生向学校提出申请且得到批准以后进行调换，在合理的条件下允许学生调换课程，他们也应该有这个权利去选择自己感兴趣的课程。在学校所提供的课程中，有3组课程的要求看起来是十分严格的，但实际上只有一些固定的课程需求，其余的都是可以选修的。[①] 从上述列举的几种选修方式来看，这种替换的课程选择方式实际上比其他选修方式受到的欢迎程度更大，因为在有校长和监督者对学生的选修情况进行了解之后给予的调整批准，往往比学生自己随性的选修更有科学性，毕竟校长、督学所具有的专业知识和阅历远远地超过了学生个体的认知水平。印第安纳州公共教学办公室的州督学法赛特·科顿（Fassett A. Cotton）指出："尽管不同的城镇中学在印第安纳州的不同区域之间存在一定差异性，有些学校的学期很短、短期课程很多，但是这些中学都开始按照州教育委员会的需求去开展本地区中学的教学与课程安排。州教育委员会要求中学在4年时间里开设的基本课程需求分别为3年的语言课程、3年的历史、2年的数学、2年的科学、4年的英语，其余课程都可以进行选修。同时，委员会在对中学的其他方面进行补充时还强调支持两点：第一，教师的学历和素养必须是合格的。第二，4年中学的教学时间不能低于32个月；

① Daniel E. Phillips,"The Elective System in American Education,"*Pedagogical Seminary* 8,No. 2(1901):223.

在同一时间里，1 所中学必须要有 2 位以上教师在学校承担教学与管理工作等。”①

1901 年，丹佛大学的丹尼尔·菲利普斯（Daniel E. Phillips）教授在全国范围内就选修制在中学里的推广和实施情况进行了调研。在调研的过程中，他以问题的形式将 9 个方面的问题清单寄给了全国范围内不同地区和城市的 320 所中学的校长，最终收到了 176 所学校校长寄回的问题调查清单。由于有些城市的几所中学都在使用同一种选修制，所以部分城市只寄回了具有代表性学校的回复函，这也是只有 176 位校长对调查问题进行了回复的原因。在中学的代表性方面，这 176 所中学基本上涵盖了全国范围内所有主要城市（新奥尔良除外）。在这 176 所中学的分布方面，南部 24 所，新英格兰地区 28 所，中部各州 38 所，中西部各州 41 所（包括俄亥俄、印第安纳、伊利诺伊、密歇根和威斯康星），西部 45 所。在调查的问题设计方面，所涉及的 9 个问题分别为您的学校在多大程度上使用了选修制？学校使用的选修制已经持续了多长时间？这个制度的使用是突然的变革，还是渐进性的变革？能不能提供一些您的学校已经设计好的选修制列表？您认为选修制在中学里仍处于实验的阶段吗？这项制度执行得如何？如果进行得不顺利，所面临的主要困难是什么？根据您的经验，或者您所了解到的情况，这项制度能够在整个教育领域里推广开来吗？根据您的判断，导致选修制出现的主要原因是什么，是为了顺应部分孩子的发展要求，还是老师的特殊偏好，或者是学校为了更容易地开展教学工作？使用了选修制以后，对之前一些正常的学校课程有影响吗？菲利普斯在对所有收到的回复进行整理后得出的初步结论就是有些地区明确地表示支持选修制，有些地区没有很确切地表示支持这种制度，但也没有反对。

① Fassett A. Cotton, "The Township High School in Indiana," *The School Review* 12, No. 4(1904): 278.

分区域来说，美国南部中学对实施选修制持较强的保守态度，没有在中学里推广自由的选修。在西部，最明显的特征就是中学通过增加学校的课程努力满足选修制的要求，在一定的课程范畴内实行选修，也允许替换课程在中学里的存在。同时，为了满足一些大学特殊的入学需求而实行选修制也是这一地区最为突出的特征。在新英格兰地区，中学由于受到大学的入学需求控制比较明显，所以很多中学表示必须要开始推广选修制。在中部各州，在过去 3 年里，选修制已经得到了大力的推广，所调查到的 38 所中学，已经有 9 所中学在 3 年时间里接受了选修制。在中西部各州，选修制在中学里得到了最大范围的推广和应用，在这个地区所包含的州里面，基本上各个地区和城市都接纳和采用了选修制。还有一些州使用了组合系统（group system）的选修方式，这种选修方式就是中学将课程分为一些不同的课程组，学生都可以选择，但前提是他们必须先修读一些必需的课程，之后才能再选择不同组的课程，这种选修方式跟以前大学里实行的方式相类似。此外，一种受到很多中学欢迎的选修方式也慢慢地被推广开来，这种选修方式就是要求学生必修几门核心课程之后，才可以任意地选择其他课程。①

在涉及菲利普斯教授问到的 9 个问题时，有 48 所学校在过去 3 年里采用了选修制，有 58 所中学是渐进性地实施了选修制，有 42 所中学是一下子就进行了变革；有 52 位校长认为选修制仍处于实验阶段，有 76 位校长认为选修制需要一些核心的课程，只要核心课程确定好后，就可以实行。在回答第 8 个问题，即导致选修制出现的主要原因是什么，是为了顺应部分孩子的发展要求，还是老师的特殊偏好，或者是学校为了更容易地开展教学工作？有 89 位校长认为是自然的适应，有

---

① Daniel E. Phillips, "The Elective System in American Education," *Pedagogical Seminary* 8, No. 2(1901): 219-220.

57 位认为是为了学校更好地开展工作，有 52 位认为是教师的偏好，有 47 位认为是特殊的建议，有 35 位认为是为了大学的入学需求，有 17 位认为是为了未来的需要。最后，菲利普斯根据手中掌握的所有材料总结道："选修制不仅仅是大学里一个久已有之的、固定的课程修读制度，而且已经被慢慢地引入中等教育领域并得到了快速地推广和应用。这种制度可能被修改和限定，但一定不会被完全抛弃，尤其是在美国这个民主的国度里。我们现在已经不需要讨论是否在中学里使用选修制，而只需要努力探索一个能够在中学里发挥最大作用的选修原则和方法。根据调查结果可知，大部分校长支持的改革趋势就是要求中学生在完成了必修的核心课程之后，再自由地选修其他课程。至于哪些课程应该成为中学的核心课程，绝大多数的校长都支持英语、代数、历史、科学或几何这几门课程。在课程学习时长方面，校长们普遍认为三年的英语、一年半的代数、一年的历史、一年的科学或一年的几何，这些课程和修读时长应该作为要求学生修读的固定常量。在目前中学课程选修制极其混乱与无序的情况下，中学只有接受这个固定常量之后再实施各自学校的选修安排，才是解决这个混乱状态的最好方法。"① 与此同时，从菲利普斯调查建议的核心课程中，我们也可以看出，拉丁语已不再是中学里要求学生必须修读的课程了，一些有特别规定的外国语言被排除在必修的课程行列之外了。

1900—1905 年，关于中学是否实行选修制成了这一时期中等教育领域讨论的热点问题。在 1901 年菲利普斯进行了调查的同时，贝克也在这一年进行了类似的调查，他对来自于较大城市的 40 位中学管理者进行问卷调查。贝克在调查结论中指出，多数人对中学课程在较大程度上实行选修制是反对的，但他们认为适度的课程选修是势在必行的。

---

① Daniel E. Phillips, "The Elective System in American Education," *Pedagogical Seminary* 8, No. 2(1901): 224-229.

一些人提出反对意见主要是因为他们担心学生会选择容易的课程而避开难度较大的课程，其次是因为他们认为孩子没有足够的阅历和判断能力去做出合适的选择。[①] 贝克的调查结论在一定程度上支持了菲利普斯的调查结论，这个结论就是在中学课程实行固定课程常量的基础上再进行其他课程选修的工作方案。之所以选修制在20世纪第一个10年里成为中等教育界争论的一个核心话题，主要与中学应当承担的功能有关，这种功能就是中学是为大学做准备还是为学生未来的生活做准备。从传统意义上来说，这两种不同的功能在中学课程领域的体现就是古典课程和英语课程之间的区别。古典课程包含很多的希腊语和拉丁语及数学和一些古代历史，英语课程则由各种各样的科学、哲学的部分课程、历史、政治经济学、英国文学、现代外国语等课程组成。由于古典课程选择的有限性，在20世纪初期已经无法满足文明与社会的发展需求，因此人们开始提倡打破这个课程选修壁垒，进而满足不同学生的不同职业发展需求。

第三节　中学课程选修制在州与中学的应用实例

20世纪初期，在中学里实行选修制已不再是一个具有争议的话题，几乎所有的教育家和管理者都充分认识到选修制的教育价值，只是这个教育价值是相对的，而不是固定的、亘古不变的。这种相对的教育价值不是依赖于课程计划本身，以及这些课程内在的那些能够训练、发展和增强学生精神元素的力量，而是依赖于教师的技能，通过教师合理地诠释、说明和指导能够使课程变得更加具有吸引力。此外，也依赖于学生与生俱来的天赋、遗传因素和业已形成的思维习惯等。然

---

① Edward A. Krug, *The Shaping of the American High School* (New York: Harper & Row, 1964), pp. 196-197.

而，在选修制逐渐得到中学和教育管理者认可和接受的同时，不同州和城市及不同学校之间，在具体运用选修制方面还存在较大的差异性，这与学校规模的大小、城市社区的历史传统、学校教师的偏好等有一定的关系。本书中选取的两个案例，一个是大规模学校中将学术型课程和选修制执行得都较好的典范代表，即费城中心中学，另一个是州里的小规模学校如何运用选修制的代表，以伊利诺伊州小规模学校正在实践中运用的一些选修课程形式为例。期望通过这两种不同规模的中学所开设的课程，让人们清晰地了解选修制在美国中学里的实践情况。

一、大规模中学应用选修制的代表：费城中心中学

费城中心中学（The Central High School of Philadelphia）是费城市一所有着悠久历史的公立中学，于 1836 年建立，是由费城第一区的学校委员会管理者负责组织建立起来，这所中学对后期公立中学的快速发展具有极大的影响力。尤其是在公立中学所具有的民主影响力方面，这所中学在后期也被誉为美国公立教育中的一个典范。① 从这所中学建立到 1910 年，在过去的 65 年里，有 19 115 人走进了这所中学读书，其中有 3328 人完成了 4 年的学业，毕业生和优秀校友遍布社会各个领域。到 1902 年，这所中学的在任教师数达到 57 人，在校的中学生数为 1382 人，属于公立中学中规模较大的一所，也是城市中学中人数较多的一类代表，这也是本书选择该中学的原因之一。在《十人委员会报告》和《大学入学需求委员会报告》都提倡中学使用选修制之后，到 1902 年，这所中学也开始将选修制应用到日常的中学课程安排中，同时逐渐地加大课程的选修力度。选修制在费城中心中学一方面体现

① Franklin S. Edmonds, "The Central High School of Philadelphia, 1838-1902," *The School Review* 11, No. 3(1903): 211.

在学生可以根据自己的需求选择五大类课程，这与一般的小规模学校相比，具有明显的课程总量优势，可以满足不同学生群体的需求，增加了学生选修自己擅长课程的可能性；另一方面在中学课程的第四学年，学校为学生提供了一定课时量的选修课程，学生可以从规定的额外课程计划中进行选择。这些都充分体现了该中学将选修制进行灵活运用的具体状况。

1902年，费城中心中学提供了五大类的课程供不同需求的孩子来选择：一是古典课程，这类课程包含拉丁语、希腊语、法语或德语、英语、数学、天文学、物理学、化学、历史、绘画、生物学、道德伦理学和政治经济学。二是拉丁-科学课程，这类课程与古典课程相异。这种差异一方面是这类课程不包含希腊语课程，另一方面是更加重视现代语、数学和科学的教学，它所对应的大学课程就是文学学位方面的课程。三是科学课程，这类课程不包含希腊语，同时拉丁语在中学二年级以后也不再安排了，它所对应的大学课程就是理学学位方面的课程。四是商业课程，这种课程也只是从1898年9月份才开始开设的，课程长达4年，包含了普通中等教育商业课程中所有的基本科目，除了强调经济、科学和商业技术课程之外，十分强调现代外国语课程的教学。五是教育学的研究课程，这些课程仅仅两年，主要为那些准备从事小学教育的学生准备的。从这五大类课程计划来看，给人的第一印象就是许多课程过于表面和流于形式，课程的深度不够。然而，在20世纪初期，中学课程出现这样的现象也是正常的，因为这时的课程正处于一个转折期，传统的课程挣扎着想坚守自己一直以来的核心地位，而现代课程顺应社会发展所需渐渐地引起了学生的注意和青睐。[①] 为了更加清晰地呈现这所中学选修制的应用情况和不同类别课程所包含的

① Franklin S. Edmonds, "The Central High School of Philadelphia, 1838-1902," *The School Review* 11, No. 3(1903): 220.

具体课程，我们可以从这所中学 1900 年的学校课程计划列表中看出端倪（如表 3-1 所示）。

表 3-1 费城中心中学 1900 年课程计划安排表①

年级	古典课程	拉丁-科学课程	现代语言课程	商业课程
中学一年级	拉丁语（5）；美国文学（2）；历史（希腊和罗马）（3）；代数（5）；科学（自然地理、植物学和动物学）（3）；绘画（2）	拉丁语（5）；美国文学（2）；历史（希腊和罗马）（3）；代数（5）；科学（自然地理、植物学和动物学）（3）；绘画（2）	拉丁语（5）；美国文学（2）；历史（希腊和罗马）（3）；代数（5）；科学（自然地理、植物学和动物学）（3）；绘画（2）	拉丁语（4）；英语（作文和美国文学）（2）；代数（5）；历史（希腊和罗马）（3）；科学（原材料贸易）（4）；费城（历史、政府和商业利益）（2）；商业表格和书法（2）
中学二年级	凯撒（3）；拉丁语作文（1）；希腊语（4）；英国文学（2）；历史（英格兰）（2）；几何和三角学（5）；物理科学（3）；绘画（2）；雄辩术（1）	拉丁语（3）；德语（3）；英国文学（2）；历史（英格兰）（2）；几何和三角学（5）；物理科学（3）；绘画（2）；雄辩术（1）	拉丁语（3）；德语（3）；英国文学（2）；历史（英格兰）（2）；几何和三角学（5）；物理科学（3）；绘画（2）；雄辩术（1）	德语（5）；英国文学（3）；初级几何、三角学和商业算术（5）；历史（英格兰）（2）；商业地理（3）；簿记（3）；速记与打字（4）
中学三年级	拉丁语（4）；希腊语（4）；英国文学（2）；历史（美国）（2）；力学与代数（3½）；化学（2½）；物理（2）；解剖学与生理学（2）；作文（1）	拉丁语（3）；德语（3）；英国文学（2）；历史（美国）（2）；力学与代数（4½）；化学（2½）；物理（2）；解剖学与生理学（2）；作文（1）	德语（2）；法语（3）；英国文学（2）；历史（美国）（2）；力学与代数（4½）；化学（2½）；物理（2）；解剖学与生理学（2）；逻辑学（2）；绘画（1）；作文（1）	德语（3）；英国文学（2）；历史（美国）（2）；物理与化学（4）；政治经济学（2）；商业方法观察法（2）；速记（4）；雄辩术（1）；法语或西班牙语（4）

① Franklin S. Edmonds, "The Central High School of Philadelphia, 1838-1902," *The School Review* 11, No. 3(1903): 226.

续表

年级	古典课程	拉丁-科学课程	现代语言课程	商业课程
中学四年级	拉丁语（4）；希腊语（4）；英国哲学（1）；莎士比亚（1）；伊丽莎白戏剧（1）；天文学（2）；道德伦理学（1）；政治经济学（1）；法语或德语（3）；数学讨论或建筑绘图（2）；选修课程（2）*	拉丁语（3）；英国哲学（1）；莎士比亚（1）；伊丽莎白戏剧（1）；数学（4）；天文学（2）；球形三角学和解析几何学（2）；化学（2）；物理（2）；地质学（2）；道德伦理学（1）；政治经济学（1）；法语或选修课程（2）*	德语（2）；法语（3）；英语作文（1）；伊丽莎白戏剧（1）；天文学（2）；球形三角学和解析几何学（3）；化学（2）；物理（2）；地质学（2）；道德伦理学（1）；政治经济学（1）；绘画（1）；选修课程（2）*	德语（3）；英国文学（3）；现代工业和商业历史（美国和英格兰）（3）；工业化学（2）；经济和政治科学（8）；商业法（2）；法语或西班牙语（3）

备注：表中课程后面括号里的数字为每门课程每周的课时工作量（period）。

* 中学四年级可选课程名称具体为拉丁语（李维、特伦斯）、物理、希腊语（希罗多德、柏拉图、亚里士多德）、绘画、解剖学和生理学（高级）、政治学、土木工程、制宪史、机械工程、19世纪文学（布朗宁、丁尼生、阿诺德）、微积分、化学。

二、伊利诺伊州小规模中学应用选修制的实践

20世纪初，中学推广和使用选修制已经成为大家的共识。然而，由于学校规模的大小、师资力量的多少和地理位置的差异等都决定了中学在多大程度上使用选修制。上文中的费城中心中学由于地处历史较为悠久、教育传统较为浓厚、地理位置绝佳的费城市的中心，而且已经过多年的发展，所以这所学校的规模较大，教师人数充裕，学生在读人数过千，中学课程的类别和科目都相对的完善和合理，在这样的大规模中学里，选修制就非常容易被推广和应用。与此同时，美国

各地也存在着大量规模适中的中学，这类中学该如何使用选修制？大多数管理者基本上都赞同学生在自由地选修课程之前，需要先完成一定量的必修课程或核心课程。保罗·汉诺斯指出，在当时的情况下，为每位中学生规定一些必修课程是较为理智的一种选择。这些必修的课程可以为至少 1 年的母语语言学习与文化学习、1 年的美国或英国历史学习（主要是政治史）、1 年的美国或英国经济史和公民政府学习或 1 年的初级政治经济学、1 年的现代外语、1 年的科学（自然地理学或植物学和动物学）、1 年的代数和几何（合在一起）、1 年的绘画和手工训练，同时这些课程每周的教学量都应该在 3—4 个课时（period）。[①] 汉诺斯提出的这些必修的基础课程对规模适中的中学来说，的确是一种很好的选择。然而，在美国还存在着一些教师人数不足 4 人的中学，这些中学往往也被称为小规模中学。这类中学与其他中学相比，无论是师资力量与学生人数，还是学校设施和周边环境，都与汉诺斯所指的这些中学存在巨大的差异性。伊利诺伊大学的斯特拉顿·布鲁克斯（Stratton D. Brooks）调查了伊利诺伊州一些小规模中学正在实施的一些中学课程情况，并对这类中学应用选修制的情况进行了归纳和总结。

布鲁克斯指出，小规模中学由于自身存在的各方面限制因素，为了能够最大限度地满足学生的需求，应该安排好课程计划。首先，在课程的周学习工作量上，他认为一些必修课程，每周的课时量应该为 5 次。其次，小规模中学应该将一门外国语的学习作为学生毕业的前提，这门外国语可以根据学校的师资配备来决定，所开设的教学时长应该不少于两年。再次，在英语课的学习上，考虑到英语对孩子未来的发展和合格公民的养成至关重要，因此他建议 3 年的英语（每周不少于 5 个课时）学习时长对孩子来说是必不可少的，如果条件允许的话，中

① Stratton D. Brooks, "Electives in the Small High School," *The School Review* 9, No. 9(1901): 595-596.

学开设 4 年的英语将对学生更有帮助。然后，如果按照汉诺斯提出的开设 1 年的代数和几何且将这两门课合在一起开设，这个课时量就超出了学校正常的总课时量。如果只教授代数或几何，那么老师们又不太愿意丢掉另一半。在这种情况下，可以开设两年的数学课程作为其中的一种选择。最后，根据上述课程安排，规模较小的中学规定学生必修的课程应该为 4 年英语、2 年的代数和平面几何、1 年历史（英国史和美国史）、1 年物理，这些课程加起来的总量应该达到 4 年中学课程工作量的一半，这样每一年只需要安排两门必修的课程就可以了。如果每位孩子每天学习的课程为 4 门的话，那么每年提供给他们选修的课程量至少应该在 3 门以上，这样 4 年加起来提供的额外选修课程的总量就为 12 门。如果每周每门课程的课时量为 5 个的话，那么 4 门课程每周的课时总量就是 20 个，这 20 个周课时量就跟《十人委员会报告》中要求的周课时量一致。与此同时，教育家们普遍认为 40 分钟的连续教学应等于 1 个课时量。如果 1 个课时等于 40 分钟，那么中学每天能够安排 8 个课时的教学。布鲁克斯进一步指出，在选修课程的安排方面，鉴于美国不同州和地区的不同情况、学校教师的偏好及学校周边社区的传统等，虽存在一定的差异，但这些差异可以在选修原则的基础上进行适当调整，并列举了当时最符合伊利诺伊州小规模中学发展实际的中学课程计划，具体如表 3-2 所示：

表 3-2　伊利诺伊州小规模中学课程安排表①

年级	必修课程	选修课程
中学一年级	英语 I 代数	拉丁语 I 自然地理 1/2 和生理学 1/2 簿记

① Stratton D. Brooks, "Electives in the Small High School," *The School Review* 9, No. 9(1901):598.

续表

年级	必修课程	选修课程
中学二年级	英语Ⅱ 平面几何	拉丁语Ⅱ 动物学 1/2 和植物学 1/2 希腊史和罗马史
中学三年级	英语Ⅲ 物理	拉丁语Ⅲ 中世纪历史和现代史或德语Ⅰ 立体几何
中学第四年	英语Ⅳ 英国和美国史	拉丁语Ⅳ 政治经济学和公民政府 化学或德语Ⅱ

在根据表 3-2 中列举的必修课程和选修课程的基础之上，考虑到不同学校师资的差异性和学校不同的传统习惯，布鲁克斯进一步补充道：第一，如果某所中学只能开设 3 年的英语课程，那么第四年需要用历史或经济学课程来代替。第二，由于小规模学校师资力量的缺乏，绘画和手工训练课程很难有效开展。然而，在中学第三年用德语Ⅰ替代历史和在中学第四年用德语Ⅱ代替化学，就可以保证第二门外国语言的学习时长达到了两年的最低要求，符合了毕业要求。第三，在选修课程的列表中，课程的相对开设时间和位置也可以调整，在调整的过程中，必须要保证的原则就是只有 3 个教师的中学所提供的选修课程门类不能超过 12 门，选修课程每学年的最低要求门数是必须要满足的。第四，那些为升学做准备的孩子需要选择外国语，同时在中学第三年需要选择数学。第五，在一个只有 2 位教师的中学，按照 1 个课时 40 分钟来计算，2 位教师一天最大的工作量就是 16 个课时，而如果学校开设 4 门每天都是必修课程的话，4 个年级一天加起来的课时量就达到了 16 个，这种情况下就无法开设选修课程。针对以上这些情况，可以在中学第三年和第四年将每天的必修课时量减少到 14 个，另外 2 个课时

用来选修一些课程。但对只有 2 个教师的中学来说，要想充分地运用选修制是十分困难的。但对 3 个及 3 个以上教师人数的中学来说，运用上表中列举的课程安排形式是十分适合的。①

在 1910 年全国教育协会召开的年会上，来自伊利诺伊州乔利埃特（Joliet）市的中学校长詹姆斯·布朗发表了《选修制对未来中等教育福利的影响》一文。布朗在文中指出："在美国中等教育发展的早期，由于学校规模较小、教学设施配备简陋，以及获得资助比现在困难得多，所以那时基本上都是用同样的课程教授所有孩子，根本不管他们的性别、之前的学习背景及未来的职业计划等。然而，当大学入学需求委员会提出在中学里使用选修制之后，在过去的 10 年里，这一制度最明显的成效就是中学的入学率增加了一倍，学生普遍的学习年限得以延长。同时，我们也发现选修制给中学带来的其他福利，如当选修制在有经验的教师指导下，能够最大地实现它的价值，教师往往是决定孩子在未来社会中能否高质量生活的关键因素；借助于选修制，可以将学校以外的真实生活与学校里的学习活动紧密联系起来，如果州和城市想要学生在十六七岁离开学校时成为一位好公民，他们就需要提供足够多的支持帮助中学开设更多合适的选修课程；中学课程中涉及的专业化阶段教学应该在孩子完成了两年的通识教育以后再安排，这时孩子做出的决定才是最明智的。总之，选修制对未来中等教育的积极影响会进一步加大，更能与公共需求相衔接，也能使中学逐步摆脱其他机构的支配，与学生毕业后立即接触的社会生活联系得更加紧密。"②

---

① Stratton D. Brooks, "Electives in the Small High School," *The School Review* 9, No. 9(1901): 598-600.

② James Stanley Brown, "The Effects of Electives Upon the Future Welfare of Secondary Education," in *The Journal of Proceedings and Addresses of the National Educational Association: Session of the Year 1910* (Chicago: The University of Chicago Press, 1910), pp. 203-207.

第四章　公立中学综合课程模式的形成与发展

20 世纪初，伴随着美国城市化进程的加快，社会各界对中等教育应增加实用性课程的呼声随之高涨。工业化的发展加速了一个个利益集团的形成，他们试图影响美国的教育改革，特别是在中等教育方面。与此同时，1905—1910 年，伴随着中学入学人数的增多，对中学课程的讨论已经不再聚焦于古典课程和现代课程二者之间有什么区分和作用，而是将课程讨论的焦点放在了实践课程和学术课程之间，这也标志着美国中学课程发展的一个新方向。这种新的发展趋势的出现，一方面与马萨诸塞州工业和技术教育委员会 1906 年发布的报告引发人们对职业教育的讨论和关注有关，另一方面也因为在社会效率运动和科学管理运动的推动下，中学不得不考虑如何通过课程的调整满足社会的发展和时代的需求。此时，《十人委员会报告》中提供的 4 组中学课程计划已显得不合时宜，学生对学校提供民主和自由的教育方式的呼声此起彼伏，这一问题在 20 世纪前 20 年里体现得尤为突出。里斯指出："20 世纪早期，提倡为一些学生提供职业教育的改革者们纷纷抱怨中学的课程过于学术化，过于单一，过于被大学入学需求中的规定所束缚。中学似乎忘记了自己存在的基本法则，在中学建立的早期，其最根本的任务就是强调生活中实践性的一面，而到了 20 世纪早期，不管是在理论上还是在实践上，中学原本具有的与拉丁文法学校相类似的传统功能已远远被抛弃。”① 为了回应当时社会政治、经济和文化等方面的重大变革给学校带来的新挑战，全国教育协会在成立节约教育时间委员会对教学效率和课程时间资源的浪费等问题进行调研的基础之上，期望对中等教育的教育目标和课程计划进行全面的重组。他们先于1908年成立了“综合中学委员会”进行了综合中学课程模式的早期探索，这种探索及委员会之后发布的《综合中学课程委员会报告》，坚定了全国教育协会倡导建立综合中学课程模式的信念。随后，全国教育协会又于1910年成立了由金斯利任主席的中学与大学衔接九人委员会，试图通过这个委员会的努力建立一种新型的中学来调和中学职业课程和学术课程之间的紧张关系。九人委员会一方面通过呼吁建立一种“综合的中学”（Cosmopolitan High School）解决中学职业课程和学术课程之间的矛盾问题，另一方面通过实施新的大学入学需求促使中学逐渐摆脱大学的控制。九人委员会的工作报告最终达到了全国教育协会推动改革的初步目标。为了全面重组美国中等教育，解决社会各界对中学的批评和不满意的问题，在九人委员会的基础之上，全国教育协会于1913年建立了规模更大的“中等教育改造委员会”，在全国范围内就中等教育问题开展了调研，金斯利继续担任这个委员会的主席。从1913年中等教育改造委员会成立到1922年解散，委员会共计发布了16份关于中学课程和中学管理的调查报告，其中以1918年发布的《基本原则》最为重要，影响也最为深远。《基本原则》报告最终以“综合中学”（Comprehensive High School）的名称将《九人委员会报告》中建议的中学类型确立下来，同时正式开启了中学综合课程模式的发展之路。

---

① William J. Reese, *The Origins of the American High School* (New Haven: Yale University Press, 1995), p. 260.

第一节　金斯利和中学与大学衔接九人委员会

继全国教育协会先后建立了十人委员会、十五人委员会和大学入学需求委员会对中学的课程问题进行调研并发布各自的报告之后，到1910年前后，中学的课程再次出现了混乱的发展状态，社会各界对中学课程的批评和指责之声不绝于耳，中学自身内部也认为对中学课程进行改革是一件刻不容缓的事情，必须通过改革再次实现课程的统一性和实效性，从而保持中学和大学的相对独立。也就是在1910年，一位来自布鲁克林手工训练中学的普通数学教师开始出现在美国教育的全国性舞台上，从之前仅仅担任过纽约市中学教师协会下属的一个委员会主席一下子成了全国性教育协会组织里的一个负责中等教育重组的全国性委员会的主席，并在1910年接下来的四分之一世纪里对美国中等教育产生着重要影响，他就是卡拉伦斯·金斯利，对他生平的了解和掌握，也更有利于我们对他接下来为美国中等教育发展所做出的贡献进行理解和反思。

一、金斯利的个人努力

卡拉伦斯·金斯利（Clarence Darwin Kinsley，1874—1926），美国著名的教育家，担任过全国教育协会下属的中等教育改造委员的主席，是1918年《基本原则》报告的5个最重要的贡献者之一。金斯利1874年7月12日生于美国纽约州中部的一个城市——锡拉丘兹（Syracuse，又译雪城），父亲是一名律师，母亲是位德语教师。金斯利于1914年6月26日与伊丽莎白·西尔曼（Elizabeth Seelman）结婚，西尔曼是女子商业中学的一位英语教师，二人育有一女。[①] 1897年，金斯利从位于纽约州汉密尔顿市的科尔盖特大学（Colgate University）毕业，主修科学和数学专业，获得文学学士学位。从科尔盖特大学毕业以后，金斯利获得了在这所大学担任教职的机会。1898—1902年，他成了这所学校里的一名数学教师，教授数学和测量等方面的课程。在任教之余，他还修读了该校神学院里的一些研讨课程。有着虔诚宗教信仰的金斯利，曾渴望成为一位牧师到中国传教。在科尔盖特大学工作4年之后，他于1902年前往哥伦比亚大学师范学院攻读硕士学位，主修社会学，并于1904年获得硕士学位。金斯利在此期间，除大量修读社会学、伦理学、教育学等相关的研究生课程外，还积极参与纽约市开展的社会安置运动，负责在贫民窟地区照料和帮助新移民、无家可归的人、酗酒的人等尽快地回归到正常家庭生活中去。同时，金斯利希望在投身进步事业的过程中，将社会学理论与实践相结合，找到合适的硕士论文选题，并最终以"纽约市无家可归人群的社会安置"（"The Treatment of Homeless Men in New York City"）为题完成了学位论文。[②]

1904年，从哥伦比亚大学毕业之后，他成了纽约布鲁克林手工训练中学（the Manual Training high school）的一名数学教师。1904—1912年，金斯利一方面在这所学校从事中学数学课程的教学工作，另一方面帮助学校制订每年的课程计划。在这个过程中，令他感受最深的就是高等教育机构通过制定大学入学需求对中学课程进行控制和主导。他敏锐地觉察到当时中学的课程设置与社会需求之间存在着巨大的差距，注意到中学课程在到底是为生活做准备（preparation for life）

① Walter H. Drost, "Clarence Kingsley—'The New York Years'," *History of Education Quarterly* 6, No. 3(1966): 22-24.

② James Terry White, *The National Cyclopaedia of American Biography*, Vol. XX (New York: James T. White & Company, 1929), p. 93.

还是为学生升入大学做准备（preparation for college）之间存在着严重的分歧。他认为成千上万的学生每年升入中学以后，在以大学入学需求为导向的课程设置背景下，不能很好地接受应有的教育和服务。金斯利也注意到当时布鲁克林的 11 667 名中学生中，大部分学生每天需要步行很远才能到达相应的分科中学接受教育。根据当时布鲁克林市中学生的增长速度和比例，他认为在接下来的 5 年里布鲁克林的中学学校数量需要再扩大 5 倍。据此，金斯利建议新建中学在选址上应选在学生步行就很容易到达的范围内；新建中学的课程构成应打破过去专业化中学里过于单一的局面，可以包含几个单独的部分，如商业、实践艺术、家政艺术和传统的学术课程等，类似于“University high school”这种中学，这样学生就不需要走很远去分科中学学习了。这类中学就是金斯利在 1913 年之后将其称为“综合中学”（comprehensive high school）的雏形了。①

金斯利在布鲁克林手工训练中学工作期间，还加入了纽约市中学教师协会（the New York High School Teachers Association），成了这个教师协会下属的一个名为“中学课程修订委员会”（the Committee on Revision of the High School Course of Study）里的一名重要成员。1910 年 3 月，纽约市中学教师协会成立了一个专门处理与大学之间关系的会议委员会，任命金斯利为这个委员会的主席。1910 年 5 月，由金斯利任主席的这个委员会完成了一份主标题为“中学与大学的衔接”（Articulation of High School and College）、副标题为“中等教育的改造”（The Reorganization of Secondary Education）的调查报告，即《中学与大学的衔接——中等教育的改造》（“Articulation of high school and college—The reorganization of secondary education”）。金斯利在

① Walter H. Drost, *David Snedden and Education for Social Efficiency* (Madison: The University of Wisconsin Press, 1967), p. 116.

这份报告中建议大学应该只要求一门外国语作为入学需求，而不是两门。报告建议大学所接受的中学课程学分总量中应该包含一定量的职业课程或实践课程的学分。此外，报告还对中学课程的二元论观点（dualism）表示强烈的斥责和反对，认为任何企图将中学分为两类班级，一类为大学做准备，另一类为未来生活做准备的，都将无法满足社会的需求。① 金斯利提交的这份报告被誉为中学独立于大学的一个宣言，得到了纽约市中学教师协会的采纳，决定按照报告中的课程改革要求在纽约市先行实施。

1910 年 7 月，全国教育协会在波士顿召开年会，在中等教育分部召开的分会上，金斯利将呈交给纽约市中学教师协会的报告分发给与会成员，得到了参会人员的广泛赞同和接受，这也是金斯利第一次在全国性的教育组织会议上成为人们关注的焦点。随后，在中等教育分部 7 月 6 日的会议上，决定以全国教育协会中等教育分部的名义任命成立一个全国性的委员会，对中学与大学之间的衔接、中学课程的改组及新的大学入学需求模式等问题进行调研，这个新的全国性委员会取名为"中学与大学衔接九人委员会"（the Committee of Nine on the Articulation of High School and College）。这个委员会由 9 人组成，所以也被称为"九人委员会"，任命金斯利担任委员会主席。②

1911 年，全国教育协会在旧金山召开年会。在这次会议上，金斯利代表九人委员会向中等教育分部提交了第一份报告，得到了大会的采纳。在这次会议结束之前，中等教育分部选举了下一届的主席、副

① Edward A. Krug, *The Shaping of the American High School* (New York: Harper & Row, 1964), p. 295.

② Walter H. Drost, *David Snedden and Education for Social Efficiency* (Madison: The University of Wisconsin Press, 1967), p. 118.

主席和秘书，金斯利被推选为1912年中等教育分部的秘书。[①] 1912年春，金斯利作为美国联邦教育署新的教育专员菲兰德·克拉克斯顿(Philander P. Claxton)的顾问，在华盛顿进行了为期两个月的顾问工作，调研和分析了当时美国204所文理学院的大学入学需求情况，并完成了最终的调研报告。联邦教育署在1913年第7号公报上发布了这份调研报告，这份报告的发布对重新定义大学入学需求产生了深远的影响。[②] 鉴于在1911年全国教育协会年会上提交报告的影响力，以及1912年在联邦教育署工作期间开展的全国性调研工作，金斯利一下子名声大振，成了全国上下的焦点人物。当1913年全国教育协会决定成立一个规模更大的委员会对中等教育的问题进行改革时，他再次被任命为这个中等教育改造委员会的主席。[③]

金斯利在担任九人委员会和中等教育改造委员会主席期间，也迎来了职业发展的一个新机遇，从中学教师变成了马萨诸塞州主管中学教育的督学，从布鲁克林来到了波士顿。1912年秋季，在斯内登的帮助下，他成了马萨诸塞州教育委员会里的一位成员。金斯利到马萨诸塞州教育委员会工作之前，在纽约市中学教师协会下属的9个常设委员会中的5个委员会中工作。[④] 在1912—1923年担任州中学督学期间，金斯利还通过州教育部发表了关于建立初级手工训练中学和高级手工训练中学的报告。此外，他还对改善中学的建筑设施非常感兴趣，在

① Robert T. Adams, "Secretary's Minutes," in *The Journal of Proceedings and Addresses of the National Educational Association: Session of the Year 1911* (Chicago: The University of Chicago Press, 1911), p. 558.

② Walter H. Drost, *David Snedden and Education for Social Efficiency* (Madison: The University of Wisconsin Press, 1967), p. 120.

③ James Terry White, *The National Cyclopaedia of American Biography*, Vol. XX (New York: James T. White & Company, 1929), pp. 93-94.

④ Walter H. Drost, *David Snedden and Education for Social Efficiency* (Madison: The University of Wisconsin Press, 1967), p. 115.

《基本原则》报告中设计的学校建筑结构图迅速地在全国范围内得到了应用。与此同时，金斯利还一直兼任着不同城市教育委员会的咨询专家和顾问，帮助一些城市设计它们的学校建筑，特别是芝加哥、俄亥俄州的托莱多和辛辛那提。1917—1921 年，他为哈佛大学的夏季课程讲授中等教育课程。1923 年，他在密歇根大学讲授学校建筑设施规划课程。1925 年和 1926 年，他继续在印第安纳大学讲授学校建筑设施规划课程。同时，金斯利还是其他各种全国性教育和福利组织的成员，在美国教育界享有很高的荣誉和学术地位。金斯利一直被认为是一位真理的追寻者、一位具有深邃思想和进步主义思想的思考者、一位不辞劳苦和鞠躬尽瘁的服务者。金斯利于 1926 年 12 月 31 日在辛辛那提逝世，享年 52 岁。①

二、综合中学课程模式的早期探索

在职业教育运动和社会效率运动的影响和推动下，1906—1910 年，社会各界对于建立一种什么样的中学、这种中学提供什么样的课程一直争论不休，这种持续的争锋也让人们萌发了再次改组美国中等教育的信念，并在随后不久便付诸实际行动。全国教育协会在 1910 年决定建立中学与大学衔接九人委员会之前，已于 1908 年在克利夫兰召开的年会上成立了一个名为“综合中学委员会”（the Committee on the Cosmopolitan High School）的组织，要求这个委员会对当时城市中学的发展状况进行调研，并就如何在保证课程价值平等的基础之上改革选修制的使用方法、调查哪些课程可以成为综合中学课程重组体系中

---

① James Terry White, *The National Cyclopaedia of American Biography*, Vol. XX (New York: James T. White & Company, 1929), p. 94.

的基础课程等提出解决方案。[1] 全国教育协会中等教育分部之所以在1908年的年会上决定成立这个“综合中学委员会”，一方面源于在中等教育分部的会议上两位论文主题报告者的大力呼吁，另一方面是因为在1907年全国教育协会洛杉矶会议上全国教育协会下属的技术教育分部（the Department of Technical Education）已经成立了一个由7人组成的委员会就中学如何开展技术教育问题进行了调研，希望中等教育分部也能成立一个这样的委员会就如何改组中学课程进行合作。[2] 鉴于上述两个方面原因，中等教育分部最终决定成立这个“综合中学委员会”，这个委员会也由7人组成。随后，中等教育分部1908—1909年的主席布朗就这个委员会的组成成员进行了提名，由来自伊利诺伊州芝加哥市温德尔·菲利普斯中学（the Wendell Phillips）的校长斯宾塞·史密斯（Spencer R. Smith）担任这个委员会的主席，另外的6名成员分别为华盛顿欧文中学的校长威廉·麦克安德鲁（William McAndrew）、费城吉拉德学院（Girara College）的校长奇斯曼·赫里克（Cheesman Herrick）、堪萨斯市中心中学的校长坎马克（Ira I. Cammack）、底特律市中心中学的校长大卫·麦肯齐（David MacKenzie）、爱荷华州达文波特市中学校长乔治·马歇尔（George Edward Marshall）、芝加哥市芝加哥师范学院的校长威廉·欧文（William B. Owen）。[3]

---

① Solomon Weimer, "Secretary's Minutes," in *The Journal of Proceedings and Addresses of the National Educational Association : Session of the Year 1908* (Chicago: The University of Chicago Press, 1908), p. 577.

② Louis C. Monin, "Discussion of the Cosmopolitan High-School Curriculum," in *The Journal of Proceedings and Addresses of the National Educational Association : Session of the Year 1908* (Chicago: The University of Chicago Press, 1908), p. 615.

③ R. T. Adams, "Secretary's Minutes," in *The Journal of Proceedings and Addresses of the National Educational Association : Session of the Year 1911* (Chicago: The University of Chicago Press, 1911), pp. 558-559.

斯宾塞·史密斯之所以能够担任这个“综合中学委员会”的主席，其重要的原因首先在于他是上述提到的两位主题报告的发言者之一，其次是他在报告中极力呼吁建立一个类似十人委员会、大学入学需求委员会这样的委员会来解决这一时期中学出现的问题，再次是因为他已经对相关问题进行了调研，有着丰富的调研基础和改革建议，而且报告中的大部分内容得到了 1908 年中等教育分部参会人员的赞同和支持。在 1908 年中等教育分部会议上，斯密斯向大会做了《综合中学课程》（“The Cosmopolitan High-School Curriculum”）的报告。在报告中，斯密斯首先列举了在 1908 年前后，美国中学存在的几个方面的问题：一是根据联邦教育署教育专员所做的 1905—1906 年度的教育事业发展报告可知，当年只有 4%的学生升入大学，而另外 96%的学生就依靠在中学学到的知识和接受的训练去谋求他们未来的生活。在这种情况下，学校的课程是为 4%的升入大学的学生而准备，还是为 96%在中学阶段就终止学业的学生而准备？二是大城市里的外国移民越来越多，他们需要在城市里安定下来并为成为合格的公民而做准备，这些移民的孩子在中学里占有越来越大的比重，在不考虑孩子国籍，只根据这些孩子必然的遗传特征和发展趋势的前提下，如何设计一个符合他们发展的综合中学课程就成了一个十分关键的问题。三是高等教育机构还依然控制着中学，包括对中学课程的控制。四是中学课程的选修比重中，学术型课程依然占据着较大比重，虽然有一些中学生已经开始选修商业课程，但开设职业课程的中学依然很少，选修比重也小得无法统计。五是将一些商业、技术和手工训练课程与学术课程共同设置在一所综合中学里供学生们修读和学习，是解决目前中学课程设置问题的必由之路。六是目前中学严重的辍学情况也成了外界对中学进行严厉批评的重要因素之一，尤其是孩子在中学一年级就辍学。现实情况是，中学的确吸引了足够多的孩子在小学毕业之后升入中学，但是到了中学之后，中学未能把握住这个机会，将更多的孩子留在中学读书，让他们顺利地完成四年学业，甚至将一部分孩子送到大学里学习。孩子辍学虽然有多方面的原因，但孩子课程学习上的失败，以及对课程不感兴趣是造成他们放弃中学学业的最主要原因。① 在陈述完上述中学所存在的问题之后，史密斯提出了解决问题的思路。他认为，按照杜威所说的“学校即社会，应该扩大学校的课程而不是将不同功能的中学分隔开”，因此每一所城市中学首先应该满足那96%依靠中学学业来谋生的学生的需求，之后再考虑4%为大学做准备的学生的需求；工业训练的价值已经得到了社会的认可，马萨诸塞州和威斯康星州已经通过实践证明在中学里开设工业训练课程的巨大价值，单独地开办一些农业中学、工业中学和商业中学的呼声已经慢慢减弱，通过职业差异而将中学的功能进行分割的建议已经遭到了绝大多数人的反对，人为地对中学进行分割也不是民主中学的希望所在。目前城市中学需要做的就是既给学生提供各种各样他们为未来的职业生活做准备所需要的课程，也需要按照中学所在城市的需求，提供一些商业课程或工业课程来满足城市的发展所需。中学在提供不同差异课程的同时，可以合理地将选修制运用起来，提供一些灵活的平行课程供不同需求的孩子选择。发展一个合适的综合中学课程已经时不我待了，一个人或一个学校的力量是无法完成的，《十人委员会报告》在推进中学课程统一方面已经迈出了一大步，大学入学需求委员会通过提倡选修制的方法解决了课程壁垒之间的问题。从《十人委员会报告》发布至今，15年已经过去，时代已不同，现在建立一个新的委员会来考虑公立中学课程问题的时机已经成熟了，这个委员会可以按照上述建议的课程改革方案来进一步搜集数据，从而制定符合20世纪初期年轻人需求的课程

---

① Spencer R. Smith, "The Cosmopolitan High-School Curriculum," in *The Journal of Proceedings and Addresses of the National Educational Association: Session of the Year 1908* (Chicago: The University of Chicago Press, 1908), pp. 606-610.

方案。①

在史密斯报告的同时，上文所提到的另一位通过大会主题报告的形式呼吁建立综合中学的报告人也进一步坚定了中等教育分部在会议结束后成立“综合中学委员会”的信念。来自俄亥俄州立大学的威廉·马格鲁德（William T. Magruder）教授代表了上文中提到的技术教育分部成立的一个七人委员会，在技术教育分部和中等教育分部的联合会议上做了《从工科院校的视角来看综合中学课程》（“The Cosmopolitan High-School Curriculums from the Standpoint of Colleges of Engineering”）的报告，呼吁建立一个更加综合的中学课程。马格鲁德认为一个具有美国特征的综合中学课程应该包含以下特征：第一，这些课程应该是美国人的课程，而不是去模仿欧洲的方法和传统。第二，课程应该是民主的课程，应该满足每一位公民的需求。第三，应该是公立中学的课程，而不是文法学校的课程，更不是一些大学和学院所开设的学位课程。第四，每一组课程计划都应该进行划分，都应该包含中学教育中需要的一些基础课程，这些基础课程也是学生成为合格公民所必须要学习的课程。具体而言，包括正规的工作用语——英语课程，美国史课程，公民教育课程，商业课程里的基础课程，一年以上的具体几何和解析几何课程，伦理、道德和宗教课程，手工训练课程（男子）和家政科学课程（女子）。第五，从孩子的精神和智力接受程度上来说，只要孩子能够接受中学教育，学校就应该提供足够多的课程类别去满足他们的需求。因此，从经济角度考虑，综合中学应该位于城市的中心，而不是位于农村地区或偏远的小镇。第六，对于综合中学所需要的课程除了目前已经存在的一些传统课程之外，最

① Spencer R. Smith, “The Cosmopolitan High-School Curriculum,” in *The Journal of Proceedings and Addresses of the National Educational Association: Session of the Year 1908* (Chicago: The University of Chicago Press, 1908), pp. 611-614.

适合绝大多数孩子需求的两组课程分别为工业、家政与商业课程，职业课程。同时，学校需要妥当地处理好这些学术课程、工业课程和职业课程之间的关系和课时比重，在满足社区和不同孩子需求的前提下，形成具有美国中学特色的课程方案。①

史密斯和马格鲁德分别从中学校长和工科大学教授的角度向中等教育分部呼吁建立一个委员会，重新考虑中学课程问题。他们的呼吁得到了参会人员的大力支持和认可。在随后对他们的报告进行讨论的环节，俄亥俄州扬斯敦市中学校长韦尔斯·格里斯沃尔德（Wells L. Griswold）指出，综合中学的模式应该得到鼓励，所有中学都应该是综合的，这些综合的中学除了提供传统中学所开设的一些课程计划之外，还需要提供充足和多样的商业课程、手工训练课程、家政科学课程及符合中学所在社区商业特征的一些职业课程等。来自芝加哥市阿默理工学院的路易斯·莫林（Louis C. Monin）指出，大学必须要为中学学生考虑，因为中学是大学的生源地。在预备课程的问题上，大学不应该去支配它们。从就读于阿默理工学院的学生中我们也发现，学生不缺乏知识，但缺乏运用这些知识的能力。来自纽约州教育部的州督学尤金·利特尔（Eugene W. Lyttle）指出，一直以来，中学存在一个两难的问题，就是为升学的孩子做准备还是为中学阶段孩子的未来生活做准备。现阶段，越来越多的孩子将要走进中学，如果中学能够开设一些工业课程，将会延长孩子们在中学的学习时间。因此，中学需要提供一个固定的中学课程常量，这些常量至少应该得到大学的支持和肯定，并在最后成为大学录取的标准。1908 年中等教育分部的主席、圣路易斯市麦金莱中学（Mckinley High School）的校长吉尔伯特·莫

① William T. Magruder, "The Cosmopolitan High-School Curriculums from the Standpoint of Colleges of Engineering," in *The Journal of Proceedings and Addresses of the National Educational Association: Session of the Year 1908* (Chicago: The University of Chicago Press, 1908), pp. 599-604.

里森指出，通过在同一所中学里以课程组的形式将不同类别的课程区分开来，而不是通过建立分科的中学来区分课程，能够有效地解决目前社会各界对工业教育的需求，这种需求已经成为大家的共识。对学术课程不太感兴趣的孩子可以通过接触更多的手工训练课程解决工业教育的问题，而一直以来都对学术课程感兴趣的孩子也可以继续保留他们对学术课程的热情，通过中学开设的学术课程走向通识教育的发展之路。①

中等教育分部决定成立这个由 7 人组成的“综合中学委员会”之后，还以中等教育分部的名义发表了新的决议：“在中等教育分部看来，在城市不同地区建立具有区分度的分科中学的建议将不再受到支持，而在一个规模更大的中学里建立和开设具有差异性课程的举措将会受到鼓励。”这个决议随后获得了中等教育分部的一致通过。② 自此，全国教育协会开始正式支持建立综合中学的计划，这时的综合中学还只是以“Cosmopolitan High School”为称谓，中等教育分部成立的这个“综合中学委员会”自此开始了综合中学课程模式的探索之路。

1910 年 7 月，全国教育协会在波士顿召开年会，史密斯代表“综合中学委员会”向中等教育分部汇报了工作进展、初步报告和未来的工作设想。史密斯在报告中指出，从已经获取的数据、问卷结果和校长的支持率来看，对中学是社会中的一个机构的提法已经得到了认可。由于中学是一个社会机构，所以其在影响其他社会机构的同时，也会被其他社会机构所影响，中学已经成为社会里一个重要组成部分。对

---

① Wells L. Griswold et al.,“Discussion of the Cosmopolitan High-School Curriculum,”in *The Journal of Proceedings and Addresses of the National Educational Association: Session of the Year 1908*(Chicago:The University of Chicago Press,1908),pp. 614-616.

② Solomon Weimer,“Secretary's Minutes,”in *The Journal of Proceedings and Addresses of the National Educational Association: Session of the Year 1908*(Chicago:The University of Chicago Press,1908),p. 578.

于建立一个什么样的中学，哥伦比亚大学的杜威博士、伊利诺伊大学的达文波特主任、爱荷华大学的弗雷德里克·博尔顿（Frederick E. Bolton）教授，以及其他一些支持者等都反对将技术中学或商业中学从传统的学术中学里分割出去，因为对所有年轻人来说，他们都有平等的权利去享受中等教育为他们提供的所有教学设施。在此基础之上，史密斯还报告了委员会接下来将开展的 8 个方面的调研工作，包括校舍及其维护、中学组织结构、家长与孩子的关系（家长对孩子和课程的影响）、学生健康卫生督查、中学与大学之间的各种关系、中学管理的标准化（州、县和市）、自我管理（社会和文化方面）、不同课程的价值。[①] 史密斯接下来指出，当委员会完成了上述计划的 8 个方面的调研任务之后，很自然地就会聚焦到“课程”这个主题上。当所有的数据和问卷都收齐之后，接下来的任务就是如何为这些名为综合中学的学校设计一套课程，使这套课程能够满足不同城市和不同学区的需求。从史密斯在报告中表达的想法可以看出，“课程”将成为接下来这个委员会工作的重点，而这个以综合中学命名的委员会也在这个会议之后更改为“综合中学课程委员会”（the Committee on Cosmopolitan High-School Curriculum）。1911 年 7 月，全国教育协会在旧金山召开年会，史密斯向中等教育分部提交了《综合中学课程委员会报告》（“Report of the Committee on Cosmopolitan High-School Curriculum”），但报告内容只有简单的一页，陈述了委员会正在努力地收集和分析调查问卷、正在根据 1910 年设计的 8 个方面的问题努力整理出一套合适的课程计划的事实，但由于缺乏资金和拨款，目前工作难度很大，期望得到全国教育协会的拨款和其他组织的帮助和支持，尤其是中学校长们的支

① Spencer R. Smith, “Preliminary Report of the Committee on Cosmopolitan High School,” in *The Journal of Proceedings and Addresses of the National Educational Association: Session of the Year 1910* (Chicago: The University of Chicago Press, 1910), pp. 463-465.

持和帮助，就此结束了 1911 年的报告。[1] 全国教育协会旧金山会议结束后不久，全国教育协会同意了史密斯提出的拨款请求，给予了一定量的拨款。经过“综合中学课程委员会”的共同努力，他们在 1910 年波士顿年会上将所计划开展的 8 个方面调研工作的调查问卷分发到参会的校长手里，简化后的调研工作确保了他们至少在 1912 年的年会上提交一份还算合格的报告。

1912 年，全国教育协会在芝加哥召开年会，史密斯向中等教育分部宣读了“综合中学课程委员会”初步调查报告。在过去一年的时间里，史密斯向全美人口超过 1 万以上城市里的中学都寄送了调查问卷，最后收到了 175 所学校的答复。回收的这些问卷绝大多数是由校长亲自填写完成的，也有少量几份是城市的中学督学填写的，史密斯将他们统一归类为校长群体。从调查结果可知，关于建立一个什么类型的中学，这 175 名校长中有 162 位支持建立综合中学，有 11 位支持建立分科中学，有 9 位支持将学术课程占主导的中学扩展成一个能够包含职业课程的中学（这 9 位校长最后包含在支持建立综合中学的人数里），这样支持建立综合中学的校长人数就到了 171 人，占所有调查学校的 93％还多，只有 6.3％的校长支持建立分科中学。换句话来说，问卷所调查到的不管是大城市规模较大中学的校长，还是规模小一点的城市里小规模中学的校长，他们绝大多数都支持建立综合中学。在综合中学的组织管理方面，以部（department）的形式对不同类别的课程进行区分，得到了一些校长的支持，由各部的负责人直接管理所在的部，向上对学校校长负责，这样就扩大了校长的管理权限。在综合中学课程设置方面，存在巨大统一性的同时也存在巨大的差异性，绝大多数

① Spencer R. Smith, "Report of the Committee on Cosmopolitan High-School Curriculum," in *The Journal of Proceedings and Addresses of the National Educational Association: Session of the Year 1911* (Chicago: The University of Chicago Press, 1911), p. 591.

校长认为英语、数学、科学、历史和语言课程应该存在于所有类别的课程中，他们在回复的问卷建议中都提到了这一点，这也是为什么说存在巨大的统一性的原因。而所谓的差异性，就是校长们都提出了需要开设职业课程，但他们在开设哪些具体课程方面存在巨大的差异性，这种差异既与学校的规模、地理位置、历史传统有关，也与校长偏好、社区的经济和工业状况、文化差异等有关。此外，校长们都支持在不同部之间进行跨部的课程选修，一定程度上使用选修制也被校长们认为是满足不同孩子学习兴趣的重要手段。在关于建立综合中学或将传统的学术中学扩建到综合中学模式时所遇到的障碍方面，有 73 位校长认为缺乏资金，另外的一些如缺乏训练有素的教师、教师的低工资、缺乏教学空间和教学设施等，也成为其中的一些障碍。[①] 全国教育协会在成立这个"综合中学委员会"之初，期望通过史密斯的努力和委员会的集体协作，能够在最后提供一套适合综合中学的课程计划。但从 1908 年到 1912 年这 4 年里，委员会虽然付出了一定的努力，但囿于调研经费不足、美国各州和各地区中学之间的差异性及社会其他组织和企业的不同需求，未能完成这个工作设想，只是在最后的报告中明确地指出了综合中学已经得到了绝大多数校长的支持和肯定、综合中学课程的基础课程应该有哪些，这种努力也算是给全国教育协会早期探索综合中学课程模式的一种答复和安慰吧。无论如何，这个委员会都为全国教育协会接下来成立其他委员会更好地改造美国中等教育做出了最好的铺垫，关于这个委员会的报告，此后再未出现在全国教育协会的会议记录中。

从史密斯担任主席的这个"综合中学课程委员会"的探索结果我们可知，第一，建立综合中学已经成为重组美国中等教育的希望所在。

---

① Spencer R. Smith, "Report of the Committee on Cosmopolitan High-School Curriculum," in *The Journal of Proceedings and Addresses of the National Educational Association: Session of the Year 1912* (Chicago: The University of Chicago Press, 1912), pp. 701-707.

第二，民主的中学应该以满足绝大多数学生的需求为主，中学应该在将学生培养成合格公民的前提下，为中学阶段就辍学的学生开设一些能够拥有一技之长的课程，尽量地延长他们的在校时间。第三，选修制应该灵活地被运用于不同组的课程选修上，实现课程之间的价值平等。同时，也正是在 1912 年的年会上，不仅仅是中等教育分部，而且整个全国教育协会都在关注中等教育改组的问题。在中等教育分部 7 月 12 日下午第四阶段的会议上，全国教育协会主席亲自要求中等教育分部成立 12 个分委员会来配合由金斯利任主席的“中学与大学衔接委员会”的工作。① 由于规模的扩大和其他委员会的加入，在 1913 年，这个委员会就更名为“中等教育改造委员会”，这个名称一直延续到 1922 年，为改造美国中等教育做出了巨大的贡献。

三、九人委员会调和中学学术课程与职业课程的努力与贡献

1910 年 7 月，全国教育协会在波士顿召开年会，在中等教育分部的会议上，金斯利向参会人员分发了他向纽约市中学教师协会提交的《中学与大学的衔接——中等教育的改造》的报告，引发了与会人员的激烈讨论。与此同时，金斯利还向大会呼吁大学应该将两门外国语的大学入学需求调整为一门，同时接受一些在中学里教授彻底的课程作为入学的选修课程。中等教育分部对金斯利发出的呼吁进行讨论后，同意了他的请求，同时授权任命成立一个新的全国性委员会对金利斯提出的问题进行调研，并要求这个委员会对新的大学录取课程组成单元提供建议。这个新建立的委员会由后来担任下一届（1910—1911 年）中等教育分部主席、来自科罗拉多州普韦布洛市中心中学的哈利·巴

① Clarence D. Kingsley, "Secretary's Minutes," in *The Journal of Proceedings and Addresses of the National Educational Association: Session of the Year 1912* (Chicago: The University of Chicago Press, 1912), p. 666.

雷特（Harry M. Barrett）校长负责任命和组建。在这个委员会的名称上，巴雷特沿用了金斯利在纽约的报告中使用的名称，即中学与大学的衔接。在委员会的成员组成上，巴雷特推荐了9名成员，所以这个委员会就变成了"中学与大学衔接九人委员会"，主席由金斯利担任，① 另外8位成员分别为圣路易斯叶特曼中学（Yeatman High School）校长威廉·巴特勒（William M. Butler）、辛辛那提市学校督学弗兰克·戴尔（Frank B. Dyer）、新泽西州东奥兰治市中学校长查尔斯·埃文斯（Charles W. Evans）、芝加哥大学教育学教授查尔斯·贾德（Charles H. Judd）、加利福尼亚大学伯克利分校的学部主任（dean of college faculties）亚历克西斯·兰格（Alexis F. Lange）、费城威廉·佩恩中学（William Penn High School）校长威廉·刘易斯（William D. Lewis）、马萨诸塞州教育委员会副专员（deputy commissioner of education）威廉·奥尔（William Orr）、丹佛市东区中学校长威廉·斯迈利。② 在这9位成员中，6位来自中学（4位是中学校长，1位是学校督学，1位是中学教师）、2位是大学的教授，还有1位是州的教育副专员，这位副专员也是斯内登的得力助手之一。此外，威廉·斯迈利还是大学入学需求委员会中的成员，为完成大学入学需求委员会的报告做出了巨大的贡献。

九人委员会成立之后，在金斯利的带领下，委员会的全体成员就紧锣密鼓地开始了调研和走访，并于1911年全国教育协会在旧金山召开的年会上向中等教育分部提交了第一份报告。第一份调研报告包含

---

① Clarence D. Kingsley, "Report of the Committee of Nine on the Articulation of High School and College," in *The Journal of Proceedings and Addresses of the National Educational Association: Session of the Year 1911* (Chicago: The University of Chicago Press, 1911), pp. 559-590.

② Irwin Shepard, "Secretary's Minutes," in *The Journal of Proceedings and Addresses of the National Educational Association: Session of the Year 1911* (Chicago: The University of Chicago Press, 1911), p. 559.

主报告和补充报告两个部分。在主报告里，金斯利从 3 个方面介绍了报告的主要内容。在第一部分的序言中，金斯利介绍了中学教育的领域和功能。金斯利将中学视为一个学生能够发现自身兴趣与爱好的地方，也是一所能够帮助培养有智慧、有上进心的公民的教育机构，更是一个可以接受特殊训练和多元文化的场域。因此，金斯利认为，机械艺术、工业、家政科学都应该被认为是对所有男女学生皆适用的一种理性的课程组成部分，特别是对那些还没有选择职业的学生来说尤其重要。对传统意义上能够为高等教育机构提供最好准备的课程才是最合适的课程理念来说，目前公立中学应该为没有能够指引成千上万的学生去探寻符合他们自身发展和自身需要的课程而负责。公立中学应该能够充分反映所在地工业发展的主要特色和传统，因为中学的发展需要依靠公共税收的支持，中学也应该服务于社区的发展和社会需求。同时，公立中学作为当地的一个教育机构，应该能够促使学生充分认识到如何才能更加高效地服务地方工业的发展。中学的传统功能就是为高等教育做好准备，这种发展理念已经与工业社会背景下的现实需求不协调。①

在报告的第二部分，九人委员会重点介绍了他们通过调研得出的一个发展完善的四年制中学所应该提供的课程单元数量及其组成内容：第一，在中学的课程学习中，15 个单元的课程学习量是应该要完成的。1 个单元（unit）代表着在 1 年的时间里学习某一门课程所花费的时间和精力。一般情况下，1 个单元的工作量占 1 年中学课程学习总量的四分之一。这里定义的 1 学年的授课时间应该在 36—40 个星期，每一个星期学习某一门课程的次数在 4 个或 5 个学时（period），每一个学时

① Clarence D. Kingsley, "Report of the Committee of Nine on the Articulation of High School and College," in *The Journal of Proceedings and Addresses of the National Educational Association: Session of the Year 1911* (Chicago: The University of Chicago Press, 1911), p. 561.

的持续时间应该在 40—60 分钟。此外，2 个小时的手工训练课程或实验室工作等同于 1 个学时的班级课程学习时间。这 15 个单元课程的学习是必需的一个数量，另外的体育和音乐课程不包含在 15 个单元里面。第二，所有中学课程必须包括至少 3 个单元的英语、1 个单元的社会科学（包括历史）和 1 个单元的自然科学。第三，每一所中学课程应该包括主修（major）和辅修（minor），达到毕业要求的学生至少需要完成 2 个包含 3 个单元的主修课程和一个包含 2 个单元的辅修课程，其中有一个主修课程必须是英语。委员会建议的主修课程可以有 3 个单元的英语（所有人都需要修读）、3 个单元的外国语（可以选择拉丁语、德语、法语和西班牙语）、3 个单元的数学（包括初等代数、平面几何，以及可以任意选修的平面三角学、立体几何、中等代数和高等代数）、3 个单元的社会科学（包括历史、公民学、经济学、公共事业管理、工业史和经济史）、3 个单元的自然科学（包括科学课程、物理、化学、天文学、农业、自然地理、初等生物学、高等生理学、植物学和动物学）。第四，在关于数学和外国语言课程的修读要求方面，数学和外国语的学习单元都不应该超过 2 个。但是，如果选修了机械课程，修读 3 个单元的数学也是合情合理的；选择了纯文学或古典课程的学生，修读 3 个单元的外国语也是可行的。第五，在所要求的 15 个单元的课程组成要素中，其中至少有 11 个单元的课程是由英语、外国语、数学、社会科学（包括历史）、自然科学组成，其他 4 个单元课程的选择范围应该被用于选择其余的一些学术课程或一些机械设计、家政科学、商业课程和其他一些学生感兴趣的课程。4 个单元的自由选修课程对中学生来说学习压力并不算大，可以每年选修 1 门，4 年内完成。而所要求的 11 个单元的学术课程或预备课程需要学生在 4 年的中学时间里去逐步完成，可以选择一年学习 3 个单元，这样 4 年下来就可以很轻松地完成这 11 个单元的课程要求。11 个单元的必修课程可以由以下方式组成：其中的 9 个单元的课程可以分别为 3 个单元的英语、2 个单元的任何一种外国语、2 个单元的数学、1 个单元的社会科学（包括历史）、1 个单元的自然科学，另外 2 个课程单元由 1 个或 2 个单元的主修课程来填补，这样就达到了第二个包含 3 个单元主修课程的要求。[①] 如果报告仅仅到此为止，那么报告中建议的 9 个单元的课程常量跟 1899 年南丁格尔发布的《大学入学需求委员会报告》中规定的 10 个单元的课程常量相比，仅仅就是将《大学入学需求委员会报告》中的英语单元增加了 1 个、外国语单元减少了 2 个而已，其他并无创新之处。

然而，在金斯利提交的主报告的后面还附带了一份补充报告，对如何更加合理地安排中学课程进行了一定的补充说明，这种补充是根据男女学生不同的智力发展情况、不同地区对课程重视的差异程度及大学对学生的偏爱程度等方面情况进行诠释的，并提出了另外 2 种可以代替的课程方案。例如，委员会在调查中发现，东部的中学非常重视外国语言的学习，而西部的中学更加强调数学课程的修读。正是由于这个补充报告的出现，才让人们看到了重组美国中等教育的希望。金斯利在补充报告中提出 2 种可以代替的课程方案，主要区别在于如何在 2 个单元的数学和 2 个单元的外国语之间进行合理的互换，这种互换需要在学校教师和管理者的科学监督下完成，可以通过选修另外 1 个单元的社会科学和另外 1 个单元的自然科学来完成。换句话来说，这 4 个单元的课程可以有 3 种组成方式，即 2 个单元的外国语、2 个单元的数学、另外由多选修的 1 个单元的社会科学和 1 个单元的自然科学组成的 2 个单元。这样就产生 3 种不同的课程方案，可以供不同中学来选择，具体如表 4-1 所示：

---

① Clarence D. Kingsley, "Report of the Committee of Nine on the Articulation of High School and College," in *The Journal of Proceedings and Addresses of the National Educational Association: Session of the Year 1911* (Chicago: The University of Chicago Press, 1911), pp. 561-563.

表 4-1　九人委员会必修课程推荐选修列表

课程名称	A（单元）	B（单元）	C（单元）
英语	3	3	3
外国语	2	2	0
数学	2	0	2
社会科学	1	2	2
自然科学	1	2	2
必修课程的总数	9	9	9
另外一个主修课程可选的单元数	1 或 2	1	1
总数	10 或 11	10	10

从上表我们可以看出，是否选择数学和外国语是形成不同课程计划的关键，如果没有选修数学，那么 2 个单元的数学需要由多 1 个单元的社会科学和多 1 个单元的自然科学来填补，同时需要在已有 2 个单元的课程名称里选择 1 门出来，作为第二个包含有 3 个单元的主修科目的课程（如 B 所示）。如果没有选择外国语（如 C 所示），其后续的选修方式一样。这样组成的 3 组课程就可以成为不同城市里的不同中学培养学生的课程方案。这种课程方案的制定就是为了让一些在外国语课程学习或数学课程学习方面有障碍的学生多一些选择，解决个别学生偏科的问题，进而激发他们继续深造的积极性。① 例如，男孩子擅长数学、科学和历史课程，而对外国语言学习感到头疼，而女孩子对学习语言、历史和一些科学课程感兴趣，而对中学数学课程感到厌烦。这种替换课程的出现就解决了这一问题，同时也打破了一直以来人们认

① Clarence D. Kingsley, "Report of the Committee of Nine on the Articulation of High School and College: Supplementary Report," in *The Journal of Proceedings and Addresses of the National Educational Association: Session of the Year 1911* (Chicago: The University of Chicago Press, 1911), p. 566.

为数学和外国语言是智力训练中不可或缺的组成部分的魔咒。进一步地说，金斯利的报告之所以倡导这种替换课程，事实上也是对埃利奥特在《十人委员会报告》中提出的“课程具有平等价值理念”的一种赞许和传承，这样的选择也降低了社会各界对报告的批评和指责。

此外，在金斯利提交的第一份报告中，还对中学课程的修读单元进行了规定，其中有 11 个单元在当时被视为“学术课程”，另外 4 个单元的课程具体由哪些课程组成就比较灵活，可以是另外的学术课程，也可以是职业课程和手工训练课程，以及其他的实践课程等。报告没有对这 4 个单元的课程做出明确的规定，这在一定程度上满足了社会各界对中学开设职业和工业课程的需求，调和了中学职业课程和学术课程之间的紧张关系。同时，11 个单元的学术课程也满足了大学入学的基本需求，一定程度上使这样的课程计划既适用于中学就毕业的学生的需求，在确保中学进一步独立于大学的前提下，也满足了大学的需求。

金斯利提交的这份报告经过中等教育分部讨论后，除两人之外，其余一致同意了报告中的全部内容。① 1911 年会议之后，全国教育协会给予了九人委员会 300 美元的拨款，支持他们继续开展调研工作。经过委员会的讨论，将这些拨款用于印制报告的副本在全国范围内分发，以扩大影响力。这样在 30 个州的州公共学校督学、100 多位大学校长及许多中学校长和教师的帮助下，3 万份报告的副本被分发到全国各地的教育组织、大学和学院、中学和协会手中。这份报告也被许多中学、大学的院系和各层次的教育协会等教育机构用于讨论和交流。印第安纳州教育委员会已经要求将报告中列举的中学课程计划不折不扣地应用到中学的教学实践中，同时该州的大学以官方的名义表示支持这份

① Orrin Leslie Elliott, "Secretary's Minutes," in *The Journal of Proceedings and Addresses of the National Educational Association: Session of the Year 1911* (Chicago: The University of Chicago Press, 1911), p. 555.

报告。[①] 特拉华州教育委员会的秘书西奥多·汤森德（Theodore Townsend）在给九人委员会的回信中写到，这份报告如实地将接下来中学正确的发展方向反映了出来，也回答了公共教育的最大价值，那就是吸引更多的孩子参与公共教育。印第安纳州诺克斯学院（Knox College）的赫伯特·尼尔（Herbert V. Neal）教授谈到，已经很久没有比读到这份报告更令他感到满意和高兴的作品了，这份报告充分地体现了报告执笔人对这个问题所具备的成熟认知。另一位来自印第安纳州的县督学布雷纳德·胡克（Brainard Hooker）指出，他所在县的中学教师已经一致同意这份报告中的课程计划，并着手准备按照报告中的课程实施要求在中学里开始实施。科尔盖特大学的艾伯特·布里格姆（Albert P. Brigham）教授也写到，对于这份报告中的建议，他发自内心的支持。内布拉斯加州的州督学詹姆斯·克拉布特里（James W. Crabtree）写道，在分发报告的同时，他也附带了一封信，希望中学管理者和教师能够注意到这份报告的重要性，建议他们的大学和学院立即将报告中倡导的原则落实到行动中。明尼苏达州的州督学卡尔·舒尔茨（Carl G. Schulz）在对这份报告进行评价时指出，这是他见过全国教育协会所发布的报告中经过最慎重的考虑后才发布出来的一份报告，报告精确地总结了中学目前所处的形势和遇到的问题，明尼苏达州的中学期望按照报告中的要求来安排课程。马萨诸塞州的教育专员斯内登在向州内的中学和大学分发这份报告的时候也写到，可以确信的是这份报告标志着在解决目前中学面临的问题方面向前迈出了一大步。委员会在报告中提供了一个中学能够积极接受的课程计划，已经将存在于大学和中学之间的问题充分地考虑进去，具有极高的推

---

① Clarence D. Kingsley, "The Report of the Committee on the Articulation of High School and College," in *The Journal of Proceedings and Addresses of the National Educational Association: Session of the Year 1912* (Chicago: The University of Chicago Press, 1912), p. 667.

广价值。加利福尼亚州帕萨迪娜市斯鲁普理工学院（Throop Polytechnic Institute）的校长詹姆斯·谢勒（James Scherer）认为这份报告是他见过的最好的一份处理中学课程的报告。马萨诸塞州史密斯学院（Smith College）的校长马里恩·伯顿（Marion L. Burton）指出，中学与大学之间的沟通通道已经变得无法通行和使人厌恶。中学是大学生源的重要供给地，堵住了中学和大学之间的这条通道无异于自我毁灭。因此，中等学校的教育者期望在课程和大学入学需求方面与高等学校有一个更加密切的合作关系、得到大学更加全面的认可和接受的想法也是有正当理由的，应该支持中学的这种合理诉求和期望。而来自斯坦福大学的乔丹校长也表达了跟伯顿校长同样的想法，支持中学和大学之间进一步的衔接和互认。与此同时，这份报告还被缅因州教师协会、密歇根州教师协会、新泽西州中学教师协会、纽约州中学教师协会、康涅狄格州古典和中学教师协会、印第安纳州教师协会的中学教师分部和县督学分部及其他的一些教师组织接受和采纳，并愿意逐步推广开来。1912 年 4 月 23 日，印第安纳州教育委员会发布了新的中学课程需求，这个新的课程需求就是按照九人委员会报告中的意见建议进行设计和整理的。堪萨斯州教育委员会、马里兰州教育委员会、俄勒冈州教育委员会、华盛顿州教育委员会等都将按照委员会报告中提出的建议修改中学的课程。此外，已经有 48 所学院和大学按照委员会报告中建议的课程计划和入学需求来接受中学的毕业生。另外一些大学，如哈佛、芝加哥、密歇根、明尼苏达、普林斯顿、阿尔弗雷德等也已经逐渐放宽了大学入学需求，越来越多的文理学院和地方大学在录取时愿意接受 4 个单元的实践课程或 4 个单元的任意选修课程。① 以芝加哥大学为例，在金斯利 1911 年报告发布前的一个月，芝

① Clarence D. Kingsley, "Supplementary Statement by the Chairman of the Committee," in *The Journal of Proceedings and Addresses of the National Educational Association: Session of the Year 1912* (Chicago: The University of Chicago Press, 1912), pp. 670-673.

加哥大学的艺术、文学和科学学部已经公布了新的录取需求，并规定于 1911 年 10 月开始生效。这几个学部规定了 15 个单元的录取需求，其中必须有 3 个单元的课程是英语。除此之外，另外的 7 个单元课程需要从其他四大主要的学术课程领域进行选择，这四大学术课程分别为语言、数学、历史和社会科学、科学。这 7 个单元的组成需求中要有一个 3 个单元的主修课程和一个 2 个单元的辅修课程。15 个单元中剩余的 5 个单元可以自由选择。这样的话，学生就可以在上述五大类学术课程领域中避开其中的任何两大类，这两大类课程可以是数学和外国语言。[①] 这样的录取要求比金利斯报告中设计的入学需求还要灵活，金利斯在报告完成的过程中可能一定程度上也参考了早期芝加哥大学提供的反馈结果。综上可以看出，九人委员会的报告在传播和推广的过程中，已经迅速地得到了绝大多数州的教育委员会、州教师协会组织、州县督学和中学校长的支持和肯定，为他们更好地修订中学课程方案提供了指导和方向，有效地解决了中学在 20 世纪第一个 10 年的末期所遇到的问题。与此同时，一些大学和学院开始主动放宽入学需求，畅通中学与大学之间的沟通渠道，将越来越多的课程选择权和教学方法交给了中学，赋予了中学在一定程度上的自主权利，中学也在一定程度上获得了从未有过的独立和自主。

继 1911 年九人委员会的报告受到各界欢迎和采纳之后，在 1912 年全国教育协会在芝加哥召开的年会上，金斯利认为要想对中等教育课程进行全面的改革，让更多的学生和学校都能受益于这个改革，需要成立更多中学具体学科课程的委员会与中学和大学衔接委员会一起来完成这个改造美国中等教育的任务。因此，在 1912 年 7 月 9 日中等教育分部召开的第一个阶段的会议上，他代表中学与大学衔接委员会向

① Charles R. Mann, "Changes in Entrance Requirements at the University of Chicago," *Educational Review* 42, No. 9(1911): 186-191.

中等教育分部和全国教育协会理事会呼吁建立12个分学科的中学课程委员会与九人委员会一起工作。他所建议组建的12个学科的分课程委员会分别为英语、数学、古代语言、现代语言、社会科学、自然科学、机械艺术、家政学、农业、商业、音乐、教育学和心理学。此外，他还呼吁这些分课程委员会如果没有建立日常讨论机制的圆桌会议，应该建立起来，并选配各分课程委员会的组成成员；要求12个分课程委员会按照九人委员会已经初步制定好的提纲搜集自己学科的数据和信息，完成各自的调研报告；向联邦教育署发出请求，请求他们出版和分发各个分课程委员会完成的报告；向全国教育协会申请1200美元的财政拨款用于支付中学与大学衔接委员会及另外12个分课程委员会的日常工作和必要的会议开支；等等。①

金斯利的积极呼吁和切实可行的操作计划立即得到了全国教育协会的认可，在7月12下午召开的第四阶段会议上，中等教育分部同意了金斯利提出的建立12个分课程委员会的计划，同时请求全国教育协会主席对这12个分课程委员会的组成成员进行任命，并与继续存在的中学与大学衔接委员会一起为更好地改组美国中等教育工作。随后，即将担任1912—1913年全国教育协会中等教育分部主席、来自印第安纳波利斯市手工训练中学的校长麦洛·斯图尔特（Milo H. Stuart），在年会即将结束时以下一任主席的身份呼吁更多的中学校长和教师们为12个分委员会和中学与大学衔接委员会提供有价值的素材和支持。② 从

① Clarence D. Kingsley, "The Report of the Committee on the Articulation of High School and College," in *The Journal of Proceedings and Addresses of the National Educational Association: Session of the Year 1912* (Chicago: The University of Chicago Press, 1912), p. 668.

② Clarence D. Kingsley, "The Report of the Committee on the Articulation of High School and College," in *The Journal of Proceedings and Addresses of the National Educational Association: Session of the Year 1912* (Chicago: The University of Chicago Press, 1912), p. 666.

上述的 12 门分课程名称我们可以看出，这些课程不仅包含传统的学术课程，还包含时代需求的非学术课程，如机械艺术、家政学、农业、商业、音乐等。1912 年秋季，全国教育协会主席按照金斯利提出的提名建议，陆续对 12 个分课程委员会的组成成员进行了任命。有两个分课程委员会在当年的冬季和次年的 2 月就已经开始了工作，到 1913 年金斯利在全国教育协会夏季年会上报告工作进展时，有一些课程委员会已经在各自课程领域取得了巨大进展，这种进展一定程度上得益于 1912 年金斯利呼吁建立分课程委员会之前就已经为他们准备好了调研提纲。①

1913 年 7 月，全国教育协会在盐湖城召开年会，金斯利在这次会议上向中等教育分部提交了第三份报告。他首先回顾了 1911 年报告的主体内容和报告发布后社会各界的反响及对报告的认可和采纳程度。之后，他讲述了在 1912 年全国教育协会年会上发出的关于建立 12 个分课程委员会的呼吁得到了全国教育协会主席的采纳和批准，以及 12 个分课程委员会的组建情况。1913 年年会前，只有数学、教育学和心理学这两个分委员会还没有组建起来，其余的全部组建到位。然而，在 1913 年 2 月举行的一个分课程委员会会议上，一种误解开始出现，这种误解就是是否这些分课程委员会属于中学与大学衔接委员会下面的关于不同课程类型的分委员会，因为中学与大学衔接委员会就是处理中学与大学之间关系的委员会，而这些分课程只是这些关系中的一个组成部分。因此，为了避免这种矛盾的出现，金斯利代表中学与大学衔接委员会向大会请求全国教育协会使用一个新的委员会名称涵盖上述涉及的所有委员会。金斯利同时指出，成立一个新的委员会审议和

① Clarence D. Kingsley, "The Third Report of the Committee on the Articulation of High Schools and Colleges," in *The Journal of Proceedings and Addresses of the National Educational Association: Session of the Year 1913* (Chicago: The University of Chicago Press, 1913), p. 489.

协调各个委员会的工作是十分重要的，这个新的委员会应该将一些关注中等教育的专家包含进去，因为他们会从孩子身体发展的角度考虑如何设置课程，而不是仅仅依据课程本身呼吁进行什么样的课程改革。同时，这个新的委员会需要将各分课程委员会的主席包含进去，这样就可以确保他们能够一起商议，同时便于他们向一些中等教育专家请教和商议一些问题。鉴于这样的考虑，金斯利向全国教育协会提出以下请求：一是以中等教育分部的名义向全国教育协会理事会请求建立一个以“中等教育改造委员会”为名称的新的委员会。二是这个委员会（commission）将由几个分委员会（committee）组成，即目前存在的中学与大学衔接委员会；上述提到的已经成立的十个关于中学课程的委员会；新建一个数学课程委员会；将未建立的教育学和心理学委员会改由艺术（Art）课程委员会来代替；建立一个审议委员会（reviewing committee），将由上述所有分委员会的主席和另外最多不超过 10 位成员的专家组成。三是这个审议委员会的主席将由中等教育改造委员会的主席兼任。四是请求全国教育协会主席对上述两个还没有建立的分课程委员会的成员进行任命，同时对审议委员会中的组成人员进行任命。五是向全国教育协会申请 1350 美元的拨款用于支持接下来这个中等教育改造委员会的工作。六是这个审议委员会需要考虑和研究各个分课程委员会提出的改革建议，同时需要将审议委员会觉得可取的改革建议反馈给各个分课程委员会。如果有些分课程委员会不同意审议委员会的某些提议，那么在最终报告中需要将二者的报告都予以呈现。七是在接下来的 1913—1914 学年，审议委员会至少需要召开一次会议。八是审议委员会需要向全国教育协会中等教育分部报告工作开展情况，其他的分委员会可以在合适的圆桌会议中向中等教育分部报告情况。九是在 1914 年年会时，每一个分委员会需要提交一份初步的报告，而最终报告并不一定要在 1915 年前完成。十是委员会将向联邦教育署请求他们不时地出版和发行各个分委员会的报告。①

金斯利在 1913 年的会议上向中等教育分部提交的第三份报告，以及提交的上述 10 个方面的建议得到了中等教育分部的支持和全国教育协会的批准。随后不久，全国教育协会理事会于 7 月 13 日正式批准建立“中等教育改造委员会”。② 全国教育协会也同意在后续根据董事会的财力情况给予 1350 美元的拨款支持委员会开展工作。联邦教育署于 1913 年 7 月也单独发布了一份公报，公报中含有金斯利在盐湖城会议上所提交的第三份报告。全国教育协会批准成立的审议委员会也于 1913 年 12 月 29 日至 31 日在芝加哥召开了第一次会议。③

至此，1910 年成立的由金斯利任主席的中学与大学衔接委员会经过 4 年的努力，不仅通过 1911 年提交的第一份报告赢得了社会各界的支持，获得了全国教育协会继续支持该委员会开展工作的机会，而且主动肩负更重要的责任，在 1912 年和 1913 年会议上不断呼吁全国教育协会成立更多的课程委员会共同为改造美国中等教育而努力，这种身体力行的实践得到了全国教育协会的支持，协会认为是时候对中等教育的教育目的、课程计划和教学方法等进行全面改革了，以期让中等教育更好地服务于社会发展和工商业的需求，减少和降低社会各界对

---

① Clarence D. Kingsley, “The Third Report of the Committee on the Articulation of High Schools and Colleges,” in *The Journal of Proceedings and Addresses of the National Educational Association: Session of the Year 1913* (Chicago: The University of Chicago Press, 1913), pp. 489-491.

② Commission on the Reorganization of Secondary Education, *Preliminary Statements by Chairmen of Committees of the Commission of the National Education Association on the Reorganization of Secondary Education* (Washington, D. C.: U. S. Government Printing Office, 1913), p. 7.

③ Clarence D. Kingsley, “The Third Report of the Committee on the Articulation of High Schools and Colleges,” in *The Journal of Proceedings and Addresses of the National Educational Association: Session of the Year 1913* (Chicago: The University of Chicago Press, 1913), p. 491.

中等教育的批评。基于这样的现实需求，在金斯利的积极呼吁和请求下，在全国教育协会的通盘考虑和支持下，一个比十人委员会规模还要大的中等教育改造委员会建立起来，由于金斯利在委员会建立过程中付出的不懈努力，他被任命为这个委员会的主席。委员会在1913—1922年对中学的课程进行了全面的调查和研究，通过内政部教育署发布了一系列的课程报告，对中等教育的发展产生了深远的影响。

第二节 《基本原则》与公立中学综合课程模式的形成

1913年7月13日，全国教育协会正式建立"中等教育改造委员会"，自此拉开了重组美国中等教育的改革之路。从内政部教育署1913年第四十一号公报发布委员会的第一份报告，到1922年发布第二十三号公报，其间共发布了16份报告，对整个美国中等教育的组织与管理、课程与教学等产生了重要的影响。其中，对20世纪中等教育影响最为深远的就是1918年发布的《基本原则》报告，成了继《十人委员会报告》之后，美国中等教育界发布的又一份里程碑式的教育报告。从1913年中等教育改造委员会成立到1918年《基本原则》报告的发布，历时5年时间。从1893年《十人委员会报告》的发布到1918年《基本原则》的形成，美国的中等教育经历了25年的发展，此时中等教育的目的和发展方向与19世纪末相比，已呈现不同的特征。中学作为民主社会里的一个机构，需要践行民主教育，民主教育主要是为了促进每一个个体的知识、兴趣、理想、习惯和能力等向前发展，而民主的中学需要传承和发扬民主教育的精神，推动中学本身和社会都向民主的方向发展，这种发展和前进的基础在中学里就是要对学生个体的需求进行区别对待，新成立的这个中等教育改造委员会就承载着推动美国中学向民主方向发展的责任与希望。

一、中等教育改造委员会与《基本原则》的发布

（一）中等教育改造委员会的历史轨迹

1913 年 7 月中等教育改造委员会成立之后，对于委员会的发展最重要的事情就是请求全国教育协会组建一个“审议委员会”。这个审议委员会于全国教育协会 1913 年年会结束后不久组建起来，于同年的 12 月召开了第一次会议。审议委员会除了协调各个分委员会之间的不间断通讯与交流之外，每年还通过召开 1—2 次的会议对各个分委员会提交至中等教育改造委员会的报告进行讨论，通过提供修改意见和写作原则的形式指导分课程委员会对报告进行修改，确保指导原则和课程目标与委员会总的指导原则相一致。审议委员会除了对分委员会提交的报告进行评估之外，他们自身也需要概述一个简易的指导报告，这个报告将包含一些在指导中等教育重组方面具有重大意义的基本原则。在 1918 年《基本原则》报告发布之前，审议委员会已经在制定《基本原则》方面连续工作了 3 年。

与十人委员会和大学入学需求委员会发布报告的形式不同，中等教育改造委员会的报告在一开始就没有通过全国教育协会的年会或部门会议的形式发布，所以在后续的年会记录中没有这些报告的相关记载，这主要是因为委员会的工作在更高的层面上取得了支持。1913 年 9 月 23 日，时任内政部教育署教育专员的克拉克斯顿指出：“整个中等教育的问题，不论是教育目的还是教育方法，目前都面临着调查研究与改革。对于重新调整中学工作的需求是紧急的，但由于教育署没有那么多中等教育方面的专家，也不能对很多应该回复的问题做出及时回应，尤其是涉及中学课程的发展和中学体制的重新调整等方面的建议和请求。因此，教育署非常高兴与全国教育协会中等教育改造委员会在中等教育改革方面进行合作。这个中等教育改造委员会第一步应该

彻底对中学课程和课程的工作成效进行调研，在全国范围内搜集对中等教育来说最好的教育目的和方法的意见建议。同时，建议教育署能够以公报的形式对委员会形成的正式报告进行出版和发行，希望中等教育领域的校长、教师和学生们能够对委员会发布的报告进行批评和反馈，以期更好地改进委员会的工作。"① 从克拉克斯顿专员的话中我们已经看出，这个代表着全国教育协会工作的委员会已不仅仅是从协会工作本身的层面考虑中等教育改组的问题，而是代表着最大的教育协会组织和联邦层面负责教育工作的最高行政机构去思考如何彻底地对美国中等教育、中学课程进行改革和调整，进而将美国中等教育推向一个新的发展高度。这就是后来这个委员会发布的《基本原则》报告引起了强烈的反响和普遍的欢迎与支持，更被誉为美国 20 世纪中等教育的"宪法"的原因了。

在 1913 年中等教育改造委员会通过教育署发布的第一份公报中，当时已经建立的分课程委员会只有 10 个，另外的艺术和数学两个分课程委员会还没有建立起来，同时还存在的另外两个委员会是"审议委员会"和"中学与大学衔接委员会"。对于为什么选择这 12 门课程成立分课程委员会，早在 1912 年金斯利提交的第二份报告中就有介绍，即课程最终在什么方面能为学习者提供最大的帮助是挑选这些课程最主要的前提。课程最终能产生的结果包括能够很好地提升效率（公民教育、职业课程、家政课程）；能够使人获得正常的发展（也就是正常的智力能力课程）；能够促使人理想的实现（公民学、职业课程、家政课程、个人性格）；能够使人的鉴赏水平得到发展（艺术的、文学的、科学的、社会的）。要想达到这些目的，就必须开设相应的课程来进行对

① Commission on the Reorganization of Secondary Education, *Preliminary Statements by Chairmen of Committees of the Commission of the National Education Association on the Reorganization of Secondary Education* (Washington, D. C. : U. S. Government Printing Office, 1913), p. 5.

接，同时对教学方法进行调整。① 在发展过程中，随着委员会调研工作的顺利开展，整个委员会的代表所涉及的州已经达到30个，越来越多的意见建议被搜集上来，建立更多的分课程委员会和其他委员会的诉求与呼吁也随之反馈了上来。到1918年发布《基本原则》报告时，整个中等教育改造委员会包含的分课程委员会达到13个，另外还有3个其他类别的委员会，再加上审议委员会，整个中等教育改造委员会下属的委员会就达到17个，规模之大和委员人数之多史无前例，整个委员会在全国范围内的影响力更是无可比拟，也为接下来发布具有深远影响力的报告做出了最好的铺垫。

到1918年，全国教育协会下属的分委员会分别为16个分委员会和1个审议委员会。在这16个分委员会中，关于中学课程的分委员会有13个，分别为农业、艺术教育、商业教育、古典语言、英语、家政学（Household Arts）、工艺美术学（Industrial Arts）、数学、现代语言、音乐、体育、科学、社会课程。这16个委员会中的另外3个委员会为中等教育的组织与管理委员会、中学与大学衔接委员会、职业指导委员会。在此基础之上，16个分委员会的主席和另外不超过10人的其他成员组成了"审议委员会"，所以审议委员会的最大规模不超过26人。审议委员会作为中等教育改造委员会的重要议事机构，对《基本原则》报告的形成做出了巨大贡献。此外，审议委员会的主席也由中等教育改造委员会的主席兼任，这样就确保了这个议事机构在重大意见上能够实现统一。金斯利既担任了中等教育改造委员会的主席，也是审议委员会的主席，还兼任了下属的中学与大学衔接委员会的主席，在个

---

① Clarence D. Kingsley, "The Report of the Committee on the Articulation of High School and College," in *The Journal of Proceedings and Addresses of the National Educational Association: Session of the Year 1912* (Chicago: The University of Chicago Press, 1912), pp. 668-669.

人影响力上实现了巨大的提升。①

由于中等教育改造委员会从1913年成立到1922年发布最后一份报告，历经了近10年的时间。在这10年里，不同分课程委员会的名称、组成成员和审议委员会的组成人员等都有不同程度的变化，甚至分课程委员会的主席都有所调整，有些成员因为疾病和死亡离开了委员会，有些是因为离开美国和其他的原因，所以整个委员会的具体人员构成和课程名称前后会有一定的差异，但影响甚微。根据内政部教育署1918年发布的第三十五号（Bulletin，1918，No. 35）公报显示，这一年中等教育改造委员会的审议委员会由以下成员构成：

The Reviewing Committee of the Commission on the Reorganization of Secondary Education

（中等教育改造委员会审议委员会组成成员）

Chairman of the Commission and of the Review Committee（审议委员会的主席）：

Clarence D. Kingsley，State high-school supervisor，Boston，Mass..

金斯利，马萨诸塞州教育委员会州中学督学。

Members at large（不超过10人的成员）

1. Philander P. Claxton，United States Commissioner of Education，Washington，D. C..

克拉克斯顿，美国教育专员。

2. Thomas H. Briggs，associate professor of education，Teachers College，Columbia University，New York City.

① Commission on the Reorganization of Secondary Education，*Cardinal Principles of Secondary Education：A Report of the Commission on the Reorganization of Secondary Education Appointed by the National Education Association*（Washington，D. C.：U. S. Government Printing Office，1918），p. 6.

托马斯·布里格斯，哥伦比亚大学师范学院教育学专业副教授。

3. Alexander Inglis, assistant professor of education, in charge of secondary education, Harvard University, Cambridge, Mass..

亚历山大·英格利斯，哈佛大学负责中等教育的教育学助理教授。

4. Henry Naumann, Ethical Culture School, New York City.

亨利·诺曼，纽约市伦理文化学校的代表。

5. William Orr, senior educational secretary, international Y. M. C. A. committee, 164 East Twenty-eighth Street, New York City.

威廉·奥尔，国际基督教青年联合委员会教育部门的高级秘书。

6. William B. Owen, principal, Chicago Normal College, Chicago, Ⅲ.

威廉·欧文，芝加哥师范学院的校长。

7. Edward O. Sisson, president, University of Montana, Missoula, Mont.

爱德华·西森，蒙大拿大学的校长。

8. Joseph S. Stewart, professor of secondary education, University of Georgia, Athens, Ga..

约瑟夫·斯图尔特，佐治亚大学的教育学教授。

9. Milo H. Stuart, principal, Technical High School, Indianapolis, Ind..

麦洛·斯图尔特，印第安纳波利斯市技术中学的校长。

10. Howard L. Terry, State high-school supervisor, Madison, Wis..

霍华德·特里，威斯康星州教育委员会州中学督学。

Chairmen of committee

16 个分委员会的名称及其主席：

1. Organization and administration of secondary education—Charles Hughes Johnston, professor of secondary education, University of Illinois, Urbana.

中等教育的组织和管理——查尔斯·约翰斯顿，伊利诺伊州大学中等教育教授。

2. Agriculture—Ashley V. Storm, professor of agricultural education, University of Minnesota, St. Paul Minn.

农业——艾什莉·斯托姆，明尼苏达大学农业教育学教授。

3. Art Education—Henry Turner Balley, dean, Cleveland School of Art, Cleveland, Ohio.

艺术教育——亨利·巴利，克利夫兰艺术学校的主任。

4. Articulation of High School and College—Clarence D. Kingsley, State high-schooling spector, Boston, Mass..

中学与大学衔接委员会——金斯利，马萨诸塞州教育委员会州中学督学。

5. Business Education—Cheesman A. Herrick, president Girard College, philadelphia, Pa..

商业教育——奇斯曼·赫里克，费城吉拉德学院的校长。

6. Classical Languages—Walter Eugene Foster, Stuyvesant High School, New York City.

古典语言——沃尔特·福斯特，纽约市斯泰弗森特中学教师。

7. English—James Fleming Hosic, Chicago Normal College, Chicago, Ⅲ.

英语——詹姆斯·弗莱明·霍西奇，来自芝加哥师范学院。

8. Household Arts—Mrs. Henrietta W. Calvin, United States Bureau of Education, Washington, D. C..

家政学——亨丽埃塔·加尔文女士，来自美国内政部教育署。

9. Industrial Arts—Wilson H. Henderson, extension division, University of Wisconsin, Milwaukee, Wis..

工艺美术学——威尔逊·亨德森，来自威斯康星大学。

10. Mathematics—William Heard Kilpatrick, associate professor of

education, Teachers College, Columbia University, New York City.

数学——威廉·赫德·克伯屈，哥伦比亚大学师范学院教育学副教授。

11. Modern Languages—Edward Manley, Englewood High School, Chicago, Ⅲ.

现代语言——爱德华·曼丽，芝加哥市伍德中学教师。

12. Music—Will Earhart, director of music, Pittsburgh, Pa..

音乐——威尔·埃尔哈特，音乐主任，匹兹堡。

13. Physical Education—James H. McCurdy, director of normal courses of physical education, International Y. M. C. A. College, Springfield, Mass..

物理教育——詹姆斯·麦柯迪，师范学校物理教育的系主任，来自马萨诸塞州斯普林菲尔德市国际基督教青年联合会学院。

14. Sciences—Otis W. Caldwell, director, Lincoln School, and professor of education, Teachers' College, Columbia University, New York City.

科学——奥蒂斯·考德威尔，林肯实验学校主任，也是哥伦比亚大学的教育学教授。

15. Social Studies—Thomas Jesse Jones, United States Bureau of Education, Washington, D. C..

社会课程——托马斯·杰西·琼斯，来自美国内政部教育署。

16. Vocational Guidance—Frank M. Leavitt, associate superintendent of schools, Pittsburgh, Pa..

职业指导——弗兰克·莱维特，匹兹堡市学校的副督学。①

---

① Commission on the Reorganization of Secondary Education, *Cardinal Principles of Secondary Education: A Report of the Commission on the Reorganization of Secondary Education Appointed by the National Education Association* (Washington, D. C.: U. S. Government Printing Office, 1918), p. 6.

通过对这个“审议委员会”的组成人员的来源结构进行分析后发现，这个委员会实际上由 26 人组成，因为金斯利既是这个审议委员会的主席，也担任了下面 16 个分委员会中“中学与大学衔接委员会”的主席，所以人员总量上存在着一个重叠。在这 26 人中，9 人直接来自公立学校，9 人来自高等教育机构的教育系或教育学院，4 人是大学的管理者，3 人来自内政部教育署，还有 1 人来自国际基督教青年联合会。与十人委员会成员基本上都来自高等教育机构相比，审议委员会的成员构成来源则相对均衡，代表范围也更加广泛。在对审议委员会的组成人员进行分析后发现，里面不乏当时在中等教育领域赫赫有名的教授和大学校长，而为什么全国教育协会最终任命金斯利担任这个规模庞大的中等教育改造委员会主席呢？后续很多对《基本原则》报告进行研究的学者也常常自我发问，为什么在 1910 年时还仅仅是纽约布鲁克林手工训练中学的一名数学教师，几年之内就成了当时美国教育界声名显赫的教育人物，并在他的带领下发布了关于中学课程、教学方法、校舍与场地管理等一系列的报告。从本书目前所涉及的研究文献来看，以下几个方面是促成了他成为这一时期美国教育界焦点人物的重要因素。

1910 年前后，在社会各界对中学教育和中学课程极度不满意的历史转折期，在全国教育协会任命的“综合中学课程委员会”未能达到预期的调研效果的前提下，在 1911 年全国教育协会中等教育分部会议上，金斯利代表九人委员会提交的第一份报告解决了当时人们对中学课程过于学术化和无用化的指责与批评，所建议的 15 个单元的课程修读总量和 4 个单元的任意选修方式，很好地协调了中学职业课程与学术课程之间的关系，扩大了中学课程设置的自主权，拓宽了大学入学需求的渠道，缓解了大学与中学的关系，满足了社会效率论者和职业教育运动者的需求，在关键的节点上满足了多方要求，因此报告受到了各界的欢迎和支持，金斯利这个名字自然开始被人们所熟知，这是第一个关键因素。第二，在1911年报告完成后，金斯利自己也开始研究当时大学的入学需求，以及大学所能够接受的大学入学需求是一个什么样的分配比例。这个举动得到了当时刚刚接任美国内政部教育署教育专员克拉克斯顿的支持和赞许。1912年春天，克拉克斯顿邀请金斯利以“顾问专家”的身份全职在位于华盛顿的教育署总部工作了两个月。在此期间，他调研和分析了当时美国204所文理学院的大学入学需求情况，帮助教育署完成了调研报告，并且被教育署以公报的形式出版。在对大学入学需求进行调研中，金斯利发现，几乎有四分之一的学院在大学的录取中接受4个单元的实践课程，这坚定了他重组美国中学课程的信念——朝着综合中学模式发展的道路是正确的。由于他在教育署的辛勤劳动和个人能力，赢得了克拉克斯顿的信任和肯定，后续克拉克斯顿成了审议委员会中的成员，在主席人选方面也比较倾向于金斯利。第三，在1912年全国教育协会年会上，金斯利担任了中等教育分部的秘书，使他进一步熟悉了全国教育协会的办事方式和议事原则，在完成了第二份调研报告的基础上，他已经对如何处理好大学与中学之间的衔接关系有了一定的了解和掌握。所以，在那次年会上，他开始呼吁建立12个分课程委员会和中学与大学衔接委员会一起为重组美国中等教育而努力。他的呼吁说明他知道接下来的调研该朝什么方向发展，为什么需要这12个分课程委员会来一起工作。思想指导行动，这个思想在先机上已经预设了他将在建立更大的委员会道路上发挥更重要的作用。第四，在1912年全国教育协会年会结束后不久的8月，金斯利迎来了个人职业发展的一个新转机，他从一位普通的数学教师变成了州中学教育督学，从布鲁克林来到了波士顿。这个转机主要是1912年8月5日在马萨诸塞州中学督学位置上干了20多年的詹姆斯·麦克唐纳（James MacDonald）突然去世，从而导致了位置的空缺。而这一年担任马萨诸塞州教育委员会教育专员的是斯内登，他通过阅读1911年金斯利领衔发布的报告而第一次知道了这个人，这个与自己同毕业于哥伦比亚大学的数学教师。斯内登对金斯利1911年的报告给予了很高评价，认为报告在解决中学问题上迈出了巨大的一步。同时，担任马萨诸塞州教育委员会副专员的威廉·奥尔，也是金斯利任主席的中学与大学衔接委员会的组成成员，他对金斯利的工作能力和做事风格较为了解，并向斯内登推荐了金斯利，认为金斯利能够胜任中学督学这份工作。斯内登经过多方考虑后，决定任命金斯利担任州中学督学。从表面上看，在1912年，金斯利和斯内登之间的关系是融洽的，斯内登对金斯利早期关于中学改革的想法也是支持的，但二人有着不同的社会观，在个人与社会之间关系方面也有着根本不一样的理解。然而，这种根本性的差异在一开始并没有显现出来，只是在1918年《基本原则》报告发布之后，二者之间的紧张关系才进一步公开化。金斯利和斯内登都是社会效率论的支持者，但金斯利主张在一个综合中学里将不同去向的学生融合在一起来实现他的社会目标，而斯内登主张大规模的专业化学校，按照孩子不同的经济背景将他们分配到适合他们的课程计划中去。① 金斯利在担任这个职务之后，因此有了更多的时间和精力去思考重组美国中等教育的计划和方案。第五，在全国教育协会1913年的会议上，金斯利向全国教育协会提交的10个方面的请求已经非常详细地描述了未来开展重组美国中等教育的计划，包括委员会的名称、审议委员会的建立、分科课程的组成、报告形成后的发布渠道等，这些都预设着全国教育协会如果任命一个熟悉这些计划的人来带领各个分委员会开展工作，金斯利就是首选，因为这些计划都是他制订的，而且都具有可操作性和可行性。鉴于上述5个方面的原因，在全国教育协会选择改造委员会主席人选的过程中，在教育

① Walter H. Drost, *David Snedden and Education for Social Efficiency* (Madison: The University of Wisconsin Press, 1967), p. 121.

专员的推荐下，他就顺理成章地成了这个委员会的主席，而且最终不辱使命地完成了全国教育协会想要完成的工作任务，扩大了全国教育协会的影响力。

（二）《基本原则》报告的形成与发布

《基本原则》报告的形成和发布得益于中等教育改造委员会的主要议事机构——“审议委员会”的努力与贡献，这一点与《十人委员会报告》相似，《十人委员会报告》主要由全国教育协会任命的10位成员共同讨论完成。但两份报告之间有一点差异，《十人委员会报告》仅仅经过一年左右的时间就公开发布，而《基本原则》报告则从1915年就开始准备，到1918年才正式完成并对外发布，前后持续了3年左右的时间，这也进一步说明了这份报告是诸多委员会成员共同劳动的结晶，以及他们为之付出的所有辛勤劳动。

1915年2月24日至26日，全国教育协会督学分部在辛辛那提召开分部会议。在这次会议上，审议委员会的18位成员和已经建立起来的分课程委员会（英语、社会课程、科学、古代语言、现代语言、农业、商业、家政学、手工艺术学和音乐）成员共同参加了这次会议。这次会议达成了几个方面的意见：第一，将小学的七年级和八年级纳入中等教育阶段的考虑范围之内。第二，对使用何种术语包含七、八年级或七、八、九年级阶段的教育进行调研，考虑是使用“中间学校”（Intermediate School）还是“初级中学”（Junior High School）。第三，审议委员会将在后续某个阶段再次召开会议，一方面对分课程委员会提交的报告进行评议，另一方面对完成委员会的总报告进行协商和讨论。这次会议的召开，标志着中等教育改造委员会正式进入总报告的撰写阶段。[①] 1915年11月，按照审议委员会之前约定的会议召集时间，

① Clarence D. Kingsley, “Meeting of the Commission on the Reorganization of Secondary Education,” *Educational Administration and Supervision* 1, No. 5(1915):330-332.

他们在芝加哥召开了总报告撰写务虚会，金斯利在会上为完成总报告准备了一个工作提纲，为审议委员会中的每位成员应该负责的报告部分进行了任务分配与交办。他提议第一部分的前三节（section）由他负责，主要是关于中等教育的定义、中等教育重组的现实需要、在全国范围内重组中等教育的原因。金斯利认为中等教育是为12—18岁年龄段的孩子设计的各种形式的教育，中等教育将不再仅仅是一个选择性机构。课程差异（curriculum differentiations）这个主题的写作任务分给了查尔斯·约翰斯顿，职业指导这一部分的写作任务分给了弗兰克·莱维特和亨利·诺曼（Henry Naumann），爱德华·西森（Edward O. Sisson）对已经完成的中学必修课程单元（prescribed units）部分进行再次修订和完善。在芝加哥会议上，大家一致同意了金斯利的总报告写作计划与安排，同时对1915年2月召开的会议上关于使用一个什么样的术语来表示中学的两个不同阶段的提议，决定使用初级中学（junior high school）和高级中学（senior high school）来区分中学的两个不同阶段。此外，这次会议还成立了"数学课程委员会"，金斯利就数学课程委员会需要考虑和完成的报告所需要涉及的问题进行了解释和说明。1916年2月，全国教育协会督学分部在底特律召开会议，审议委员会中的16位成员参加了此次会议，金斯利在会上传阅了总报告的初稿。这个初稿不仅包含他本人负责的几个部分，还包含其他几位成员完成的部分。这个初稿还增加了一个被称为"公立教育的主要目标"的新章节，这个新章节在最后的报告中就成了人们最熟悉的七大教育目标部分。此外，这次会议一方面决定成立一个对总报告进行修订的特殊委员会，由亚历山大·英格利斯、威廉·赫德·克伯屈（William Heard Kilpatrick）、奇斯曼·赫里克几人组成，另一方面决定在同年7月纽约召开的全国教育协会年会上继续对这个报告进行讨论。对于审议委员会这么辛苦和努力的工作，金斯利作为委员会主席感到十分满意。在底特律会议结束之后，在与英格利斯进行意见交流之后，金斯利自己继续对报告初稿进行修改，并在 6 月将新的文稿寄给了上述提到的那个专门委员会和审议委员会成员，以便在 7 月纽约召开的全国教育协会年会上讨论这个新报告。金斯利为这个新报告付出了巨大的心血，他自己的思想在报告中也逐步地体现出来，报告的撰写过程也由过去的分散开始变得集中。在这份报告中，金斯利已经将公立教育的主要目标概述为健康教育（health education）、家政教育（home-making education）、职业教育（vocational education）、社会公民教育（social-civic education）、科学分配的休闲教育（education for the wise use of leisure）、道德教育（ethical education）。经过一些修改和调整后，这 6 个方面的教育在 1918 年的报告中成了对中等教育七大目标进行解释的 6 个方面，金斯利唯一没有提到的第七个方面的目标就是“掌握做事的基本方法”（command of fundamental processes）。1916 年 7 月，在纽约召开的会议上呈现出来的总报告版本，已经预示着委员会总报告的成型，中等教育的第七个目标也在会后对报告进行多次修改的过程中被补充了进去。①

1916 年 7 月全国教育协会纽约会议讨论的报告与 1918 年发布的最终报告比较起来，这份报告的长度不到最终报告的一半。关于报告的主题，1918 年有 19 个方面的主题，而在 1916 年的报告中只有 11 个，另外新增的 8 个方面的主题在长为 25 页的总报告中占到了 14.5 页，关于综合中学和综合课程的论述都出现在另外 8 个方面的主题里。1916—1917 年，在对报告进行补充修改期间，金斯利受到英格利斯的影响较大，另外 8 个方面主题的出现，很多都是英格利斯观点的一种映射和体现，这些观点在他 1918 年的书和早期的作品中都有出现。而且，英格利斯在未加入审议委员会之前，已经在哈佛大学 1915 年秋季学期的课

---

① Edward A. Krug, *The Shaping of the American High School* (New York: Harper & Row, 1964), pp. 382-384.

上开始了他关于《基本原则》的理解和分析，并在1916年12月份前将《中等教育的原则》一书完成，最终于1918年出版。[①] 1917年1月，委员会负责完成的总报告已经基本定型，金斯利开始为报告的出版和发行奔走和游说，他迫切希望在全国教育协会财力允许的情况下和教育署的大力支持下最大限度地将报告传播出去。1917年7月2日，金斯利写信给审议委员会，希望他们对即将出版的5份关于中等教育课程的报告进行评论，这5份报告分别为《中等学校的音乐课程》《中等学校的体育课程》《中等教育的道德价值》《中等学校中的职业指导》和《基本原则》。最终，这5份报告都通过了审议委员会的审核，先后被内政部教育署在1917—1918年以公报的形式对外发布。

二、《基本原则》与综合课程模式的形成

（一）《基本原则》报告的主要内容

1918年，内政部教育署在第三十五号公报中发布了这个历时3年完成的《基本原则》报告。这份报告除前言和结论之外，还包含另外19个方面的主题内容。总体而言，这份报告是作为中等教育改造委员会的指导性和纲领性的报告发布的，其他分课程委员会形成的报告都是依据这份报告的主要思想形成的。这份报告既对为什么要重组美国中等教育进行了原因分析，也对如何重组美国教育进行了规划设计；既对美国中等教育的指导方针和教育目标进行了论述，也对中学与大学的衔接、中学学制的改革等内容进行了阐述；既对中等教育的专门化和统一化功能进行了阐释，也对未来中学的标准类型进行了确定，是一份内容丰富、主题突出、层次清晰、指向性明确的教育报告，一

① Alexander J. Inglis, *Principles of Secondary Education* (Boston: Houghton Mifflin Company, 1918), p. 703.

定程度上解决了20世纪第一个10年里美国中等教育出现的问题，对接下来美国中等教育的改革产生了重要的影响，也为美国中等教育走向卓越做出了最好的铺垫。

通过对报告原文进行研读和分析，现将报告里呈现的19个方面的内容总结如下：第一，改造的需要。中学作为社会中的一个机构，应该紧随社会的发展步伐而不断变化，但从实际情况来看，中学显现过于保守的迹象，重组美国中学教育的行动刻不容缓。第二，民主社会中的教育目标。民主和效率是报告所坚持的一种基本教育理念，报告强调民主作为美国教育中十分清晰的一个概念，应该按照个体和社会都得到自我发展的理念去开展教育。民主教育应该发展每个个体的知识、兴趣、理想、习惯和能力，由此个人将发现自身所处的地位，并运用这一地位朝着更加远大的目标去塑造自己和所处的社会，使个体和社会都得到发展。第三，教育的主要目标。报告将教育的主要目标概述为健康、基本技能的掌握、高尚的家庭成员、职业、公民资格、善于利用闲暇时间、具有道德品格。第四，中等教育在实现这些目标中所扮演的角色。报告还将教育的七大目标以七大基本原则的形式确立了下来，认为这些原则适用于12—18岁在中等教育阶段学习的所有学生。第五，中等教育目标之间的相互关系。委员会认为，从本质上来说，教育是一个统一的和连续的过程，上述定义的每一个目标在整个中等教育领域内都必须得到承认。第六，在重组中学课程的过程中认识这些目标。重组目前中学正在教授的每一门课程是为了更加有效地促使上述列举的目标在中学里实现，在中学里每一门课程的地位将由它对实现这些目标所贡献的价值来决定。第七，教育即生长的过程。教育必须被作为一个生长的过程来构想，只有如此进行构想和指导，教育才能为生活做好准备。截至目前，教育即生长的这个原则已经被忽视，导致了形式主义和守旧主义的出现。第八，明确学校价值的需要。学生在完成了义务教育年限之后继续在学校待的时间长短取决于他和他的家长对学校课程价值的认识，以及课程在多大程度上能够使学生走向成功。因此，向每位孩子和孩子的父母展示课程的真实价值就变得尤为重要。第九，课程延迟价值的从属性。课程的延迟价值是指目前学校开设的很多课程，只有学生学习了几年之后，课程价值才会显现出来。但每一个阶段都有辍学的学生，因此在课程开始时，应该安排一些简单和实用的课程，当学生领会这些课程之后，再开设那些改良以后的课程。第十，初等教育和中等教育的划分。委员会认为目前八年制小学中的七年级和八年级课程没有很好地满足青少年的需求，很多学生在这个阶段辍学，因此建议将初等教育改为 6 年，满足 6—12 岁年龄段学生的需求，原来的七、八年级纳入中等教育阶段，满足 12—18 岁年龄段学生的需求。第十一，中等教育初级阶段和高级阶段的划分。报告致力于将 6 年的中等教育分为两个阶段，并将其称为初级阶段和高级阶段。在初级阶段，应将重点放在帮助学生发现自己的能力倾向并对他们将来可能从事的工作类型做出临时性的选择方面。在中学的高级阶段，应把重点放在所选择工作类型的训练上。此外，提议在常规的情况下，初级阶段和高级阶段应各有 3 年时间，以便实现它们特有的目标。第十二，中等教育与初等教育的衔接。在小学与中学的衔接方面，委员会认为初等教育阶段的超龄学生在初等教育计划缩短为 6 年时间的前提下，中学将为超龄孩子提供比初级阶段更好的教育。第十三，高等教育与中等教育的衔接。委员会认为，在中学阶段那些投入了大量时间学习包括职业课程在内的学生应该被允许去追寻他们感兴趣的任何形式的高等教育，不管是自由教育还是职业教育，他们是能够给自己和社会带来益处的。第十四，认识课程规划中的目标。第十五，中等教育的专门化和统一化功能。报告认为，任何社会不断增加的专门化都会相应地带来联合的必要性。因此，在中学里，联合主要通过学习不同课程来实现，即通过那些要求所有学生都需要修读的课程来实现。在民主社会里，联合是教育的基本目的。除了学校本身的综合特性和通识教育课程外，还可以在参与社会活动、学校管理和体育运动时，把来自不同阶层的学生混合起来，获得联合。中学除提供一定的必修课程外，还应该提供差异性课程（curriculum variables）和任意选修课程（free electives）。任意选修课程是根据学生的兴趣来选择的，一般是为了满足会休闲这一目的。民主的中学需要专门化和统一化功能进行相互补充。第十六，作为标准中学的综合中学。报告认为，将所有课程包容在一个统一的组织之中的综合中学（The Comprehensive High School），应该是美国中等学校的标准类型。不管高级中学将采取什么样的形式，初级中学必须是综合的，这是因为初级中学的一个主要目标就是帮助学生通过广泛接触各种课程积累经验，从而获得合理选择自己未来教育取向和职业生涯的基础。综合中学模式允许学生选择适合自己发展的课程。同时，学生在学习过程中，觉得不适应、想要更改课程时，该模式将使其实现愿望。简而言之，综合中学代表了美国民主教育的雏形，学生在这样的学校里学习既可以认识到学校的发展愿景，也可以发展自己的兴趣爱好。第十七，认识学校组织中的目标。第十八，中等教育应是所有青年人不可或缺的一种教育形式。委员会所建议的七大目标依靠学生在完成中等教育之后才能更好地获得，因此应该对教育进行科学的重组，从而每一个正常的男孩和女孩都将被鼓励在学校待到年满 18 岁。如果可能的话，最好是全日制；不行的话，非全日制也行。第十九，作为一个强制的非全日制学校教育的最低需求。在中学辍学率居高不下的情况下，委员会认为应该通过一部教育立法，规定所有年轻人无论是否就业，都应该被要求进入学校学习，在学校开学期间，每周不得少于 8 个小时的学习时间，直到年满 18 岁为止。①

从整份报告的写作布局和思路来看，在第一部分关于社会变化对中等教育提出的改革要求方面，金斯利在 1916 年 7 月的报告中曾进行了简单的描述，但在最后的报告中所呈现出来的内容更加具体和全面，这可能源于特殊委员会的某些成员在对报告进行修订时，观察到了社会变化对中等教育提出的挑战和质疑，以翔实的信息和数据将第一部分补充得更加完善。接下来，民主社会中的教育目标、教育的主要目标、中等教育在实现这些目标中所扮演的角色这 3 部分基本上都是金斯利独立完成的，只是"教育的第七个目标"是后来经过委员会讨论后才补充进去的。在课程差异（curriculum differentiations）这一主题方面，由查尔斯·约翰斯顿负责完成。在对统一性的提倡方面，体现最为明显的就是建立综合中学，报告认为，在民主社会里，这类中学应该成为未来美国中等学校的标准类型。不论是四年制中学，还是中学的高级阶段，都应该是综合的。到 1918 年，金斯利在报告中提出建立综合中学建议时，提倡按照职业路线发展而建立专业化或分科中学的呼声此时已经削弱下来，并没有像 10—15 年前那么受欢迎。报告表示，通过建立综合中学能够使学生在合理选择课程方面所受到的不利影响降到最低，也更加容易使学生从一个课程计划调整到另一个课程计划中去。在考虑到如何实现休闲时间这个教育目标时，报告指出，中学不仅仅要强调音乐、艺术、文学和戏剧等课程内容，而且要看到学校在提供合适的娱乐活动的同时，社区里的其他机构也在提供娱乐活动。这样的表述就让人们联想起学校作为社会中心的思想，同时倾向于学校服务大众的一面而不是控制的一面。社会效率和科学管理需要通过

① Commission on the Reorganization of Secondary Education, *Cardinal Principles of Secondary Education: A Report of the Commission on the Reorganization of Secondary Education Appointed by the National Education Association* (Washington, D. C.: U. S. Government Printing Office, 1918), pp. 7-31.

学校里开设的课程来证明其存在的权利，在这一点上，实现休闲时间这一目标课程就代表了社会效率和科学管理理论在学校存在的合理性。对于不同课程地位的高低，报告中明确指出，课程价值的大小主要取决于不同课程对实现七大教育目标所做出贡献的多少，贡献越大，课程价值越高。换句话来说，也不是要求每一门课程都在同等程度上去满足这七大教育目标。① 报告的末尾认为每一个人都有追寻最适合自己的职业路线和成长路径的权利。

通过报告所呈现的 19 个方面的主题可以看出，中等教育改造委员会非常明确地支持以下几个方面的观点：第一，在课程观上，整个报告所持的观点是社会中心观，课程以满足社会为主。第二，在教育目标上，七大基本原则适用于各个教育阶段，没有具体对哪一个教育阶段进行特别的划分。第三，选择不同的活动和学习方法会对实现不同的教育目的产生不同的影响，也就是说，课程的价值在于对目标实现的贡献度。第四，通过设计一个综合的和灵活的教育组织来实现 7 个主要的教育目标，这个综合的教育组织就是后来美国中等学校的标准类型——综合中学。

（二）《基本原则》报告撰写的思想来源

对于报告的完成，大家首先想到的就是审议委员会的全体成员共同完成了这份报告，反映了委员会成员的基本观点。这种判定合乎常理，但并不是完全准确。这是因为在报告完成过程中，很多其他因素也影响了报告的写作和表述。我们可以说，在报告完成中有真正的、直接的贡献者，也有潜在的、隐藏的间接贡献者。毫无疑问，金斯利是这个报告的总设计师和主要执笔人，他对报告的完成做出了巨大的

---

① Commission on the Reorganization of Secondary Education, *Cardinal Principles of Secondary Education : A Report of the Commission on the Reorganization of Secondary Education Appointed by the National Education Association* (Washington, D. C. : U. S. Government Printing Office, 1918), p. 16.

贡献。从报告的具体内容来看，除金斯利自己的思想在报告中得以体现之外，他还受到了同代人和前辈先贤们的影响。金斯利的思想来源可主要概述为三个方面：

第一，自己的教育观。金斯利自己的教育观形成于他在纽约市作为一个社会工作者和在布鲁克林手工训练中学作为一名数学教师时期。金斯利在哥伦比亚大学攻读硕士学位期间，多次作为代理人参加了纽约市对贫困人群和无家可归人群的救助和帮扶工作，由于他对这一问题进行了大量的社会调查，所以最终以"纽约市无家可归人群的社会安置"为题完成了他的硕士论文。在获得硕士学位以后，他继续在纽约市以代理人的身份为贫困人群和无家可归人群服务了一段时间，之后才到布鲁克林担任中学数学教师。[①] 金斯利在纽约作为社会工作者的工作内容是当时美国于 19 世纪末 20 世纪初发展起来的社会安置运动中的一个重要组成部分。社会安置运动主要通过在大城市建立社会安置所为城市贫民提供生活所需的各种指导和服务，提高移民家庭成员的英语水平和帮助他们适应美国的习俗和环境。1889 年，简·亚当斯在芝加哥建立了"赫尔会所"，成为美国最早的社会安置所之一。同年，维达·斯卡德在纽约建立了莱温顿街道安置所。1889 年以后的 10 年里，社会安置所如雨后春笋般在许多城市里建立起来。[②] 社会安置运动者们的初衷并非要为美国多添几家贫民救济院，而是要开辟一份推动社会进步的事业。事实上，他们乃是希望通过与移民们的密切接触和为他们提供帮助来加速移民们的美国化教育，进而实现社会各阶层的

---

① James Terry White, *The National Cyclopaedia of American Biography*, Vol. XX (New York: James T. White & Company, 1929), p. 93.

② Maureen A. Flanagan, *America Reformed: Progressives and Progressivisms 1890s-1920s* (New York: Oxford University Press, 2007), pp. 42-48.

和谐相处，恢复整个美国社会的和平与稳定。[1] 因此，在整个社会安置运动中，既强调了社会效率，也强调了社会服务。金斯利作为社会工作者在工作的过程中，深受这一运动的影响，对杜威等提出的将教育视为推动社会进步的一种重要方式的理念也表示支持，同时在学校的功能上，认可了学校作为一个社会服务机构而存在的观点，这与后期斯内登在提倡社会效率时，强调学校作为社会控制的一种工具的理念就不一致，这就奠定了二人在一些社会问题认识上存在根本性差异的基调。在担任中学数学教师期间，金斯利已经感受到了大学对中学控制之严格、分科中学在为学生完满生活做准备方面存在的不足和缺陷、民主社会里中学作为社会中心的功能发挥不充分等，这些都促使他开始对重组美国中等教育的问题进行思索，而提交至纽约市中学教师协会的报告所获得的认可和支持坚定了他的改革信念，这些都成了他执笔《基本原则》报告的直接思想来源。

第二，金斯利至少受到两个同时代人的影响，这两个主要代表就是杜威和斯内登。就杜威对金斯利的影响来说，在报告的很多主题上都有明确的体现。例如，美国教育应当由一个对“民主的意义”界定清楚的概念来加以指导（section 2）。称职的家庭成员作为中等教育的一个目标，不应该认为这仅仅涉及学生未来的责任。如果学校能够帮助孩子在读书期间形成正确地对家庭负责任的态度，同时能够向他们诠释家庭对其成长所发挥的作用，这才是学校对学生最好的承诺（section 4）。职业教育应该着力发展学生关于职业对社区发展重要意义的理解力，促使他们能够与自己所从事职业的其他成员形成一种清晰而又正确的关系概念，这种正确的关系概念还包括在不同职业群体之间、雇主与员工之间、生产者与消费者之间等（section 4）。教育从本

---

① Ruth Hutchinson Crocker, *Social work and Social Order : The Settlement Movement in Two Industrial Cities 1889-1930*(Urbana: University of Illinois Press, 1992), p. 213.

质上来说是一个连续的和统一的过程（section 5）。教育即生长的过程（section 7）。在民主社会里，联合是教育的基本目的。除了学校本身的综合特性和通识教育课程外，还可以在参与社会活动、学校管理和体育运动时，把来自不同阶层的学生混合起来，获得联合（section 15）。①从这些论述中我们可以看出，杜威所提出的教育即生长、民主与教育、学校即社会、学校作为社会活动的中心、社会效率运动中的社会服务观等思想和理念在报告中都有体现。同时，在审议委员会的组成成员中，也有一位非常支持杜威教育思想的进步主义教育人士，他就是克伯屈。克伯屈担任了数学课程委员会的主席，杜威的教育思想或多或少也会通过克伯屈影响到整个主旨报告。除杜威之外，另外一个在当时对金斯利的思想产生重要影响的就是斯内登。斯内登对金斯利的认识始于 1911 年金斯利完成的九人委员会报告。在阅读这份报告的过程中，斯内登认可了这份报告，并给予了较高评价。之后，在马萨诸塞州教育委员会中学督学位置空缺的前提下，在斯内登的助手威廉·奥尔的推荐下，从 1912 年 9 月开始，金斯利就开始在斯内登领导下的马萨诸塞州教育委员会里工作。在与斯内登一起工作的过程中，斯内登在不同场所表达的一些观点不同程度上出现在报告中，如依据发展完人的目标去设计教育计划，在这种理念指导下设定的教育目标，如善于利用闲暇时间、公民资格、高尚的家庭成员、具有道德品格等。这四个目标也是《基本原则》报告中 7 个目标的组成部分，斯内登在 1913 年时就提出支持中学发展这 4 种目标。斯内登是社会效率的支持者，金斯利也提出将社会效率理论应用到学校管理中。此外，还有通

① Commission on the Reorganization of Secondary Education, *Cardinal Principles of Secondary Education: A Report of the Commission on the Reorganization of Secondary Education Appointed by the National Education Association* (Washington, D. C.: U. S. Government Printing Office, 1918), pp. 9-22.

过教育使孩子和社会都受益；等等。①

至于斯内登对金斯利的影响有多大，以及对《基本原则》报告的形成有多大影响，从本质上说，两人的社会观和个人观有巨大的差异，只是金斯利刚开始在斯内登任教育专员的教育委员会里没有显现出来而已，但他对自己需要以什么样的社会观和价值观去组织和完成这个报告是非常清楚的。然而，对一个从来没有担任过这么重要职务的人来说，也需要与身边的人进行交流和互相学习，从学习与实践中摸索自己应该发展的方向。在这个探索过程中，与他一起共事的斯内登和审议委员会的其他成员都会对他产生影响。在高强度的工作过程中，金斯利需要吸收和评估传递给他的所有信息，更需要从中做出甄别，但这一切都需要他自己有一个基本的判断，这就是他个人所信仰的社会观和价值论。金斯利一直主张大学入学需求应该进一步的灵活和放宽，即使在《基本原则》报告中他也坚持这一观点。金斯利一直主张在孩子成长的过程中，发现他们某些方面的天资和才能才是最重要的，他建议学校能够通过系统的测试和分析帮助孩子寻找他们的兴趣点和课程学习的倾向性。然而，孩子的发育和醒悟有早有晚，因此为了帮助孩子在不同的阶段都能找到适合自己的发展方向，金斯利认为中学应该是综合的或是混合式的。金斯利在 1913 年全国教育协会年会上发表的《作为测试时期的中学阶段》（“The High-School as a Testing Time”），就已经表达了这种观点。这种类型的学校便于学生灵活地做出改变和选择。中学的工作不应该太专业化，中学发展职业课程的责任主要在对学生进行职业指导方面。② 这也是为什么在后续增加的分委

---

① Roger V. Bennett, *Cardinal Principles Report : An Educational Classic* (Washington, D. C. : U. S. Department of Health, Education & Welfare, Office of Education, 1972), p. 41.

② Clarence D. Kingsley, “The High-School as a Testing Time,” in *The Journal of Proceedings and Addresses of the National Educational Association : Session of the Year 1913* (Chicago: The University of Chicago Press, 1913), pp. 50-53.

员会中，金斯利选择增加了“职业指导委员会”，就是为了中学生更好地发展自己而给他们提供更好的职业指导。此外，由于金斯利既担任过大学数学教师，又担任过中学数学教师，所以他从来都不是一个贬低和轻视学术课程的人。因此，学术课程和满足社会需求的职业课程，他觉得都极其重要。与此同时，在报告写作过程中，金斯利多次求教于英格利斯，相互之间进行讨论和商榷。英格利斯出版的《中等教育的原则》一书与后来的《基本原则》报告在某些内容上存在一定的重叠和交叉，这也说明了金斯利与英格利斯对报告的完成所产生的相互影响与共鸣。

第三，教育先贤们的观点。对金斯利来说，从报告中提出的教育的最根本目标来看，贺拉斯·曼和赫伯特·斯宾塞（Herbert Spencer）是对他影响最大的两位教育先贤。贺拉斯·曼将智力、道德和公民教育视为学校教育最本质的目标。同时，曼支持读、写、计算，并将其视为学校课程中最基础的课程。他还建议将人类生理学作为一门课程在学校里开设，而开设这门课程的主要目的在于揭示健康和生命的法则。此外，曼还坚定认为学校具备改良社会的能力。① 曼的这些思想后来都成了《基本原则》报告中的一些重要的理论支柱和思想来源。除曼坚定地认为学校具备改良社会的能力之外，斯宾塞也深深地认为学校具有改良社会的力量。斯宾塞运用达尔文进化论里面的“适者生存”理论诠释人类社会也是个适者生存的地方，他的这种“社会达尔文主义”（Social Darwinism）对社会科学家和教育者们都有着深远的影响。在斯宾塞出版的诸多著作中，《论教育》（*Education*）是一本专门谈教育的书籍，这本书被后世的很多教育者视为教育的基本法则，在美国拥有着广大的读者。在斯宾塞看来，为完满的生活做准备是教育不可

① Lawrence A. Cremin, *The Republic and the School* (New York: Teacher's College Press, Columbia University, 1957), pp. 8-11.

推卸的一种责任，而判定某一门教学课程是否符合这个理性模式的唯一方法就是看这门课程在多大程度上履行了这个责任。① 从如何判定一门课程的价值这一点来看，金斯利提出的“课程的地位要根据它对实现七大教育目标所贡献的价值来决定”的观点就与斯宾塞的观点相吻合。此外，对于什么是完满的生活（complete living），斯宾塞将它分为五大类，分别为直接辅助于保全自己的社会活动（those activities ministering directly to self-preservation）、确保获得生活必需品的活动（those that secure the necessaries of life）、养育和教育后代所涉及的活动（those concerned with the rearing and disciplining of offspring）、维持正常的社会和政治关系所涉及的活动（those that maintain proper social and political relations）、在闲暇时间满足自己兴趣和情感的活动（those devoted to the gratification of tastes and feelings）。斯宾塞认为，所有理想的教育都应该在这 5 个方面做出最充分的准备。对于什么知识最有价值，斯宾塞毫不迟疑地给出答案，就是科学。不管是保持健康、谋求生计、孝敬父母、履行公民义务、对艺术的完满创作和最好的欣赏，还是关于智力、道德、宗教等各种形式的训练，科学在这些活动中都是最有效和最实用的科目。② 斯宾塞提出的五大教育活动对《基本原则》报告中提出的七大基本原则有着直接的影响，在金斯利的报告中也得到了充分的体现，金斯利进一步地将这五大活动扩展为七大教育目标，即健康、基本技能的掌握、高尚的家庭成员、职业、公民资格、善于利用闲暇时间、具有道德品格。③

---

① Lawrence A. Cremin, *The Transformation of the School : Progressivism in American Education ,1876-1957*(New York:Alfred A. Knopf,1968),pp. 91-92.

② Lawrence A. Cremin, *The Transformation of the School : Progressivism in American Education ,1876-1957*(New York:Alfred A. Knopf,1968),p. 92.

③ Lawrence A. Cremin, *The Transformation of the School : Progressivism in American Education ,1876-1957*(New York:Alfred A. Knopf,1968),p. 93.

此外，1905—1920年，来自于外界的3种强有力社会运动也极大地影响到了美国的中等教育改革。这3种社会运动分别是社会效率运动、科学管理运动和职业主义运动，它们对《基本原则》报告的形成产生了重要影响。社会效率运动依据的理论假设是人类之所以能够对环境实现控制主要是因为他们是社会人类，因为他们是人类，所以能够发展和使用社会语言、社会思想和社会机构来达到这个目的。爱德华·罗斯（Edward A. Ross）1901年出版了《社会控制》（*Social Control*）一书，使他成为社会控制理论的主要代表。在他看来，社会大众应该被社会的领导者所控制和指导。① 罗斯不是一个教育社会学家，但是他的很多观点，尤其是他在《社会控制》这本书中所表达的观点，强烈地影响了一些教育社会学家的作品。一些持社会效率观点的教育家也认为学校能够被视为一个有"效率的社会"来发展，学校这个社会不仅仅能够帮助人们更好地适应他们生活的环境，而且允许他们为了效率而管理好自己生活的环境。② 在教育领域受罗斯社会控制理论影响最大的教育者主要有斯内登、罗斯·芬尼（Ross Finney）、查尔斯·埃尔伍德（Charles Ellwood）和查尔斯·彼得斯（Charles C. Peters）。反过来，他们也利用罗斯的社会理论在教育领域里发展社会效率课程观。③ 其中，最著名的代表人物就是斯内登，他是罗斯在斯坦福大学的学生。斯内登多次在全国教育协会的大会上提倡通过学校来实现完全的社会控制。他认为，学校最主要的责任之一就是对学生进行分类，之后教育他们，为他们成年后所扮演的特殊的社会和职业角

---

① Edward Alsworth Ross, *Social Control : A Survey of the Foundations of Order* (New York: The Macmillan Company, 1901), p. 221.

② Robert Freeman Butts and Lawrence A. Cremin, *A History of Education in American Culture* (New York: Holt, Rinehart and Winston, 1953), p. 8.

③ Herbert M. Kliebard, *The Struggle for the American Curriculum : 1893-1958* (New York: RoutledgeFalmer, 2004), p. 77.

色做好准备。因此，斯内登支持建立单独的分科中学。为了满足现代工业技术产业对一些职业技能的需求，需要通过分科中学对学生进行技能培训，没有哪一个单一的综合课程能够为各种各样的职业提供他们必需的所有课程和训练。因此，斯内登认为，那些对铁路工程师感兴趣的学生应该参加单独开设的专门化中学，在这种中学里有专门为训练和培养铁路工程师而开设的课程。只有当每个人根据天资对自己进行合理的定位后，整个社会的效率才会变得更加有效，实用性变成了评价学校课程价值最主要的标准。[①] 反之，在提倡社会服务的人士看来，学校作为社会里的一个机构，最主要的责任之一就是为社区提供它们所需要的社会服务，将学校视为社区的中心是社会服务提倡者最直接的思想表达。杜威也将自己视为社会效率运动的提倡者，只是他提倡社会服务而不是社会控制，这与持极端的社会控制观点的斯内登是有一定区别的。最后，我们可以直接看到社会效率运动在教育领域所产生的 3 个很明显的结果：第一，社会科学受到了越来越多的重视，这主要是因为整个社会效率运动得到了许多社会学家的高度支持。第二，社会学成了学校课程里一个合法的学科。第三，“社会课程”的概念在学术圈里开始变得流行和受欢迎。

另外两股对当时中等教育影响较大的社会运动就是科学管理运动和职业主义运动。科学管理运动对学校课程中的学术课程持批评和反对态度。科学管理运动盛行以后，很快被应用到教育的规划和课程规划中。科学管理运动的提倡者对学校的学术课程提出了要求它们证明其存在合理性的依据。例如，拉丁语、希腊语和古代历史等都被科学管理运动的提倡者被要求来说明其存在的合理性，要么能够证明它们对培养好的公民和职业发展有促进作用，要么就从课程列表中移除出

① Roger V. Bennett, *Cardinal Principles Report : An Educational Classic* (Washington, D. C. : U. S. Department of Health, Education & Welfare, Office of Education, 1972), p. 8.

去。而在职业主义运动中，职业主义者对社会效率和科学管理运动都表示支持，这种支持主要有两个方面的原因：第一，社会效率和科学管理都反对学术课程的存在。第二，它们都期望一个更加实践的、能够为未来孩子每天生活做好准备的课程出现。职业主义提倡者建议学校提供双轨课程，一个强调职业课程，为那些在中学阶段就终止学业的人做好准备；另一个强调学术课程，为那些准备升入大学的学生做好准备。他们这样的课程观满足了当时工商业的需求，在一定时间里获得了广泛的支持，但在 1910 年前后逐渐失势，被提倡建立综合中学的改革呼声所淹没。

（三）综合中学与综合课程模式的确立

《基本原则》报告的发布，一方面以七大教育目标作为指导未来教育发展的主要方向，另一方面倡导建立综合中学作为未来美国中等学校发展的主要类型。对于建立综合中学这种类型的中等教育机构，在 1918 年正式发布报告之前，除金斯利在 1911 年的报告中就提出这种设想之外，在中等教育改造委员会下属的审议委员会成员中，至少有另外 3 名以上的成员也表达了类似的看法和建议。一个是印第安纳波利斯市技术中学的校长麦洛·斯图尔特，另一个是哈佛大学的亚历山大·英格利斯，还有一个是查尔斯·约翰斯顿。1913 年，在全国教育协会中等教育分部召开的会议上，还是中等教育分部主席的斯图尔特发表了《综合中学与大学入学需求之间的关系》（“The Cosmopolitan High School in its Relation to College Entrance”）一文，对综合中学的定义进行了界定。他指出：“中学的第一个职责就是给每一个孩子提供一个洞悉他们最感兴趣的生活形式的机会，这就可以确保他们做两件事情，一是能够明智地选择和知道哪一种形式的教育是他们愿意接受的发展方向，二是能够理解和支持与自己上下衔接的教育机构的发展。而综合中学就是这样一种中学，这种中学不会逃避这种职责，而会将英语、数学、历史、烹饪、缝纫、艺术、农业、拉丁语、机械制图、音乐等课程以同一种态度和教学方式进行同等教学。”① 同时，英格利斯指出，依据学校所提供的课程计划，中等学校必须要完成两种功能，这两种功能所要满足的目标分别是学校课程中的“统一性”（integration）和“差异性”（differentiation）。他进一步指出，不管是反对学校课程中的统一性还是差异性，这样的想法和企图都是荒谬的，实际上这两者之间是“互补的”（supplementary）和“相融的”。在一个整体的课程计划中，统一性和差异性之间的关系不应该被认为是互相斗争的，而应该被理解为是相互补充的。在英格利斯的中等教育理论体系中，中学课程的差异性和统一性功能成了他构建中学课程思想的重要基石。②《基本原则》报告为了同时实现中学课程的统一性功能和专业性功能且实现二者之间的相互补充，所建议的综合中学课程模式就成为实现这一目标的实践载体。此外，英格利斯 1918 年出版的《中等教育的原则》一书也明确地指出：“建立特殊类型的初级中学是没有任何正当理由的。如果建立特殊类型的中学，就只能在一些较大的城市，在一些四年制的中学和高级中学里进行。综合中学（the comprehensive or composite or consolidated high school）才应该是大城市里标准的中学类型。”③

《基本原则》报告的第十五个和第十六个主题内容，具体就中等教育的功能和美国未来中学发展的标准类型这两个问题进行了详细的阐述。在中学的功能方面，强调了中学具有专门化与统一化这双重功能，这双重功能之间不是相互排斥和水火不容的。在美国这个民主的社会

---

① Milo H. Stuart, “The Cosmopolitan High School in its Relation to College Entrance,” in *The Journal of Proceedings and Addresses of the National Educational Association: Session of the Year 1913* (Chicago: The University of Chicago Press, 1913), p. 473.

② Alexander J. Inglis, “The Socialization of the High School,” *Teachers College Record* 16, No. 3(1915): 216.

③ Alexander J. Inglis, *Principles of Secondary Education* (Boston: Houghton Mifflin Company, 1918), p. 703.

里，社会本身就包含专门化和统一化。而中学作为民主社会里的一个机构，自然从属性上就带有这两种功能，这两种功能之间应该是相辅相成和互为补充的关系，这样才能实现最理想的教育。专门化功能在中学的存在，要求中学必须提供更多的课程，这样才能适应不同孩子的不同需求。而统一化功能作为中学另一项重要功能，可以达到对那些在身体和心智上尚未成熟的青少年进行统一教育的目的，让他们可以更好和更健康地获取在美国民主社会里成为一个合格公民所必需的一些知识、能力和兴趣等。综合中学的统一化功能可以通过多样的手段来实现，这些手段包括通过课程内容所包含的直接价值来实现，尤其是社会课程、母语课程及母语课程的文学课程；通过学校的组织与管理，将学生融合在一起；通过组织学生参加各种各样的活动来培养他们的责任感，这些活动包括体育活动、社会实践活动和学校的管理活动。[①] 既然专门化和统一化功能是中学教育的两种重要功能，那么如何通过课程的选择和学校活动的安排来实现这两个相辅相成的功能呢？为了同时实现这两大功能，中学提供了 3 种课程：第一，固定课程（constants），原则上要求所有的孩子都必须参加和修读。第二，差异性课程（variables），在很大程度上由不同孩子的职业需求来决定，也包括他们在一些特殊领域需要继续提升的预备课程。第三，选修课程（free electives），不同学生根据各自的兴趣、能力和特长选修自己喜欢和擅长的课程。对于这 3 类课程的作用，报告明确指出，固定课程对中学统一化功能的实现具有非常明确的作用，差异性课程有利于实现中

---

① Commission on the Reorganization of Secondary Education, *Cardinal Principles of Secondary Education: A Report of the Commission on the Reorganization of Secondary Education Appointed by the National Education Association* (Washington, D. C.: U. S. Government Printing Office, 1918), pp. 21-23.

学的专业化功能，而选修课程将利于这两大功能的同时实现。[①] 此外，学生与学生之间、学生与社区成员之间举办的各种娱乐活动也有助于中学统一化功能的实现。由于综合中学的学生来源具有非常广泛的代表性，因此通过加强中学与社区之间的互动，也可以进一步凸显学校的社会功能，使学校成为联结家与社区之间的沟通纽带，密切学生与社会之间的联系，增强他们的社会认同感。

报告的第 16 个主题内容明确指出，将所有课程包含在一个统一的组织之中的综合中学，应该是美国中等学校的标准类型。这种学校既可以进行学术教育，也可以进行职业教育，而且二者之间可以进行合理地调整，更易于发挥中学的统一化功能与专业化功能。中学作为社会里一个机构，能够将美国生活的多元化在学校这个机构里实现统一。过去，在各州实施义务教育阶段，小学阶段的 8 年学校教育就承担着教育的统一化功能。伴随着移民人数的增多、城市规模的扩张、城市人口的增加、工业化发展对更高层次学历教育人数的需求，人们不断地呼吁将学校教育的统一化功能逐渐向上延伸，延伸至中等教育阶段，通过小学和中学的共同努力，将统一的价值理念、常识知识和公共兴趣传授给更多的人，更好地实现民主社会里的公共教育。在综合中学里，学生在学习其他课程的过程中与同学结成的友谊，以及与自己职业和教育目的不一样的同学结成的友谊，都有助于学生认识到他们彼此之间所持有的共同利益，这些共同利益存在的重要作用在于使学生们能够认识到虽然课程兴趣和职业目标有差异，但彼此之间不会产生敌对的态度。同时，通过学校的集会和各种社团组织，能够让他们获得共同的价值观念；通过学生团体活动，能够确保他们达到合作训练

---

① Commission on the Reorganization of Secondary Education, *Cardinal Principles of Secondary Education: A Report of the Commission on the Reorganization of Secondary Education Appointed by the National Education Association* (Washington, D. C.: U. S. Government Printing Office, 1918), p. 23.

的目标；通过各种团体活动，让学生学会忠于学校，进而为忠于所在的州和国家做准备。综合中学作为民主社会里一个典型代表，各种各样的群体必定在一定程度上拥有作为群体的自我意识特征，不同群体之间也会通过接受共同的利益和信念从而结成一个更大的社会群体。①综合中学也能够使学生在合理选择课程方面受到的不利影响降到最低，更加容易使学生从一个课程计划调整到另一个课程计划中去。

在实现统一化功能的同时，综合中学有责任和义务通过提供更有吸引力的课程延长学生接受教育的年限，从而让学生在接受更多训练的过程中受益更多。在综合中学里，可以根据学生需求，从更加宽泛的意义上设置职业教育课程，这些课程可以用一些专业的术语表述和单列，如农业课程、商业课程、文员课程、工业课程、美术课程、家政课程，通过学习这些职业课程可以直接地为就业做准备，而过去的职业课程仅仅间接地被用于个人就业与职业发展。综合中学通过开设这些课程，也是对职业教育运动中社会对中学课程进行质疑的一种回应。综合中学通过把专业化中学所开设的一些职业课程移植到综合中学里，以综合的课程方案为总称来为孩子的不同需求提供差异化保障，从而服务于社会、家庭和孩子的发展。

《基本原则》报告通过正式提出建立综合中学的建议为未来美国中学的发展指明了方向，而对于综合中学应该为学生提供什么样的课程，报告也通过所提出的七大基本原则为课程的设置和学校的组织与管理奠定了基础。在课程的构建和设置过程中，学校需要充分考虑不同孩子的差异性和社会的多样性。根据这个要求，综合中学的课程应该既设置一些农业、商业、文职、工业、美术、家政等课程，也需要为那

① Commission on the Reorganization of Secondary Education, *Cardinal Principles of Secondary Education: A Report of the Commission on the Reorganization of Secondary Education Appointed by the National Education Association* (Washington, D. C.: U. S. Government Printing Office, 1918), pp. 25-26.

些对学术课程有明确兴趣和需求的孩子提供正常的学术课程。在这种情况下，在小学的七年级或八年级就需要对孩子的兴趣和爱好进行一个初步的调查和分析，进而在中学阶段让他们能够选择与自己未来想从事的职业相近的课程，促使个体朝最适合自己发展的方向前进。这也是为什么中等教育改造委员会在接受社会差异性的前提下支持将综合中学确立为未来美国中等教育标准学校类型的原因。从本质上来说，综合中学在课程的设置上具备更多的灵活性，能够为各种性格特征的孩子提供职业的、文化的及其他多种形式的课程需求。①

威廉·雷格（William G. Wraga）通过研究发现，在《基本原则》提出建立综合中学之后，这种新建立起来的综合课程模式在接下来几十年里成了中学里一种主要的课程模式，对美国工业社会的发展做出了巨大的贡献。他指出："综合中学是专门为美国这个多元的民主社会设计和服务的。综合中学通过提供'固定课程'和'差异性课程'这种综合的课程模式来实现课程之间的互补性功能，通过提供差异性的课程（如大学预备课程、职业先修课程和职业课程）将不同背景、能力、期望的学生统一在同一所学校的屋檐之下，实现教育机会的均等。同时，综合中学也通过对来自不同文化背景下的学生进行通识教育培养他们彼此之间共同的情感、相互理解和平等对话的意识，从而实现中学的统一化功能。此外，整个《基本原则》报告给课程划定的最主要的作用就是完成中学的统一化和专业化功能，只有课程实现了这两种功能，才能实现报告中所期望达到的七大教育目标。从历史角度看，综合中学的专业化功能比统一化功能受到的赞扬和肯定的声音更高。"②

1913—1925 年，中学人数增长了 212%，升入大学的学生人数增长

---

① Vivian Trow Thayer, "The Report of the Commission on the Reorganization of Secondary Education," *Junior-Senior High School Clearing House* 7, No. 1(1932): 51.

② William G. Wraga, "The Comprehensive High School and Educational Reform in the United States: Retrospect and Prospect," *The High School Journal* 81, No. 3(1998): 124.

了305%。相较而言，升入大学的学生人数增长速度快于中学的增长速度。中学学生毕业后升入大学的比例在稳定的增长，这种增长一定程度上说明了学生更加愿意完整地接受综合中学提供给他们的综合课程模式，这种模式满足了他们选择不同职业道路的需求。① 综合中学通过提供各种各样的差异性课程，一方面想使这些课程与大量新增中学学生的生活联系得更加紧密，另一方面也想对营造一个稳固而又运转顺畅的社会秩序做出直接的贡献。这种努力最直接的体现就是学生愿意学习中学所提供的课程，毕业后找到合适的工作，服务于社区和社会的发展。

三、《基本原则》的历史意义

《基本原则》报告发布之后，没有立即引起无数的讨论与争鸣，一方面与这份报告如实地反映了时代需求有关，另一方面与当时美国正在参与第一次世界大战有关，一切为战争服务的思想导致人们无暇去太多地评论这份报告的价值和对中等教育的影响。然而，在一战结束后不久，关于该报告的各种讨论铺天盖地而来，这份报告的重要性和历史意义也逐渐地被人们所熟知。

克雷明指出："中等教育改造委员会的直接贡献是重新定义了中学的角色，通过这个重新定义，委员会得以抓住美国生活中一些新的、极具重要性和智慧性的动力元素。事实上，认为自1918年后在中等教育领域大部分重要的和有影响力运动仅仅是这一经典报告的脚注的论断是合适的。"② 他进一步分析道："中等教育改造委员会在报告中坚称

① William Martin Proctor, "Curriculum Revision and College-Entrance Requirements," *The School Review* 35, No. 6(1927): 412.

② Lawrence A. Cremin, "The Revolution in American Secondary Education, 1893-1918," *Teachers College Record* 56, No. 6(1955): 307.

中等教育应该是对所有人都开放的一种教育，中等教育作为每一个孩子在完成了初等教育后继续接受教育的一种形式，应该与初等教育之间具有紧密的衔接关系。一个孩子是否能够进入中等教育阶段学习，应该主要由其年龄是否合适来决定，而不是由其学术上的成就来决定。同时，大学也应该调整入学需求，以便能够让更多的中学毕业生升入大学继续学习。报告中提出的这种观点也标志着中学新的功能与传统的中学功能相区分。最后，报告公开支持将综合中学作为美国中等教育的一种标准的中等教育形式，这种形式的中学将在一个统一的教育组织内部包含所有的中学课程。"①

关于该报告在历史上的地位，克雷明指出：它引发了一场教育革命，开启了美国中等教育发展历程上的一个完整的新时代。② 报告对那些反对学术性课程的学者来说是一场胜利，对那些提倡社会效率理念的人来说也是一场胜利。报告发布之后，很多建议无法立即实施，主要是因为那些在任的中学教师大部分都是接受上一代教育的教师，在他们那个年代，学术性课程被看作是十分重要的。然而，报告代表了美国中学的管理者和普通教师们、州教育部门、联邦教育署等在未来美国中学发展模式上所达成的一致意见的结晶。报告中也没有像斯内登所建议的建立大量单独的分科中学，反而保留了中学在课程设置上的灵活性和变动性，中学将在提供学术课程的同时，也为具有职业兴趣的学生提供职业课程，双轨并行。与《十人委员会报告》相比，《基本原则》报告被大多数人视为中等教育领域里的一次新的教育革命。将中等教育这种机构从过去仅为很少人着想转变成为所有人着想，从以前附属于高等教育机构转变为公立教育体制中重要的一个节点，从

---

① Lawrence A. Cremin, "The Revolution in American Secondary Education, 1893-1918," *Teachers College Record* 56, No. 6(1955): 306.

② Lawrence A. Cremin, "The Revolution in American Secondary Education, 1893-1918," *Teachers College Record* 56, No. 6(1955): 307.

以前仅仅考虑到人的智力发展的机构转变为满足于每一个个体和社会需求的机构，这些新的变化的出现都归功于中等教育改造委员会进行的宏大设计与构思。简而言之，中等教育改造委员会的贡献就是重新定义了中学的角色与地位。委员会之所以能够达到这个目标，是因为他们紧紧抓住了美国社会生活中一些新的、有重大意义的社会和智力的力量。①

《基本原则》报告的发布得到了各界的普遍认可，它代表了两项重大的改革：第一，报告直接导致了学校开始用一种统一的文化去融合所有的学生。第二，学校课程第一次成了实现非学术目标的手段。②

克鲁格指出，这些原则的制定受到了社会效率思想的影响，这一思想认为中学教育可以使学生为其职业生活做好准备。这种准备包括确定好学生的强项和弱项，然后使学生承担合适的社会和职业角色。在持社会效率论的教育者看来，多轨制（multi-track）的综合中学是实施其社会工程原理的合适舞台。因此，正如管理进步主义者利用商业效率和企业模式维护他们在学校行政和管理方面改革的正当性一样，社会效率也是他们用以更新和扩展中学课程的重要理念。③《基本原则》报告绘制了一张美国综合中学应该具有的典型特征的蓝图，实现了中学课程学术训练与职业培训的并轨，满足了不同学生多样化的需求。

安格斯和米雷尔指出："《基本原则》报告跟《十人委员会报告》一样，是一份具有里程碑意义的报告。如果说《十人委员会报告》是第一份全国范围内公认的课程改革报告的话，那么《基本原则》报告

---

① Lawrence A. Cremin, "The Revolution in American Secondary Education, 1893-1918," *Teachers College Record* 56, No. 6(1955): 307.

② L. 迪安·韦布：《美国教育史：一场伟大的美国实验》，陈露茜等译，安徽教育出版社，2010，第 210 页。

③ 韦恩·厄本、杰宁斯·瓦格纳：《美国教育：一部历史档案（第三版）》，周晟等译，中国人民大学出版社，2009，第 322 页。

则可以明确地被认定为一份专业的教育报告。因为这个委员会的组成人员大多是直接在教育领域工作的一线人员，他们在这份报告中起到核心作用。此外，报告抛弃了过去那种为不同学生未来去向准备不同的课程、具有明显区分度的课程理念，而是为学生提供了一种通识教育理念的课程概念，达到了减少中学学术课程与职业课程之间差异性的目的。报告中还提出了关于发展专业的教育家的设想，认为未来的课程发展应由教育专家提出改革思路，而不是由外行的教育委员会成员来推动和决定。委员会也坚信，他们所提倡的综合中学课程模式将会给美国教育带来越来越多的教育民主和发展愿景。"①

克里巴德指出："在《基本原则》报告发布很多年之后，这份报告中所提到的七大教育目标依然被引用为对中等教育课程进行精确解释的最高智慧。"② 通过一些学校改革者坚持不懈的努力，打破了传统学校学术课程在中学课程领域占据的主导地位，以及扮演的重要角色。在不同课程价值取向的持有者相互争论的前提下，原本对中学课程起到控制作用的大学入学需求科目在此时被许多学校改革者认为，这些传统的学术科目不但对增加中学的入学人数没有起到任何作用，而且这些课程本身也没有太大意义。尽管有些科目继续出现在学校官方的课程目录中，但其实这些课程的重要性已在慢慢地淡化。在 1918 年《基本原则》报告发布之后，一种心照不宣的约定已经达成，这种约定就是那些想继续升学的学生将继续选择那些学术课程，而其他的一些非学术型课程也扩展开来，不论是新修订的学术型课程，还是那些与学生未来职业角色直接相关的课程，或者是与学生个性发展和生活功

---

① Davis L. Angus and Jeffrey E. Mirel, *The Failed Promise of the American High School, 1890-1995* (New York: Teachers College Press, Columbia University, 1999), p. 16.

② Herbert M. Kliebard, "The Cardinal Principles as Archeological Deposit," *Curriculum Studies* 3, No. 2(1995): 204.

能方面相适应的课程。[①] 克里巴德还指出："中等教育改造委员会毫不含糊地提出支持综合中学，这个提议在1918年曾引起了广泛的争论，而其中社会效率论的支持者们反对声最为强烈，他们要求通过提供不同形式的中学来满足不同青少年的需求。不管怎么说，《基本原则》报告反映了25年来人们对课程发展方向的一个合乎情理的支持与肯定。当1918年中等教育改造委员会的报告得到广泛支持时，也标志着1893年埃利奥特的《十人委员会报告》中支持的人文主义课程观走向了衰落，人文主义课程曾经在中学课程领域占据的主导地位将一去不还。"[②]

詹姆斯·科南特（James B. Conant）一直非常支持综合中学的发展，认为综合中学与单独设立的分科中学或与专门化的文理科中学都不同，综合中学是集升学和就业等各种职能于一体的一个教育机构，各州和社区可以根据自己的情况，开设多种课程来满足区域内青年人的课程需要。这种中学模式是合理的、民主的、具有美国特色的，是适合美国经济发展和实现教育机会均等与地位平等的理想模式。[③]

芝加哥师范学院的校长威廉·欧文指出："中等教育改造委员会的建立是为了促使美国中学变成一个更好的民主机构，这个全国性的委员会首先在代表来源上就体现了民主性和广泛性，整个委员会由200多位成员组成，代表了30个州的利益。审议委员会作为整个委员会的协调和议事机构，不但完成了对各个下属委员会进行方针性指导的《基本原则》报告，而且对各个委员会提交的报告进行了认真的审议和修订，实现了所有报告的基本思想都与《基本原则》报告的核心思想相一致。在审议委员会的指导下，第一份关于社会公民学教学的报告发

---

① Herbert M. Kliebard, *The Struggle for the American Curriculum*: *1893-1958* (New York: RoutledgeFalmer, 2004), p. 221.

② Herbert M. Kliebard, *The Struggle for the American Curriculum*: *1893-1958* (New York: RoutledgeFalmer, 2004), pp. 95-96.

③ 科南特：《科南特教育论著选》，陈友松译，人民教育出版社，1998，第10页。

布，这份报告对中学里社会公民学课程所应包含的内容及形成具体的教学方法都有着重要的影响，并对接下来社会课程在中学里的出现产生了直接的影响。1916 年，社会课程委员会发布了报告，这份报告被《历史教师杂志》（*History Teachers' Magazine*）重印了很多份，并对欧洲史、民主的问题等教科书的形成有着巨大的帮助。1917 年发布的关于英语、音乐、体育和道德价值的分课程报告，都获得了各学区中学的支持和采纳。1919 年出版的职业指导和商业教育报告，以及 1920 年出版的数学、科学和农业这 3 个分课程委员会的报告，都从各个角度对中学课程的教学计划和教学方法提出了重组和改革的建议，体现了报告的进步性和实效性。到 1921 年，委员会发布的所有报告加起来共有 20 万份被教育署分发到各州和学区，目前正在印制的报告将会以督学日常学习材料的形式售出。州教育部和城市学校督学正在准备购置这些报告，之后分发到中学校长和教师手里，供他们阅读和学习。"①

弗吉尼亚州中学督学塞缪尔·杜克（Samuel P. Duke）在 1919 年对《基本原则》报告的历史意义进行了评述："这份报告提到的指导原则既不会让人觉得属于激进的理论家们打破常规的奇思怪想，也不会让人觉得属于老艺人们束缚于历史传统的保守教条。委员会提出的重组中等教育的建议完全是根据所服务对象的需要进行的调整，这些对象包括社会的需求、学生个体的变化、外界能够触及的教育理论与实践知识的变化等。在报告中，很多明显与更好的、更完满生活相关联的课程和活动被推到了最前列，同时那些依赖于模糊的概述、信仰、希望的课程和活动则被降级到智力休闲的阶段中去完成了。此外，报告还对中等教育完成这些目标所扮演的角色进行了具体说明。"杜克最

---

① William B. Owen, "Report of the Commission on the Reorganization of Secondary Education," in *The Journal of Proceedings and Addresses of the National Educational Association: Session of the Year 1921* (Chicago: The University of Chicago Press, 1921), pp. 163-165.

后指出："开展的每一个关于如何让中等教育更好地适应现代民主生活的调研活动都值得关注和借鉴，中等教育改造委员会经过认真和全面的调查所发布的精彩报告值得每一位教育者去认真阅读和学习。"① 克利夫兰中心中学的伯顿·福勒（Burton P. Fowler）在看到报告之后，直呼这份报告具有十分重要的教育价值。他认为报告中涉及的七大教育目标是很好的，应该把它们记录下来，作为下次与学生家长交流的重要话题，也应该作为接下来出版的文章中大家一起讨论的话题，进而让更多的人熟悉这几大教育目标，并通过广泛讨论找到推广和实现这些教育目标的方式方法。②

马萨诸塞州沃特敦市的中学校长弗雷德里克·维拉德（Frederick R. Willard）指出："匆匆看一眼《基本原则》报告里的七大目标后发现，这七大目标几乎照顾到整个人的方方面面，包括身体、灵魂和智力，认为这七大目标不管是学校的教育者，还是社会上的普通民众，都应在第一时间去学习和执行。虽然这些目标不是那么绝对的理想，但它具有真正的实践价值和可操作性。如果我们的民主能够战胜布尔什维克主义和其他形式的革命，那这个民主一定是借助了教育这个手段，将《基本原则》的主要思想灌输给年轻人，进而对年轻人进行各种各样的控制，包括身体的、智力的、社会的、经济的、政治的、美学的和道德的，所有关于这些努力的思考都已经包含在七大基本原则之中了。"③

在中等教育改造委员会制定、形成和发布《基本原则》报告的过

---

① Samuel P. Duke, "Cardinal Principles of Secondary Education," *Educational Administration and Supervision* 5, No. 4(1919): 207-209.

② Burton P. Fowler, "The Social Organization of a High School," *School and Society* 12, No. 10(1920): 396.

③ Frederick R. Willard, "The Objective of Education as a Basis for Curriculum-Making in High Schools," *School and Society* 10, No. 7(1919): 9-10.

程中，他们受到了杜威关于民主的教育思想的影响，委员会发布的报告中关于民主议题的讨论也充分体现了杜威的民主教育思想。“民主的中学有责任发展每个人朝更高目标塑造自己和社会的能力，每门学科在课程中的设置取决于它对7个主要教育目标的促进价值，这些教育目标能够在包含所有课程的统一机构——综合中学里得到最佳体现。”因此，综合中学在美国得以快速发展且逐渐成为中等学校的主导模式。雷格指出：“《基本原则》报告代表了美国中等教育历史上的一个发展高峰。”[①] 克雷明、英格利斯、乔治·康茨（George Counts）等也都认为综合中学是对美国教育组织的一种独有的特殊贡献，极大地影响了接下来美国中等教育的发展。

中等教育改造委员会发布的报告对中学课程影响最大的学科就是历史。中等教育改造委员建立了一个新的学科，取名为“社会课程”，历史被包含进社会课程里。在1893年十人委员会发布的报告里，历史被视为一门现代课程。到1915年，大部分中学提供或需要学生在连续的4年里修读历史课程，古代历史、欧洲史、英国史和美国史被包含在这门课程里面。除此之外，公民学的课程也在中学里开设，或者需要学生修读。然而，由于提倡社会效率理论，这种类型的历史课程逐渐失去了原有的课程地位，因为它没有明显的目的、课程太学术化、不是实用主义课程，需要重组。[②]

对于报告的批评主要来自斯内登，他认为报告的口吻过于温和，是向传统主义的一种妥协和示弱，斯内登一直以来都不愿意妥协于传统的价值观。斯内登对报告给予了适度的褒奖之后，就开始了他的批评。他认为，所有的进步主义教育者都不会赞成报告中所提出的基本

---

① William G. Wraga, “The Comprehensive High School and Educational Reform in the United States: Retrospect and Prospect,” *The High School Journal* 81, No. 3(1998): 125.

② Diane Ravitch, *Left Back: A Century of Failed School Reforms* (New York: Simon and Schuster, 2000), p. 127.

原则，因为这些原则都是用一些很概括的术语表述出来的。[①] 在所有对报告的批评和指责中，斯内登认为这份报告最大的一个问题就是完全忽视了当时正在美国中学里如火如荼开展的职业教育拓展运动。他认为委员会没有对中学职业教育的发展历史进行一个很好的考察，也没有对当时影响到美国青少年和社会工人正在从事的两千多种职业的标准和情况进行调研。斯内登认为整个审议委员会工作哲学主要依赖于传统学术课程的价值观，委员会成员的思想都被自由教育的思想所控制着，忘却了学校服务于社会需求的现实功能。他甚至指出，很难想象审议委员会里面关于职业教育的 3 位分课程委员会主席在同意《基本原则》报告发布之前是否详细阅读和审查了这份报告。[②]

斯内登提倡建立专业化或具有明显职业特征的分科中学来开展职业教育，这样培养出来的学生才能真正满足社会的需求。根据报告中所倡议的将中学进行分段的建议，他认为如果中学按照初级中学和高级中学进行阶段划分，初级中学可以不是职业的，但是高级中学应该是职业的，这些中学所教授的课程可以是农业、商业、文职、工业、美术、家政等，同时也为那些对学术课程感兴趣的学生提供单独的学术课程教学。而报告中并没有按照专业化的设想建立分科中学，而是提倡建立综合中学，发展综合课程模式，这种建议和发展思路自然而然就遭到了斯内登的反对和批评。他强调，综合中学很难为那些真正有职业需求的学生提供所有的教学和实习设施，同时也不能招收年龄超过 20 岁的学生。综合中学虽能够提供一个很舒适的图书馆和一些精致的绘图，但这些对真正有职业需求的学生来说是远远不够的，真正的职业教育情景应该是学生既能在学校里操练和使用这些设施，也能

---

① David Snedden, "Cardinal Principles of Secondary Education," *School and Society* 9, No. 5(1919): 519.

② David Snedden, "Cardinal Principles of Secondary Education," *School and Society* 9, No. 5(1919): 522.

在家庭、农场、商店和办公室里进行实际操作。① 整体而言，斯内登对报告的批评和质疑主要表现在以下几个方面：第一，质疑综合中学存在的合理性和有效性。第二，认为报告低估了社会对各种职业的需求。第三，强调报告使用了令人沮丧的学术课程价值观。第四，报告未能使用社会学的风向标。第五，提出的教育目标实用性不强。②

对于斯内登提出的批评和质疑，金斯利很快做出了回应。金斯利指出，报告发布之前，审议委员会里的 26 位成员从多个角度对报告进行了讨论和修改，最后一致同意对外公开发布。报告之所以按照最简洁的方式将中心指导原则呈现出来，是因为各个分委员会都会按照各自的主题对指导原则进行详细的阐述，尤其是"中等教育组织与管理委员会"。对于七大教育目标，金斯利指出这是委员会经过认真考虑和讨论得出来的，从设计这几大目标的实践性目的来说，它的理论依据完全是社会学的理论基础。在斯内登反对和质疑综合中学存在的合理性和有效性方面，金斯利指出，斯内登很明显没有注意到委员会是用学校的类型代替教育的类型，委员会认为"课程的差异性越大，学生在选择不同课程的过程中所产生的社会融合作用就越强"。委员会认为综合中学能够为社区提供他们所需要的、真正的职业教育类型，综合中学应该能够将一个"专业化的中学课程"包含在一个统一的学校里，进行统一的组织和管理，分科中学里所拥有的器具和装备也一样能够完整地配备在综合中学里。美国民主的每一所中学都会为职业教育提供各种机会，委员会也对一个发展完善的综合中学所提供的职业教育比单独的分科中学所提供的专业教育更加有效进行了原因说明，不认

① David Snedden, "Cardinal Principles of Secondary Education," *School and Society* 9, No. 5(1919):523-524.

② David Snedden, "Cardinal Principles of Secondary Education," *School and Society* 9, No. 5(1919):519-522.

为报告是在牺牲职业教育的前提下发展斯内登所谓的“自由教育”。[①] 金斯利并没有持续地跟斯内登展开争论，没有将二者的争论演变成像《十人委员会报告》发布后，霍尔和埃利奥特之间的激烈争论一样，这一定程度上说明了《基本原则》报告满足了社会各界对中等教育改革的需求和期望。

当金斯利听说委员会报告中的一些内容正在被中国的一些教育领导者所使用和研究时，他感到非常高兴，犹如儿时期望成为一位传教士到中国传教的思想实现了一样，他认为这份报告对打算建立一个新的教育体制来满足人们更好的生活需求来说是一个真正的帮助。[②]

《基本原则》报告一直以来都被视为教育界的经典，这一历史地位的获得主要源于它在以下几个方面对中等教育做出的贡献：第一，报告本身具有很重要的历史意义和课程指导意义。第二，报告形成于美国中等教育转折的关键时期，这一时期也属于美国公立中学运动的快速发展期。第三，报告总结和概述了在中等教育内部所发生的前后变化情况，体现了社会效率、科学管理和职业主义等运动对报告产生的影响，在一定时期内满足了社会各界对中学的新的发展期望。第四，报告本身涵盖了十分具体的改革建议，如七大教育目标的形成、学校活动和教学方法的选择、教育经验的组织和运用、教学评价方法和技术的使用等。第五，报告将过去教育先贤们的思想和当代教育思潮的主要思想进行了有机的融合和科学的借鉴，从而使报告不会显现得保守或激进。第六，报告一定程度上代表了极端的实践课程观和守旧的学术课程观在中学课程内容上的一种妥协，提出了较为折中的课程改革方案。第七，报告为未来教育发展和再次改革提供一个强大和深厚

---

① Clarence D. Kingsley, “Cardinal Principles of Secondary Education,” *School and Society* 10, No. 6(1919): 18-20.

② Walter H. Drost, “Clarence Kingsley—‘The New York Years’,” *History of Education Quarterly* 6, No. 3(1966): 18-19.

的理论基础。总之，这份报告不仅是对20世纪20年代美国中等教育改革的一大贡献，也为未来的改革提供了路标和方向，报告本身的历史意义和影响力更是深远。

第三节　公立中学综合课程模式的推广和应用

克雷明在《基本原则》报告发布之前就曾指出，美国社会在3个方面的发展要求中等教育必须进行相应的变革，这样才能满足社会对学校教育的需求。第一，伴随着工业化进程的加速，美国社会生活变得更加的复杂和多元，学校被寄予解决这些新问题的希望，成为民主社会发展中一个不可或缺的机构。第二，大量来自东南欧国家的移民使美国社会的各种矛盾和问题凸显，美国社会需要及时地同化和教育这些移民，对他们进行美国化教育，而公共学校则需要承担这个责任，学校迅速地变成移民社区与美国的多元文化之间的一个主要的联系纽带。第三，这一时期关于学校在民主社会里应该具有什么样的特征成了人们讨论的焦点，在进步主义教育运动的影响下，大部分教育者认为中学应该承担的责任：扩展教育目的和学校课程；应用新的教育科学研究成果解决学校出现的问题；最大限度地服务于不同背景的学生群体；中学应该包含民主文化这个最根本的信仰。① 很明显，综合课程模式能够证明它具备承担这些责任的能力。在《基本原则》报告发布之后，综合中学的综合课程模式迅速成为各州和学区纷纷效仿和采纳的主要课程模式。

---

① Lawrence A. Cremin, "The Revolution in American Secondary Education, 1893-1918," *Teachers College Record* 56, No. 6(1955), pp. 298-299.

一、中学综合课程模式在各州的推广与应用

在《基本原则》报告发布之前，审议委员会作为整个委员会的核心议事机构，所制定的课程改革思想已经对中学不同课程内容的调整与变革产生了指导作用。这种指导作用最先由中等教育改造委员会下属的英语课程委员会进行了实践。1917 年，在中等教育改造委员会和全国英语教师委员会的共同努力下完成的并对外公开发布的英语课程委员会报告，已经作为美国中学英语课程的基本课程方案被广泛地采用，更是被“中北部各州大学和中等学校协会”管辖范围内的中学作为标准的中学英语课程计划所接受。同时，大学在录取时，这个区域性协会内的大学也完全赞同这份报告中涉及的中学英语课程的教学内容与安排。① 1917—1918 年，也是美国提倡通过教育实现美国化的重要年代，在内政部教育署的支持下，一些全国性教育会议得以召开，会议上讨论的重要问题就是如何通过学校教育实现移民的美国化，尤其是那些来自东南欧国家移民的美国化教育。美国化教育中最常用的方法就是扫盲和提高英语的使用率，对于中学英语课程使用什么样的教材，人们纷纷认为 1917 年英语课程委员会发布的课程报告是比较适合的。②

---

① William B. Owen, “Report of the Commission on the Reorganization of Secondary Education,” in *The Journal of Proceedings and Addresses of the National Educational Association: Session of the Year 1921* (Chicago: The University of Chicago Press, 1921), p. 164.

② James Fleming Hosic, *Reorganization of English in Secondary Schools: Report by the National Joint Committee on English Representing the Commission on the Reorganization of Secondary Education of the National Education Association and the National Council of Teachers of English* (Washington, D. C.: U. S. Government Printing Office, Bulletin No. 2, 1917).

《基本原则》报告发布之后，各州和学区的教育委员会、中学都在不同程度上将综合课程模式应用到日常的学校管理与课程教学上。很多公立中学开始提供具有差异性的课程计划，用于为不同能力的学生提供更加多元的选择机会。1923—1924 年，洛杉矶市提供了 18 种不同的课程计划供学生学习，包括农业、会计、文秘、机械艺术、印刷、建筑业、汽车制造业、销售业等；在马萨诸塞州的牛顿市，15 种不同的课程计划开始实施，包括古典的、文职的、电力的、印刷的、家政艺术等；圣路易斯市有 13 种，伊利诺伊州的乔利埃特有 16 种，新奥尔良有 10 种。[①] 与此同时，自约翰·博比特和韦瑞特·查斯特（Werrett W. Charters）将课程编制视为一个具体的专业以后，每个教育学院都建立了课程系来培养相关专业研究人员，学区和州也开始雇佣他们自己的课程主任帮助他们制订和修订课程计划。

在报告的影响下，一些新的课程开始出现在综合中学里，如普通科学、基础数学、公民学等。一些老的课程，如希腊语、天文学、地质学等逐渐从课程计划中被移除。在一些传统课程的教学中，如经济地理、家用化学等被重新地改造来强调这些课程的实践应用特性。此外，特别是在 1917 年国会通过《斯密斯-休斯法》（the Smith-Hughes Act）之后，农业、贸易、家政学等方面的职业训练课程也开始出现在综合中学的课程目录里。[②]

1927 年，斯坦福大学的威廉·普罗克托（William Martin Proctor）在中等教育改造委员会解散 5 年后，对该委员会所发布的报告对美国中学课程产生的影响进行全国性调研后指出："在美国西部和太平洋沿岸的各州，大学入学需求已经进一步得到放宽和自由化，大学一般需要

① Diane Ravitch, *Left back : A Century of Failed School Reforms* (New York: Simon and Schuster, 2000), p. 198.

② Isaac Leon Kandel, *Twenty-Five Years of American Education* (New York: The Macmillan Company, 1924), pp. 254-258.

15个单元的中学课程作为录取的基本条件，这15个单元的课程可以包含一些新的科目。”[1] 1928年，普罗克托在《基本原则》报告发布的10年后，再次对这份报告的影响力进行了全国性的调查。他共计收到了全国范围内不同规模中学的1228位校长的回复。在这些校长的回复中，有689位校长说，在过去5年里，他们按照《基本原则》报告中的要求重组了学校的课程计划，表示绝对支持报告内容的校长占比达到了56%；有255位校长说报告并没有引起他们太多的注意，这一比例达到了总回复人数的五分之一，但这些学校绝大多数都是小规模中学和农村偏远中学；只有9位校长回复说他们的意见跟报告的要求不一致。对于如何具体地按照报告中所要求的方式方法来重组中学课程，这些校长们明显都有一个偏好性的选择，他们需要增加一些非大学入学需求的学科类别。在所有学科类别中，他们增设最频繁的课程就是商业课程、社会课程、工业课程、物理和生物科学课程、家政课程，他们频繁地放弃或缩减最多的课程就是拉丁语、古代历史、法语和高级数学。[2]

威斯康星州的州中学督导约瑟夫·贾尔斯（Joseph T. Giles）在1927年时指出：“《基本原则》报告近些年来对中学的发展产生了巨大的影响，这份报告也代表了目前中学正在发展和前进的方向，比之前发布的任何一份教育报告都要重要。我们在中学的日常管理中，也一直在不断地分析和扩展报告中所提到的那些原则，虽然时不时地对报告中的某些内容进行修订和重新构建，但所做的绝大多数课程修订工

---

① William Martin Proctor, “Curriculum Revision and College-Entrance Requirements,” *The School Review* 35, No. 6(1927): 412.

② Edward A. Krug, *The Shaping of the American High School* (New York: Harper & Row, 1964), pp. 398-399.

作都是在依据这些基本原则的基础上完成的。"①

在俄亥俄州的米德尔敦，从 19 世纪末期到 20 世纪 20 年代后期，整个城市的中学课程总数经历了一个不断扩张的过程。米德尔敦教育委员会在所做的教育规划中明确提出：第一，渐进性地重组城市学校系统。第二，依据不同孩子的需求重组和重新安排学校的课程。第三，修订学校课程，发展技术课程。第四，为孩子的学习和发展提供指导服务等。在米德尔敦的学校管理中，他们不仅仅接受本地商业人士的意见建议，而且向专业的学校教育人士请教。1930 年，米德尔敦中心中学决定实施新的课程计划，这个新的课程计划的基本原则就是用满足不同孩子需求的课程取代过去强迫所有孩子都必须接受的标准课程。这就意味着学校需要在教学科目、教学方法、教师习惯、教学管理上都进行彻底的变革。在中学不同课程的管理中，将以分部的形式进行操作，将社会指导、学术指导和职业指导结合在一起，为学生职业目标的实现做最好的准备。② 这种举措就是认可了学术课程和职业课程在同一所中学里共存的合理性，这也是将综合课程模式在学校管理中的落实和实践的体现，在同一个屋檐下将学术课程和职业课程统一在一起。

到 1929 年，通过联邦教育署售出的《基本原则》报告已达 11 万份，这个数量也是联邦教育署曾经售出的最多的一份教育报告。③ 20 世纪 30 年代至 40 年代，综合课程模式被认为是对美国青少年进行教育的

---

① Joseph T. Giles, "A Review of Educational Progress in the High Schools During the Past Year," in *The Proceedings of the Sixty-Fifth Annual Meetings of the National Educational Association* (Washington, D. C.: Published by the National Education Association, 1927), p. 289.

② Robert S. Lynd and Helen Merrell Lynd, *Middletown in Transition: A Study in Cultural Conflicts* (New York: Harcourt, Brace and Company, 1937), pp. 221-223.

③ Edward A. Krug, *The Shaping of the American High School: 1920-1941* (Madison: The University of Wisconsin Press, 1972), pp. 25-26.

一种最佳模式，克里巴德和坦纳都认为这一时期综合中学的综合课程模式对美国中等教育产生了重要影响。与此同时，全国教育协会下属的教育政策委员会（Educational Policies Commission）在1952年发布的《面向所有美国青少年的教育》（“Education for all American Youth”）报告中也明确指出支持美国的中学在教育目标上和课程计划上都应该是综合的观点，这样城市里的所有青少年不管他们居住在何处，都拥有平等接受中学教育的机会。同时，报告强烈建议义务教育的年限延长到18岁，这样孩子在12年及以上的教育时间里，可以收获更多的知识和技能。[①] 教育政策委员会在接下来设计课程框架时指出：“对一些学生来说，从中学的十年级到社区学院这个阶段，可以通过学习职业课程为中学毕业后的职业发展和就业做准备。对另外一些学生，他们通过在中学学习大学预备课程来为社区学院（community college）、四年制的学院和大学的课程做准备。此外，委员会也赞成其他的差异性课程，如可以选修一些娱乐项目和培养智力兴趣的课程等。”[②] 从结果上来看，教育政策委员会支持学术课程和职业课程同时存在于一所中学里的做法，也支持学生选修一些差异性课程，这样的课程组织方式跟综合中学的综合课程模式几乎一致，这种思想的来源很明显是源自中等教育改造委员会提出的发展目标。与此同时，教育政策委员会通过开设“共同的课程”（common studies）实现中学的统一化功能。在这些共同的课程设计方面，委员会提出了三个方面的建议：第一，在共同的课程学习上要有一个基本课程，这个基本的课程要贯穿于整个中学阶段，目的在于满足所有年轻人在公民意识、经济、家庭生活、文学艺术鉴赏、英语语言的使用等方面的教育需求，基本课程的教学

---

① Educational Policies Commission, *Education for all American Youth : A Further Look* (Washington, D. C. : National Education Association, 1952), p. 217.

② Educational Policies Commission, *Education for all American Youth : A Further Look* (Washington, D. C. : National Education Association, 1952), p. 221.

时长不能低于这一阶段学习时长的三分之一。第二，基本课程教学中的科学课程应该是所有青少年都必须学习的一个课程。第三，健康和体育课程应该被考虑成为共同课程的一个组成部分。①

霍利斯·卡斯韦尔（Hollis L. Caswell）在其主编的杜威协会（John Dewey Socity）第八辑年鉴中明确指出："从美国历史传统来看，根据学生的智力、社会地位和其他的一些因素提前对学生进行隔离和分开教育的措施一直遭到了强烈的反对和斥责。公立学校作为大部分社区里唯一的教育机构，承担着将不同历史文化、社会、宗教、经济等背景的人联系在一起的纽带责任。因此，协会强烈反对设立单独的职业学校和贸易学校，期望公立中学能够立即成为缓解种族矛盾和偏见的重要场域，通过提供通识和专业化的教育成为推动民主社会向前发展的重要力量。"②

科南特也是支持综合中学课程模式代表中最为突出的人物之一，他在《美国今日之中学》一书的第二章的标题中将综合中学视为美国独有的学校特征。约翰·加德纳（John W. Gardner）在为本书所作的序言中也指出："综合中学是美国特有的一种现象，之所以被称为'综合的'，是因为在同一种管理方式下、在同一个大的屋檐下，为所有中学年龄阶段的适龄儿童提供的一种中等教育。总而言之，这种类型的学校在民主的环境下为所有青少年提供好的、合适的教育，这种合适的教育既包括学术教育，也包括职业教育。"③ 科南特在文中将综合中学的功用划分为三大类：第一，为所有未来的公民提供一种通识的教

---

① Educational Policies Commission, *Education for all American Youth : A Further Look* (Washington, D. C. : National Education Association, 1952), pp. 228-229.

② Hollis Leland Caswell, *The American High School : Its Responsibility and Opportunity* (John Dewey Society Yearbook) (New York: Harper Press, 1946), pp. 135-137.

③ James B. Conant, *The American High School Today* (New York: McGraw-Hill Book Company, 1959), p. foreword.

育。第二，为那些毕业后立即走向工作岗位的学生提供课程选修计划，进而让他们获得良好的工作技能。第三，为那些准备升入大学深造且以继续学习的专业为未来职业的学生提供满意的课程计划。如果一所中学能够具备这 3 种功能，这所中学就是综合中学。[①] 此外，科南特将综合中学的特征概括为“美国民主社会一大发动引擎”，他支持专业化功能和统一化功能互补性地存在于中学里。他认为在被所有学生学习的普通课程计划之外，中学里必须要有差异性课程，支持综合课程模式在中学的存在和发展。在他所进行的大规模调查中，发现了美国很多较大规模的中学已经按照综合课程的模式开展了学校的课程教学工作，成了民主社会教育体系里不可或缺的一个重要机构。

综上所述，我们可以看出，从杜威、克里巴德、克雷明、克鲁格、雷格、科南特等作为单独的个体对综合课程模式进行的研究，以及教育政策协会、杜威协会等一些组织对综合中学进行的研究来看，他们都支持综合中学和中学里的综合课程模式，他们也是综合课程模式倡导者中最为典型的代表，另外还有很多城市学校的督学和中学校长也都认可了综合中学和综合课程模式。与此同时，我们看到由于美国不同地区的差异性，并不是所有城市都组建了综合中学，有些城市保留了单独的职业中学，有些城市继续保留了大学预备学校，或者这两种类型的学校共同存在于一座城市里。但是，对许多教育者和中学管理者来说，他们已经看到了综合课程模式所提供的实践课程是帮助完成民主思想的重要路径，这种民主的理想就是使社会和个体这两者都能得到完满的发展。

---

① James B. Conant, *The American High School Today* (New York: McGraw-Hill Book Company, 1959), p. 17.

二、公立中学综合课程模式确立前后五大类核心课程的基本变化

所谓公立中学五大类核心课程，主要是指在本书研究阶段一直存在的几门核心课程，这几门核心课程也常常被认为发挥着培养合格公民的作用，也是中学通识教育课程的重要组成部分。在 1918 年《基本原则》报告发布之后，这五大类课程的具体名称分别为英语、数学、外国语言、科学和社会课程。首先，从名称上来看，这五大类课程与 19 世纪 90 年代的课程称呼前后有一定的变化，变化最明显的就是“社会课程”的出现，这门课程在 1916 年之前还被称为“历史”。在 1916 年中等教育改造委员会下属的社会课程分委员会发布了《社会课程基本原则报告》之后，社会代替了历史，成了中学里的核心课程之一。[①]其次，中学课程里一直存在课程难度逐渐增加的课程，这些课程往往被称为难度渐增型课程（cumulative subjects），如外国语言、数学和科学。换句话来说，这些课程都是从最基本的格式和概念学起的，按照渐进的、符合逻辑思维的节奏进行，从基础到复杂，从易到难。因此，外国语、数学和科学这 3 门课程常常被认为是中学里最难的课程。再次，从五大类核心课程前后变化情况的数据来源看，主要依据联邦教育署收集上来的数据进行前后对比。联邦教育署作为收集、整理和发布各州教育数据和教育发展状况的全国性教育行政管理部门，从 1890 年起，每年发布一次年度教育报告，1916 年之后，开始每两年发布一次教育发展报告。

---

① Arthur William Dunn, *The Social Studies in Secondary Education : Report of the Committee on Social Studies of the Commission on the Reorganization of Secondary Education of the National Education Association* (Washington, D. C. : U. S. Government Printing Office, Bulletin No. 28, 1916), pp. 9-10.

从中学课程的整体课程计划来看，1909—1910 年，课程基本上为古典课程和科学课程；到 1910—1911 年和 1913—1914 年这两个时间段时，联邦教育署公布的中学课程计划达到了 8 类，分别为古典、科学、商业、手工训练、教师培训、农业、家政和学术型课程；1914—1915 年，科学和古典课程这两个课程计划已经不存在了，教育署可能将这两类课程放到了学术型课程的下面来统计。①

表 4-2　1910—1911 年和 1923—1924 年美国公立中学课程学生选修比例分布表②

课程类型	1910—1911 年(%)	1914—1915 年(%)	1915—1916 年(%)	1917—1918 年(%)	1923—1924 年(%)
学术课程(Academic)	76.3	62.5	65.3	69.0	72.5
商业课程(Commercial)	10.7	12.5	14.1	15.4	13.5
技术或手工训练课程(Technical or Manual Training)	6.4	8.4	7.3	5.4	4.9
贸易训练课程(Trade Training)	—	—	—	0.9	1.3
农业课程(Agriculture)	1.9	5.4	3.5	2.1	1.8
家政课程(Domestic Economy)	3.2	9.6	7.9	5.6	5.0
教师培训课程(Teacher Training)	1.4	1.5	1.9	1.5	1.1

① John F. Latimer, *What's Happened to Our High School?* (Washington, D. C.: Public Affairs Press, 1958), p. 14.

② Davis L. Angus and Jeffrey E. Mirel, *The Failed Promise of the American High School, 1890-1995* (New York: Teachers College Press, Columbia University, 1999), p. 46.

从表4-2我们可知，在1910—1911年这个阶段，大约有超过76%的美国公立中学学生选修了学术课程，11%的学生选修了商业课程，超过6%的学生选修了技术或手工训练课程，同时也有超过3%的学生选修了家政课程。与此同时，我们从表中也可以看出两个明显的课程发展趋势。第一，在1910年和1914年这两个时间段，选修学术课程的学生比例明显降低，而选修职业课程的学生快速增加，选修学术课程的学生占比整整下降了13.8%。第二，在1918年以前，选修学术课程的学生占比一直低于70%，而且商业课程的选修比重一直都在稳定地增长。

安格斯和米雷尔指出："在20世纪的前30年里，在美国中学发展的历程中，有一个很明显的趋势就是职业教育课程成了中学里的一个重要组成部分。在20世纪刚刚开启的阶段，在大多数的城市中学里，与职业教育相关的课程仅仅限于一定的商业课程，如簿记、商业法规及一些机械制图和建筑绘图课程等，只有很少的城市在中学里提供木工、缝纫、烹调、金属加工等职业课程。而到了1930年，美国中学提供的职业课程的数量和种类有了惊人的变化。例如，在1930年，洛杉矶的中学提供的工业艺术课程有129种、家政课程有47种、农业课程有16种、商业课程有42种。"①

从具体的课程占比来看，1910年，教育署统计上来的课程总数为35个，其中有27门课程属于十人委员会强调的五大类课程（英语、数学、外国语言、历史和公民政府、科学）领域里面的课程分支。到了1922年，课程总量达到了68种。这种课程数量的增加可以从中学不同阶段所强调的教育目的不同这个前后变化中找到线索，在1910年，绝大多数的学生学习外国语言或数学、科学、英语和社会这些学术型课

---

① Davis L. Angus and Jeffrey E. Mirel, *The Failed Promise of the American High School, 1890-1995* (New York: Teachers College Press, Columbia University, 1999), p. 53.

程。到 1922 年，五大学术型课程领域的课程仍然占据重要位置，但是非学术型课程在这一时期呈现巨大变化。英语课程的选修人数仍然最多，达到了 83%。其次是社会课程，达到了 78%。另外三大难度渐增型课程，数学占比最高，达到了 75%；其次是科学，占比为 58%；最后为外国语，占比为 55%。这三大难度渐增型课程与英语、社会这两大课程相比，选修比重在 1922 年都有所下降。而在非学术型课程领域，商业教育有了快速增长，占比从 1910 年 11%增长到 1922 年 42%。7 个非学术型领域的课程总占比达到了 130%，远远高于 1910 年的 28%。①

从难度渐增型课程的变化情况来看，在 1910 年以前，这些难度渐增型课程和英语课程占中学选修课程中最高的课程比重。而 1910—1922 年，这两类课程的占比急剧下降，降幅比以往任何时候都要大。换句话来说，1890—1910 年，这 3 门难度渐增型课程和英语课程成为中学课程的主导，学生投入在这 3 门难度渐增型课程的时间多于这一时期其他所有中学课程的工作量。同时，社会课程的重要程度逐步凸显，实践学科的课程逐渐呈现增长趋势，音乐、艺术和体育课程的重要程度不明显。这一时期也是十人委员会和大学入学需求委员会对美国中学课程影响最明显的一个阶段，此阶段的中学课程强调智力的价值和文化的训练。同时，十人委员会和大学入学需求委员会一直宣称，中学教育对所有孩子来说都应该是一样的，孩子通过接受中学教育可以达到增强他们的心智能力、扩宽他们的智力层次和文化视野、促使他们的思想和判断力渐趋成熟、通过参与公共事务帮助他们形成一种责任意识、增强他们的个性特征的目的。对所有学生来说，不管他们的能力如何，不管他们最终的目的地在何处，在中学课程的学习中，都

① John F. Latimer, *What's Happened to Our High School?* (Washington, D. C.: Public Affairs Press, 1958), pp. 118-119.

应该接受人类思想和人类历史中最主要的5个课程领域，分别为英语语言和文学，外国语言与文学（特别是拉丁语），数学、代数和几何，科学（特别是物理、化学和自然地理），历史（包含公民政府）。中学如果根据这些课程领域为学生们提供4年或2年的课程学习，对他们未来个体的发展和成为有用的社会公民都是最好的准备。①

1910—1922年，这些渐增型的课程和英语课程原来在课程领域所占据的绝对主导地位开始发生变化，但仍是十分重要的课程内容，社会课程取得了一点点发展，但实践课程所占的课程比重在飞快上升，健康、音乐和艺术课程也在中学课程领域获得了立足之地。中学课程的焦点也明显从强调以课程为中心转移到强调以孩子的社会生活需要为中心。传统的课程观强调孩子应该遵从课程的发展，开始让位于课程应该适应孩子的爱好和能力的差异性的这种新的课程观。1910—1922年，课程的变化与发展不是一蹴而就的，更不是可以孤立彼此自主发展的，渐增型课程的占比从原来的18％慢慢增长到22％，英语课程从2％增长到7％，社会课程从7％增长到10％，健康、音乐和艺术课程从3％增长到7％，增长最快的就是那些实践学科，从6％增长到20％。②

（一）外国语言课程

在外国语言的学习方面，联邦教育署的统计数据显示，1890—1922年，1910年是其中非常关键的时间点，自1910年之后，外国语言的课程比重开始降低，到1922年，降到历史的最低点，具体如表4-3所示：

① John F. Latimer, *What's Happened to Our High School?* (Washington, D. C.: Public Affairs Press, 1958), pp. 68-71.

② John F. Latimer, *What's Happened to Our High School?* (Washington, D. C.: Public Affairs Press, 1958), p. 72.

表 4-3 四年制公立中学学生修读外国语言课程情况表①

年份	拉丁语（%）	德语（%）	法语（%）	希腊语（%）	西班牙语（%）	意大利语（%）	外国语言课程的总占比（%）	外国语言课程的总数（门）
1890	34.70	10.50	5.80	3.10	—	—	54.10	4
1900	50.60	14.30	7.80	2.90	—	—	75.60	4
1910	49.00	23.70	9.90	0.80	0.70	—	84.10	5
1922	27.50	0.60	15.50	0.09	11.30	0.02	55.00	6

首先，从表 4-3 呈现的数据我们可以看出，在拉丁语的学习方面，在《十人委员会报告》发布之前，公立中学在读学生选修拉丁语的比例仅为 34.7%，而 1900 年达到了 50.6%，1910 年达到了 49.0%，自此以后课程比重开始下降，1922 年仅占 27.5%。根据联邦教育署公布的另外年份选修拉丁语情况的数据也可知，拉丁语修读人数比例降低发生在 1903—1904 年，而下降比例最快的年份是 1909—1910 年和 1914—1915 年，从 1910 年的 49.0%降到了 1915 年的 37.3%，并在此以后继续下降，直到 1922 年占比仅为 27.5%。在希腊语方面，1899—1900 年前，希腊语的选修比例一直都在 3%以上，但自此以后，希腊语的重要程度一直下降，最大的降幅年份发生在 1909—1910 年，降到了只占 0.8%，同时该课程也最终在这一时期从大学入学需求的列表中被移除。在希腊语课程选修人数占比降低的同时，德语和法语的选修人数却在增长，所占的课程比重也在慢慢增加。在公立中学发展的早期，学校强调开设一些实用的学科，尝试在中学里开设德语、法语等课程，但由于古典主义课程拥护者的反对和这些学科师资力量的缺乏，这些课程一直未能在公立中学里立足。但是，在 1870 年以后，德语和法语

① John F. Latimer, *What's Happened to Our High School?* (Washington, D. C.: Public Affairs Press, 1958), p. 26.

在跟希腊语的课程地位争斗中，逐渐显现胜利的曙光，慢慢成为一些大学认可的入学需求科目。在德语、法语和西班牙语这 3 个现代外国语言课程中，德语课程在一战之前一直是中学学生选修的主要现代外国语言课程之一。1899—1900 年，德语课程的选修比例几乎是法语选修人数的两倍；到了 1909—1910 年，达到了 2.5 倍；到了 1914—1915 年，几乎达到了 3 倍。但因一战的爆发，德语的重要性一下子降到了谷底。而法语课程在中学的重要程度在 1921—1922 年才达到了最高峰。西班牙语在 1900 年前后开始挣扎着在中学课程领域获得一个立脚点，于 1909—1910 年在语言课程领域获得立足，于 1921—1922 年达到了课程选修人数占比的高峰。①

赫伯特·埃斯皮（Herbert G. Espy）指出："在 1890 年之后，伴随着中学人数的快速增长，尽管有些传统的外国语言课程遭到了挤压和排斥，但中学修读外国语言人数的总量在快速地增长。希腊语在 19 世纪末 20 世纪初达到了课程发展的高峰，自此以后，课程的修读人数迅速下降，并下降到完全可以忽略不计的地步。拉丁语也遭到了希腊语类似的境遇，这种情况尤其是在城市中学和美国的西部地区最为突出。德语的学习在一战前后遭到了毁灭性的打击和排斥，自此以后虽有所复兴，但再也无法达到以前的兴盛水平。由于德语受到了排挤，法语的修读人数呈现一定的增长趋势。此外，西班牙语和其他一些不太受欢迎的语言只是在一定的民族聚集区和一些大的区域范围内有一定的影响，因此这些语言课程的增长无法波及整个联邦，但选修人数所占的比重是较大的。与此同时，在对具有代表性的 6 所中学的毕业生所做的一项全国性调查显示，在 1900 年，超过 30%的中学毕业生选修

① John F. Latimer, *What's Happened to Our High School?* (Washington, D. C.: Public Affairs Press, 1958), pp. 26-27.

了外国语言；而到了 1930 年，这一比例降到了 18%以下。”①

克里巴德指出，古典语言在后来一直被改革者们视为对那些升入大学的学生来说收益最大的一门课程。古典语言中的古希腊语（Ancient Greek）在美国中等学校里从来都没有作为一个非常突出的课程开设。1890 年，中学就读学生中只有 3.1%的学生选择修读古希腊语；到了 1922 年，中学注册修读希腊语的学生数降到了 0.09%。而古典语言中的拉丁语，在 19 世纪末 20 世纪初期，是中学里十分受欢迎的一门课程，但在发展中也不断地呈现衰落的迹象。1890 年，大约有三分之一的中学在读学生选修了拉丁语，学习人数达到了 100 144 人。在 1900 年和 1910 年这两个时间点，拉丁语的修读人数达到了一个顶峰，大约占到了所有中学生人数的一半。1910 年，362 548 名公立中学的学生修读了拉丁语。而到了 1922 年，拉丁语的修读学生急速减少，降到了只有 27.5%的学生修读这门课程。这两种课程下降明显的具体原因无法详述，但这种下降趋势与社会效率改革者所倡导的课程改革趋势相吻合，尤其是在 20 世纪 20 年代。② 而在现代语言方面，在希腊语和拉丁语在中学课程计划中的地位遭到挑战的同时，现代外国语言也没有受到应有的重视。在德语方面，1910 年修读该课程的人数达到了顶峰，公立中学修读该课程的人数占比达 23.7%，之后修读人数快速下降，在一战前后进入一个低谷。在法语方面，1922 年达到了课程修读人数的最高点——15.5%；到了 1934 年，只有 35%的中学提供法语课程，修读人数仅占 11%。西班牙语在 20 世纪前 30 年基本上没有人选修。

（二）数学课程

数学作为学术课程计划中的基石，在 19 世纪末 20 世纪初一直保持

---

① Herbert G. Espy, *The Public Secondary School : A Critical Analysis of Secondary Education in the United States*(Boston: Houghton Mifflin, 1939), pp. 191-192.

② Herbert M. Kliebard, *The Struggle for the American Curriculum : 1893-1958*(New York: RoutledgeFalmer, 2004), p. 222.

着很重要的课程地位。在此之后，数学依然是中学课程里的支柱科目，但在数学的组成科目方面，如代数、几何等，选修人数在慢慢减少。1890 年，203 000 名公立中学学生中有 45.4%的学生选修了代数。当 1900 年公立中学的学生总数达到 519 000 人时，选修代数的人数也急剧上升，占比上升到 56.3%。1910 年，当公立中学的学生人数达到 739 000 人时，修读代数的学生总数仍占据较高比例。到 1922 年，当公立中学的注册人数达到 2 155 000 人时，修读代数的人数开始下降，降到了 40.2%。到 1934 年，当四年制公立中学的就读人数增长一倍、修读人数达到 4 437 000 人时，代数课程修读人数却降到了 30.4%。修读几何课程的发展趋势几乎跟代数课程的趋势一样。而三角学课程在上述的时间段里，几乎没有显现其课程的重要性。①

（三）科学课程

相比于数学课程的组成科目在 20 世纪前 50 年变化不大的情况，科学课程不但在组成科目上，而且在相关主题内容上，都发生了巨大的变化。在这些变化中，最重要的一个变化就是生物（biology）作为一门课程开始在中学里出现。在 19 世纪末至 20 世纪初的科学课程中，修读人数最多的科目是生理学（physiology），修读人数占比达到了 27.4%；其次是地质学（geology），占比为 23.4%；再次为物理（physics），占比为 19.0%。生理学作为科学的一个组成科目，是因为被认为能够直接给人带来健康的收益，所以获得了许多医生及一些禁酒运动的支持者和基督教妇女禁酒联盟的支持。在自然科学（physical sciences）方面，22.8%的中学生在 1890 年选择了修读物理课程，10.1%的学生选择了修读化学。1890—1915 年，修读物理的人数是修读化学人数的两倍。自此以后，修读这些课程的人数开始逐步下降，

---

① Herbert M. Kliebard, *The Struggle for the American Curriculum*: *1893-1958* (New York: RoutledgeFalmer, 2004), pp. 222-223.

在 1934 年，物理的修读人数降到了 6.67%，化学人数为 7.56%。生物课程作为科学课程里面的一个新学科，直到 1910 年才开始出现在联邦教育署的统计公报中，在那一年的 2 155 000 名公立中学学生中，只有 1.1%的学生选修了生物。到 1922 年，这一比例仍很低，只有 8.8%的学生修读了该课程。但自 1922 年之后，该课程的修读人数开始快速增长。在科学领域出现的另外一个新的课程是普通科学（general science），这门课程大约出现在 20 世纪 20 年代。像生物学一样，普通科学看起来也是一些著名的科学家为推动科学课程统一而合作努力的结果，阿尔伯特·爱因斯坦（Albert Einstein）就是这群具有代表性的科学家之一。就普通科学作为学校的一门课程来说，也是全国范围内一些极力主张将科学课程列为学校一门课程的专家们共同努力的结果。1915 年，《普通科学季刊》（*General Science Quarterly*）创办，而科学真正作为一门课程出现在联邦教育署的报告中也是 1922 年以后的事情了，1922 年有 18.3%的公立中学在读学生修读该课程。科学作为学校里的一门课程在演变的历史进程中，一直与一个统一的科学梦想相关联，尤其是教育领域内开始接受科学的方法之后，这种统一的发展动力不断得到加强。从相当大的程度上来说，具有明显的科学方法特性的观点的出现也与学校里实验科学的出现息息相关。

埃斯皮指出："在自然科学方面，根据对具有代表性的 6 所中学的毕业生所做的一项全国性调查可知，在 1890 年、1900 年、1910 年、1920 年、1930 年，在中学所有学术型课程中，自然科学所占比重下滑得最快。在 1930 年，外国语言的修读人数仅仅为 18%，就这一占比也与 1890 年科学课程修读人数最高峰的比例持平。"①

同时，在 1910 年和 1915 年这两个时间段，注册选修自然科学的总

① Herbert G. Espy, *The Public Secondary School: A Critical Analysis of Secondary Education in the United States* (Boston: Houghton Mifflin, 1939), p. 239.

人数从 1910 年的 82.7%降到了 1915 年的 65.4%，特别是在自然地理、生理学、植物学和动物学这几门课程上。尽管在 1915 年普通生物学的选修人数达到了 6.9%，但仍不能弥补植物学和动物学这两个合起来的课程之前所占据的选修比重，这一比例从 1910 年的 24.9%降到了 1915 年的 12.4%。

（四）英语课程

英语在 20 世纪的发展跟科学，尤其是跟生物课程的发展极其相似。英语曾经是一个独立课程的集合体，现在都融合在了一起。例如，英语中的修辞（Rhetoric）有着稳固的选修率，在 1900 年，选修学生占到学生总数的 38.5%，到 1910 年增长到 57.1%。但自 1910 年之后，联邦教育署的统计数据显示，这一科目合并进英语课程中。同样的，英国文学课程也有着类似的发展历程。英国文学在 19 世纪末至 20 世纪初，选修人数为 42.1%，到 1910 年增长到 57.1%。到 20 世纪中期时，修辞和英国文学的课程地位跟科学课程中的生理学和生物学一样，选修人数和学科重要性都纷纷降低。

（五）社会课程

在社会课程方面，社会课程取代了历史，成了一个综合的课程，同时地理成为社会课程里的一个分支。在美国历史上，如果谈到关于现代学校课程发展的相关记录时，一般都从《十人委员会报告》开始，历史课程也不例外。就像十人委员会成立的其他分课程委员会一样，他们也成立了历史、公民政府和政治经济学这个分委员会，开启了对中学历史课程的研究之路。这个分委员会由威斯康星大学的校长查尔斯·亚当斯（Charles K. Adams）担任主席，成员包括詹姆斯·罗宾逊（James Harvey Robinson），他在 1921 年出版了《意识的形成》（*Mind in the Making*）一书。罗宾逊扮演的批判性反思的角色被许多人称赞，也成了现代文明发展的奠基石。委员会中另一位重要的成员来自普林斯顿大学法学与政治经济学部的伍德罗·威尔逊（Woodrow Wilson），后来成了美国第二十八任总统。通过学习历史和相关的学科，如政治经济学等，所获得价值具有拓宽和培养人心智的潜能，同时也能抵消和削弱人性中的自私和狭隘的本性。最后，这个分委员会还建议了一系列需要中学生学习的历史课程。例如，美国史和公民政府的一些历史从七年级开始学习，希腊和罗马史从八年级开始，法国史从九年级开始，英国史从十年级开始，十一年级再次学习美国史，在十二年级时从广度上进行历史课程的整体学习。①

自十人委员会发布了关于大学入学需求对不同学习目的的学生没有任何区分的报告之后，一些关于入学需求的科目成了大家讨论的话题。对历史课程来说，全国教育协会在1899年之后还专门成立了一个委员会对这一课程进行调研，并将结果报送至美国历史协会(American Historical Association)。全国教育协会任命的这个委员会由7人组成，委员会经过调查后指出：在中学里进行历史教学是十分必要的，在中学历史的教学中仅仅按照满足大学入学需求的方式进行是错误的。学校里历史教学的绝大部分作用应该是为未来培养合格的青年男女公民做准备，所以历史教学的目的不是为了满足大学的入学需求，或者一些大学的相关系部所认为的要让那些即将升入大学的学生提前知道相关的内容。对于历史的实践价值，七人委员会认为历史课程最特别的贡献就是发展学生的智力，通过指引学生看到原因与影响之间的关系提升和培养孩子们的判断力。七人委员会最有针对性的建议就是在中学的历史教学中缩短中学历史的覆盖面，建议九年级开设古代史、欧洲史、中世纪历史，现代历史在十年级，英国历史在十一年级，美国史和公民政府在十二年级。根据特罗拉·赖恩（Rolla M. Tryon）的调查，在1914—1915年调查的7197所中学里，几乎有85%的学校

---

① Herbert M. Kliebard, *The Struggle for the American Curriculum: 1893-1958* (New York: RoutledgeFalmer, 2004), p. 237.

提供古代历史，80％的学校提供中世纪和现代历史，64％的学校提供英国历史，86％的学校提供美国历史。从这一数据可知，至少在一段时间里，历史在美国的中学里一直占有非常牢固的课程地位。① 历史和社会之间具有象征意义的转折点是 1916 年中等教育改造委员会下属的社会课程分委员会发布的《社会课程基本原则报告》。社会课程的出现，有着各种各样的目的，其中现代教育的主旨是社会效率，所有课程的教学都应该服务于这个主旨。

美国联邦教育办公室提供的数据显示，1922—1973 年，中学具有不同名称的课程类别从 175 个增长到 2100 个。此外，1928—1970 年，中学在读学生选修学术课程的人数在逐年下降，1928 年选修比例为 67％，1934 年为 62％，1949 年为 59％，到了 1961 年降到了 57％，直到 1973 年才回归到 59％。只是在 20 世纪 70 年代后期和 20 世纪 80 年代早期，在教育追求卓越运动的影响下，选修学术课程的学生人数才得以回升。② 从这一调查结果我们可以看出，1922 年中等教育改造委员会发布完 16 份调查报告之后解散，在整个委员会工作的过程中，他们通过提议综合中学开设差异性的课程来满足不同学生和社会的需求。而这一点在 1922 年以后联邦教育办公室统计上来的中学课程数量不断增加中可以看到，《基本原则》报告的思想得到了中学不同程度的采纳和接受。此外，选择学术型课程的人数占比 1928 年以后逐渐降低，也显示了《基本原则》报告中提出的为学生完满生活做准备的课程才是最适合学生学习的课程理念，这种理念为那些对学术课程不感兴趣的学生提供了新的学习动力和发展空间，实现了教育机会的均等，满足了社会效率运动中中学提出的课程改革要求。

---

① Rolla M. Tryon, *The Social Sciences as School Subjects* (New York: Charles Scribner's Sons, 1935), p. 26.

② Jeffrey Mirel and David Angus, "High Standards for all? The Struggle for Equality in the American High School Curriculum, 1890-1990," *American Educator* 18, No. 2(1994): 7.

结　语

美国历史学家亨利·康默杰（Henry Steele Commager）把19世纪90年代比作美国历史上的一个重要分水岭。他认为在这10年里，一个新的美国已勃然而起。[①] 厄本认为："19世纪的最后10年和20世纪的前20年构成了美国生活中一个躁动不安的时代。"[②] 这一躁动不安的社会背景触碰了人们关注教育的"神经"，进而拉开了美国中等教育改革的大幕。在美国教育发展史上，通过建立一个全国性的委员会为教育改革提供建议在后来逐渐被证明是一个弥足珍贵的、不可或缺的重要思想来源方式。在19世纪90年代，美国教育见证了历史上第一次通过建立全国性委员会发布教育改革报告的风波历程，这种形式也逐渐地被应用到后期的中等教育改革中。然而，由于美国管理体制的分权特征和中等教育管理的复杂性，任何一项全国统一和上下一致的教育政策和改革纲要在实施和推广时都会遇到这样那样的困难。这不仅仅使美国国民本身难以理解这样的教育体制，即使对美国教育行政机构的管理者来说，当他们想让一些教育政策快速而又有效地传播开来时，也依然会感到十分的沮丧和乏力。这也从另一方面说明了一些非官方的全国性教育组织在美国存在和发展的合理性和重要性，而其中全国

---

① Henry Steele Commager, *The American Mind : An Interpretation of American Thought and Character Since the 1880's*(New Haven: Yale University Press, 1950), p. 41.

② 韦恩·厄本、杰宁斯·瓦格纳：《美国教育：一部历史档案（第三版）》，周晟等译，中国人民大学出版社，2009，第267页。

教育协会就是最具有代表性的教育组织之一。

一、全国教育协会与美国公立中学课程变革的关系

罗宾逊指出："美国免费的公立学校系统起源于东部的一些州，在这些州里，学校明显地被视为一种城镇的机构。在新格兰地区，州在最开始时就是一些小的城镇，城镇后来扩大了就成了州。因此，在最开始时，公立学校就是当时地方市镇管理中的一个领域，而不是由州来控制的。"① 正如罗宾逊所言，在美国，公立学校教育主要由学区负责，联邦教育管理机构和州的教育部门在对学区事务的管理上影响力较弱。正是在美国这种特殊的教育管理体制下，代表着最广大中学教师和管理者利益的全国教育协会在 19 世纪 90 年代成了教育领域内最重要的一支教育改革力量，推动了多项改革的发生，其中就包括这一时期最引人关注的中学课程改革。因此，在这业已形成的关系中，全国教育协会从 1892 年到 1922 年相继成立了十人委员会、大学入学需求委员会、九人委员会和中等教育改造委员会等对中学课程进行了一系列的调研，发布了推动公立中学课程变革的调研报告。在这 30 年里，中等教育和中学课程一直是全国教育协会关注的最核心的问题之一，陆续成立不同的委员会、提出不一样的课程改革建议也是为了更好地适应社会的发展、学区的需求和学生的需要。与此同时，这 30 年也是美国工业化和城市化相继完成的时期，社会经济结构的变革自然而然地要求教育必须进行及时的调整和变化。在全国教育协会指导美国公立中学课程变革的具体成效上，从整体上来说，推进了公立中学课程向前发展，满足了美国城市化进程中社会各界对中学课程变革提出的要

---

① Oscar D. Robinson, "Constants and Electives in the High School," *The School Review* 9, No. 4 (1901): 244.

求，调和了中等教育机构和高等教育机构之间的紧张关系，建立了具有美国特色的中等教育机构，达到了全国教育协会成立相关委员会推进中学课程改革的初衷。然而，由于非官方教育组织的特殊性和美国中学管理体制的复杂性，全国性的改革成效就很难用一些非常明确的限定性词语进行囊括，这也是很多人在研究美国教育时不得不面对的现实问题。即使在今天，在谈到一些教育改革成效时，也只能用一些地区或所调查到的一些学校的数据有针对性地进行成效评价和影响力评估。因此，从宏观上来说，全国教育协会发布的这几份报告在各州和地区受到的采纳程度高低不一，对中学课程的影响也不是一路高歌、一帆风顺的。

首先，就 1893 年发布的《十人委员会报告》而言，这份报告是美国中等教育历史上第一份关于课程改革的报告。全国教育协会任命这个委员会最初的意愿在于制定全国统一的中学课程方案，但从最后的结果来看，全国教育协会在第一次尝试中将中学课程统一的问题假想得有点简单：第一，十人委员会的成员中大学校长和大学教师占绝大多数，他们大多数受过传统的心智训练，而且很多是古典课程的拥护者，在这种情况下制定出来的课程就很难体现中学自身的发展意愿。第二，虽然提供了 4 组课程计划，但没有考虑到不同地区的差异性。1890 年前后，南部一些州的教育刚刚恢复到正常的秩序，西部的一些州也才刚刚发展起来，他们无法接纳主要由新英格兰地区的教育者完成的课程改革报告。第三，对大规模中学来说，可以从 4 组课程计划中进行选择，这些中学多分布在新英格兰地区，而对一些只有 3 位教师的中学，很难完成任何一组课程计划，所以他们往往选择了按部就班，按照学校原有的教学计划继续往日的教学和课程安排。第四，4 组课程计划对城市中学来说，具有一定的吸引力，但对农村中学来说，他们往往倾向于开设符合本地区发展的一些课程，而且教师的数量和教学能力都限制了他们去开设那些新课程，这些教师中的绝大多数是接受上一代教育而成长起来的一批人，革新课程的动力不足。第五，整套课程计划，从受益程度上来说，只有学生完整地完成了4年的课程之后才会受益最大，但当时的情形就是很多学生在中学一年级就辍学，他们在还没有享受到最大的课程益处时就已经离开了学校，犹如没有接受过中学教育一样。基于上述5个方面的论述，报告发布之后，反对声音随之而起。其中，霍尔是最具有代表性的人物之一。霍尔作为19世纪末20世纪初儿童研究运动的倡导者，对《十人委员会报告》3个方面的建议进行了批判：第一，不论未来孩子学业何时终止，都应该用同样的方式和同样的课程难度对他们进行统一的教学。霍尔认为这个课程计划对很多低能的、智力有缺陷的孩子来说很不适用，这个建议是大学对中学进行统治的产物。第二，所有的课程在正确的教导之下都具有同样的教育价值。霍尔认为这个观点过于凸显教学方法的重要性，进而忽视了那些维护某些课程价值的书籍和文章的观点。第三，能够适合大学入学需求的课程从本质上来说，就适合学生未来的社会生活。霍尔认为这是极大的谬论，认为应该是适合未来生活的课程同样适合升学。霍尔同时指出，这样的课程计划只会一如既往地体现"大学对中学课程进行控制"的传统。[①] 霍尔还对报告因强调学术型课程而牺牲职业课程的做法进行了批判，霍尔代表的课程观提倡按照孩子自然的发展顺序对课程进行安排，而不是进行统一的教学。虽然《十人委员会报告》存在着这些问题，在推广的过程中，也有很多学校没有采纳或根本不愿意采纳这些建议，但报告在一些发展完善的城市和学区受到的欢迎程度很高，而且提出的学术课程与古典课程具有平等价值的理念直接导致越来越多的学术课程被引入中学课程计划中，这种变化也是人们所希望看到的一种情形。此外，报告还开始倡导选

① Herbert M. Kliebard, *The Struggle for the American Curriculum: 1893-1958* (New York: RoutledgeFalmer, 2004), pp. 11-13.

修制的理念，这种理念随后逐渐铺开，越来越多的中学在对学生进行通识教育的基础上，开始向学生们提供一些选修课程，这也是这份报告具有重要历史地位的原因之一。

其次，就1899年全国教育协会发布的《大学入学需求委员会报告》而言，这份报告其实是协会意识到了十人委员会未能解决的一些问题，而想进一步解决的一种努力。这种努力在很大程度上是成功的，与《十人委员会报告》相比，受到的指责之声少了很多。这份报告继续建议中学开设更多的学术型课程来满足人们的需求，这就有意识地分割了古典课程在中学里长期占据的统治地位。委员会在看到全国范围内无法实现课程统一的前提下，提出了单元制。这种理念的提出，一定程度上实现了课程单元的统一，较好地解决了课程混乱的发展状况，所提出的10个单元的最低大学入学需求也为中学争取到了一定的发展独立性。而继十人委员会提出选修制的理念之后，全国教育协会在1899年的报告中，明确地将选修制确立为中学的重要制度之一，通过实行选修制，一方面可以利用开设的通识教育课程培养更多合格的公民，另一方面可以在一定程度上解决学生辍学的问题，缓和人们对课程的不满情绪。因此，在20世纪第一个10年里，选修制已经成为中学里不可或缺的一种重要制度，不管大规模中学还是小规模中学，它们往往都接受了选修制。正因为大学入学需求委员会的努力，学术型课程在接下来得以快速发展，中学课程在较短的一段时期内出现了稳定发展的局面。但是，我们看到，大学入学需求委员会在报告中对课程的类型没有进行讨论，也没有对当时社会所需要的职业课程和实用主义课程进行讨论，避开了对课程类别的讨论。因此，后来所能引起讨论和争鸣的主题就比较少，所能提供科学设置不同类别课程的解决思路也不多，一些发展完善的中学也就是按照报告中的建议开始推广和使用单元制和选修制。

再次，1910年前后，在多种社会运动的影响下，此时的中学已经成为民主社会里的一个重要机构，服务于社会和学区的发展成了中学最主要的功能。这种功能要求中学课程必须按照社会的需求进行改革，全国教育协会在 1913 年成立中等教育改造委员会就是为了解决这一问题。这种努力从后期的成效来看是较为成功的，这种成功在于将综合中学确立为美国特有的一种中等教育类型。这种中学通过提供融学术课程和职业课程于一体的综合课程来满足不同学生的需求，而且不同学生可以通过选修一定比例的课程适时地调整自己的职业兴趣。然而，由于综合中学的规模一般较大，需要耗费的人力、物力和财力较大，很多位于小城镇和农村地区的中学就无法实现这样的课程改革模式，所以他们继续朝着分科中学的方向往前发展，如学术型中学、农业中学、机械工艺中学、手工艺术中学等，这种中学在很长一段时间内依然存在于不同的州和学区里。这些分科中学也提供一定的通识教育课程，但主要还是为学生的职业技能发展和未来的升学服务。在综合中学发展的早期，存在着对这类中学进行批评的言论，认为这类中学会造成课程资源的浪费，培养出来的中学毕业生“四不像”，等等。其中，斯内登是最具有代表性的人物之一。斯内登提倡建立专业化或具有明显职业特征的分科中学来发展职业教育，这样培养出来的学生才能真正地满足社会的需求。斯内登的建议得到了很多工商业主的支持和肯定，在一些工商业发展较好的学区，他们往往通过经济上的掣肘限制综合中学的发展，而要求中学开设更多的职业课程和商业课程来满足行业的发展。这一时期也是综合中学和分科中学博弈并存的阶段，都为了各自不同的需求而并行发展。到 20 世纪 20 年代末期，综合中学一方面通过规定所有学生必须修读一定的通识教育课程之后才能选择自己的课程计划，另一方面加大职业指导，慢慢获得了越来越多人的支持，成了美国中等教育机构里一种固定的中学形式。从这个效果上来说，中等教育改造委员会很大程度上推动了综合中学的建立和综合课程模式的形成，与十人委员会相比，在全国上下受到的欢迎程度也更高。

最后，在全国教育协会的努力下，在这 30 年里，在不同委员会发布的不同报告的影响下，不管是中等教育的目标，还是中学课程的发展导向，都发生了重要变化。在中等教育目标上，十人委员会认为无论学生将来去向如何，无论他们何时终止学业，中学里教授的每一门课程都应该以同样的方式和同样的难度教给学习这门课程的所有学生，这样各学科间就达到了统一。同时，学生通过学习 4 组课程计划，可以达到训练心智的目的。而在《基本原则》报告中，学校的培养目标开始转移到关注每个学生的完满发展上，强调民主教育应该发展每个人的知识、兴趣、理想、习惯和能力，个人由此将发现他所处的位置，并运用这一位置朝更加远大的目标去塑造自己和所处的社会。在教育对象上，从 19 世纪 90 年代中学主要为一小部分的青少年接受高等教育而做准备，到 20 世纪 20 年代中学变成了服务于每一位青少年的社会机构；在中学的课程设置上，从古典课程到综合课程，从学术型课程到差异性课程。十人委员会所发布的课程报告极其强调人文性，强调传统课程的重要地位，忽视了学生的兴趣和能力。而《基本原则》报告认为课程应该服务于社会的发展，服务于学生个体的需要。服务于现有的教育理论与实践，提倡使用综合课程。此外，《基本原则》报告建议发展综合中学，在这类中学里通过为学生提供差异性的课程来满足不同学生的需求。提供差异性课程反映了报告本身一方面在满足工业社会需求方面所付出的努力，另一方面因中学人数的快速增长而带来的不同学生个体之间存在的差异也是教育本身必须要面对和解决的现实问题。在这样的背景下，中等教育改造委员会选择了与十人委员会不一样的课程设计思路，依据学生未来所想从事的职业类型为他们设计具有一定差异的课程，这就与十人委员会设计的 4 组以大学入学需求为导向的课程计划相区别。在课程设计过程中，中等教育改造委员会提出了七大教育目标，这七大目标也是所有课程服务于个体的价值所在。除这七大教育目标之外，美国社会民主的原则也是中学课程需要坚持的一种基本原则，尤其是在依据教育机会均等下强调的平等原则。[①]

二、1922 年之后美国公立中学课程发展的几个趋势

到 20 世纪 20 年代末期，在美国社会生活方面，一些企业巨头开始控制经济发展命脉，企业巨头在公司运转的过程中采用了由几个主要理事会成员制定企业发展战略、一个科层管理体制执行理事会所制定政策的运营模式，这种运营模式也逐渐地被一些城市学校所采用。在学校发展的过程中，学校理事会由高度相关联的几个主要成员组成，他们代表着学校良性的发展方向，而不是地方政客在学校里的代言人。学校督导一般也是学校理事会的主要成员，同时是学校与地方政府之间的沟通者和纷争解决者，承担着学校发展的主要责任。[②] 1930 年，公立中学的在读人数已达 4 399 000 人，比 1920 年的 2 000 000 人又增长了一倍。美国中学也从原来仅仅作为一个满足于少数个体基本的文化教育和大学预备教育的机构，转变成一个为所有年轻人未来生活做准备的一个民主的社会机构。从最开始中学被视为人民的学院，服务于当地社区和社区居民的发展，到逐渐发展成为民主社会里的一个重要机构，成为培养美国民主意识的一个重要机构，也成为美国化过程中重要的一个教育手段。这种转变也是为了顺应工业和城市生活的需求而进行的相应调整和变革。此外，既是出于人道主义的原因，也是出于经济发展的考虑，越来越多的美国家庭要求延长这些年轻人在学校

① Herbert M. Kliebard, "The Cardinal Principles as Archeological Deposit," *Curriculum Studies* 3, No. 2 (1995): 202-203.

② Wayne J. Urban, *Why Teachers Organized* (Detroit: Wayne State University Press, 1982), p. 26.

接受教育和训练的时间，以避免他们过早地进入劳动力市场。[①] 此时，美国中等教育呈现以下几个新的发展趋势：

第一，课程研究成了一个专业研究领域。在课程研究这个领域尚未建立之前，小学和中学的课程大部分是由学区的学校委员会控制的，这些地方学区的官员和教育者对自己学校应该教授什么样的课程具有非常明确的发展思路。但自课程研究这个领域建立之后，课程专家们坚持认为课程的制定应该是一门科学，这门科学是十分深奥和复杂的，所以不能托付给普通的老师和外行人。只有那些对教科书有过一定研究、阅读过相关研究成果、上过一些课、掌握了一些教育理论的人士，才能被允许去决定孩子们应该学习的课程。精通学理的课程专家的出现代表了课程编制权力的一种转移，这种权力逐渐从教师、家长和地方学区委员会的手中转移到专业的课程专家手中。自此以后，一些重要的教育决策将由那些道出晦涩难解字词的专家们来决定，这种迁移也再次定义了教育决策中民主的含义。在现代的学区管理模式中，课程的决定权将从那些原来修读英语、历史和数学等课程的教育者手中转移到那些训练有素的课程专家手里。[②] 在 1918 年，社会效率被作为课程理论的来源得到了充分的运用；同时，课程也正在被视为教育领域里一个非常重要的研究方向。其中，最主要的一个标志就是第一本现代课程编制图书的出现，即 1918 年博比特的《课程》（*The Curriculum*）。1918 年，博比特出版了《课程》一书，这是第一本关于课程编制的理论读本，这本书也变成了教师培训机构的标准教科书。这本书的出版解决了当时两个相互对立的群体关于在学校里开设哪些课程的争论。这两个对立的群体，一个是传统主义课程观的保有者，他们更喜欢自

---

① Jurgen Herbst, "High School and Youth in America," *Journal of Contemporary History* 2, No. 3 (1967): 169.

② Diane Ravitch, *Left back : A Century of Failed School Reforms* (New York: Simon and Schuster, 2000), p. 164.

己去探寻知识，为了快乐而学习；另一个是实用主义群体，博比特自己也是属于这个群体的，他们认为无论学校教什么课程，其首要的前提是对学生未来的工作有用。博比特同时指出，在一个崇尚效率与经济的时代，实用主义者会努力地将无用和多余的内容从课程中移除出去。① 1924 年，博比特又出版了另外一本重要著作，将其取名为《怎样编制课程》，进一步推动了课程编制工作走向科学化和专业化。

第二，科学调查的方法得到了越来越多学校的青睐。科学调查的方法在得到广泛使用的同时，全国教育协会通过成立教育研究分部(departments of educational research)将教育调查的手段和技术应用到对学校课程的编制和设计中。通过学校调查活动，能够直接发现学校正在做什么，他们是怎样做的，他们现在做的事情是否是他们应该做的事情。此外，越来越多的学校调查活动开始由学校的内部人士自主参与完成，这与 1892 年成立十人委员会和 1895 年成立大学入学需求委员会相比，已经有了巨大的进步。这是因为在 19 世纪末，教育领域还没有精确的测量方法供研究者们使用，经验和传统就成了课程编制中的重要方法。而在 1915 年全国教育协会教育委员会召开的会议上，保守主义者和改革主义者就是否使用测量工具对学生的心智和道德品质进行测评展开了激烈的讨论，这也是保守主义者尽力挽救自己地位的最后一次努力，大讨论的结果就是测试和测量手段将被应用到美国本土上的每一所进步主义学校里。自 1915 年的大讨论之后，使用测量和测试的方法对学生特质和课程进行评估的大幕正式被拉开，教育研究工作逐渐走向了科学化和专业化。②

到 1925 年前后，美国陆续建立了 100 多个教育研究机构，这些机

① John F. Bobbitt, *The Curriculum* (Boston: Houghton Mifflin, 1918), pp. 3-5.

② Charles H. Judd, "The Curriculum: A Paramount Issue," in *The Addresses and Proceedings of the Sixty-Third Annual Meetings of the National Educational Association* (Washington, D. C.: Published by the National Education Association, 1925), p. 805.

构可以在各种规模类型的城市中找到。其中，大约有 30 个研究部门与师范学校和大学进行合作开展研究，也有 4 个州在州教育部里建立了组织完善的研究部门，这 4 个州分别为康涅狄格州、纽约州、宾夕法尼亚州和威斯康星州。这些研究机构建立的主要目的是服务于各自州和城市的教育发展，通过在各自州和城市开展各种教育调查活动推动教育水平的提升和教育资源的科学化利用。他们对一些主要的教育理论和实践进行评价和试用，他们从教育科学研究的角度积累知识，他们在教育实验室里对教育体系的合理性进行试验，他们在基于科学数据的事实基础之上构建合理的教育过程，而传统的、依靠经验和个人偏好来完成的教育过程逐渐地被抛弃了。①

第三，全国教育协会督学分部开始涉足中学课程领域。中等教育改造委员会解散之后，在课程的编制逐渐由专业人员负责完成的大背景下，全国教育协会的督学分部开始将越来越多的精力投入到课程的设计过程中，逐渐从中等教育分部的研究领域内获得了越来越多的课程改革权利。1923 年 2 月，全国教育协会督学分部在克利夫兰召开的会议上，决定成立一个新的委员会，并将这个委员会命名为“课程委员会”（the Commission on the Curriculum），于 1924 年 2 月在芝加哥召开的督学分部会议上正式任命了委员会的组成人员，明确了成立这个委员会的主要目的在于“建构更加适合学生发展需求的课程”②。督学分部通过建立课程委员会涉足中学课程研究领域，反映了学校督导之间对不断增加的督学群体身份的认可，也是对督学身份专业化的高

---

① Frank W. Ballou, “Progress in the Science of Education in the Last Twenty-Five Years,” in *The Addresses and Proceedings of the Sixty-Third Annual Meetings of the National Educational Association* (Washington, D. C.: Published by the National Education Association, 1925), p. 13.

② Edwin C. Broome, “The Commission on the Curriculum,” in *The Addresses and Proceedings of the Sixty-Third Annual Meetings of the National Educational Association* (Washington, D. C.: Published by the National Education Association, 1925), p. 804.

度认可，课程的编制权力开始逐渐掌握在具有专业能力的督学手里。然而，在这个委员会的主席、费城学校督学埃德温·布鲁姆（Edwin C. Broom）看来，督学分部成立的这个委员会的功能是有限的，因为不太可能建构一个适合所有美国人的学校课程，也不太可能对中学课程的几个分支内容和工作总量进行详细的规定，作为一个官方任命成立的委员会所能够做的就是将不同公立学校的课程汇集在一起，从全国层面为不同州、城市和学区建构课程提供指导和帮助。他进一步指出："我们很难再像中等教育改造委员会那样，能够在对全国中学课程进行调研的基础上，设计一个全国性的课程计划。就目前来说，如果重构中学课程的话，最好的方法就是在一定的区域内依赖中学的督学和他们的专业助手制定符合各自区域和学区发展的中学课程。所以，对这个委员会来说，能够执行的最有效的服务方式：第一，陈述存在的问题。第二，提供课程方案。第三，提出解决的办法。第四，建立和保持一个辅助机构。"① 1928 年，哥伦比亚大学师范学院的乔治·斯特雷耶（George D. Strayer）指出，虽然此时中学课程的修订工作看起来"非常繁忙"（in full blast），但是他们这些劳动的成果，或者说是部分成果，都被搜集到大学的课程改革实验室里，到 1931 年，至少有 3 万份不同学区的课程计划被搜集上来，也就仅此而已。②

第四，中学课程的科目组成已经发生巨大变化。到 1930 年，我们可以从十人委员会成立时建立的九大分会在这时的存在状况揭示课程的前后变化。对当时建立的希腊语分会而言，此时希腊语在中学里已经很少提及，植物学和动物学课程的重要性也下降了很多，天文学和

① Edwin C. Broome, "The Commission on the Curriculum," in *The Addresses and Proceedings of the Sixty-Third Annual Meetings of the National Educational Association* (Washington, D. C.: Published by the National Education Association, 1925), p. 804.

② Edward A. Krug, *The Shaping of the American High School: 1920-1941* (Madison: The University of Wisconsin Press, 1972), p. 28.

地理从来没有达到当时假想要达到的课程地位。一些新的课程开始被列入中学的课程目录中，并对传统课程的地位形成了冲击。此时中学课程的设置，至少从理论上来说，目的在于让每一位从中学里接受教育的青少年都有权利根据自己的需要和能力去选择课程，这种课程发展理念取代了过去仅仅用一种模式框定所有人的狭隘思想，同时也能够让少数愿意献身学术理想的青少年们在更高的学术道路上走得更远。此外，初级中学在这时开始大量建立，这类学校已经提前开设外国语言、各种英语课程及基础数学，而这些课程在过去仅仅在中学阶段才开设；普通科学此时也在课程计划中占据了重要地位，这很明显是在牺牲高度专业化科学的基础上实现的；与社会课程相关联的课程也尝试着解决历史和其他相关联课程以前存在的问题。①

第五，设置以满足学生发展为主的课程成了学校的共识。到 20 世纪 20 年代末，美国的城市学校体制与 1900 年相比，已经呈现巨大的差异性，这种差异性在某种程度上体现得最为明显的就是学校越越多地依据孩子的能力为他们提供所需要的课程，进而发展学生的智力和培养他们的兴趣。与此同时，我们明确看到在 19 世纪末对学校课程的设置和建构起主导作用的“形式训练”思想，在 1925 年前后所能发挥的影响作用已经极其有限，而对具体能力、习惯和态度的训练和培养的需求得到了越来越多的认可和接受，学校也将学生的这些需要作为学校生活的一个重要组成部分，与学校的教育目标、课程计划、课外生活等紧密地联系在一起。此时的教育哲学就是“学校必须重现那些在学校外部的民主生活里存在的真实的工作、思考和感受等，并将这些真实的情况在学校里加以实践”。在这样的教育哲学思想影响下，学校课程比过去更加贴近社会生活。从某种程度上来说，真正的社会生活

① Thomas H. Briggs, “The Committee of Ten,” *Junior-Senior High School Clearing House* 6, No. 3 (1931): 141.

所需要的和正在做的一些实践将决定着学校应该教什么、怎么教，以及学生怎么学的问题。[①] 而对学校课程来说，设计更多与真正社会生活相关的实践课程成为这一时期学校课程发展的主要趋势。1925年以后，在中学课程的组成序列中，体育课程成了最新的一类课程，成了中学里最常见的课程之一。体育课程的开设主要是为了满足城市里人们体育锻炼的需求，以及在休闲时间增多的前提下对娱乐爱好的追求。除了在中学课程里已经发展完善的传统科目之外，这一时期健康和身体锻炼课程逐渐在中学里取得了稳固的课程地位。对综合中学来说，加大课程的选修力度成了学校课程发展的主要方向。而对中学的学制来说，八年至四年学制类型的学校虽然在数量上仍占主导地位，但社会各界对小学七年级和八年级课程的重复性和无效性的批评，以及大学认为中学毕业生年龄过大的问题等都导致了初级中学的建立，这类中学学制的安排在《基本原则》报告中已经进行了论述和划分，越来越多的初级中学开始建立起来，同时中学的高级阶段也变得越来越综合。

① J. M. Gwinn, "Significant Developments in Schools and Curricula," in *The Addresses and Proceedings of the Sixty-Third Annual Meetings of the National Educational Association* (Washington, D. C.: Published by the National Education Association, 1925), p. 28.

参考文献

一、中文类文献

［1］博比特. 课程［M］. 刘幸，译. 北京：教育科学出版社，2017.

［2］陈露茜. “社会效率”：科学管理还是社会控制［J］. 清华大学教育研究，2016，37（1）：32-38.

［3］厄本，瓦格纳. 美国教育：一部历史档案［M］. 周晟，谢爱磊，译. 北京：中国人民大学出版社，2009.

［4］方纳. 给我自由！一部美国的历史（下卷）［M］. 王希，译. 北京：商务印书馆，2010.

［5］方燕萍. 美国中学课程的困惑——访美国密西根大学大卫·安格斯教授［J］. 外国教育资料，1997（4）：1-3.

［6］杜光强，张斌贤. 教育与美国禁酒运动（1880—1920年）［J］. 清华大学教育研究，2016，37（6）：102-109.

［7］高春常. 评美国进步时期的科学管理运动［J］. 烟台师范学院学报（哲学社会科学版），1994（3）：57-61.

［8］高鉴国. 二十年代美国移民限额制度的形成与影响［J］. 美国研究，1991（5）：138-157.

［9］龚兵. 从专业协会到教师工会——美国全国教育协会角色转

变之研究 [D]. 上海：华东师范大学，2005.

[10] 胡庆芳. 美国高中课程发展研究——从失衡发展到基础振兴 [D]. 上海：华东师范大学，2004.

[11] 黄河，周采. 美国公立中学问题的公共经济学阐释 [J]. 西北师大学报（社会科学版），2005，42（2）：40-44.

[12] 科南特. 科南特教育论著选 [M]. 陈友松，译. 北京：人民教育出版社，1998.

[13] 克伯莱. 美国公共教育：关于美国教育史的研究与阐释 [M]. 陈露茜，译. 合肥：安徽教育出版社，2012.

[14] 拉菲伯，波伦堡，沃洛奇. 美国世纪——一个超级大国的崛起与兴盛（第 5 版）[M]. 黄磷，译. 海口：海南出版社，2008.

[15] 李剑鸣. 大转折的年代——美国进步主义运动研究 [M]. 天津：天津教育出版社，1992.

[16] 李娟，谢君婷. 美国大学招生制度改革的历史变迁——中等教育与高等教育衔接的视角 [J]. 外国教育研究，2015，42（7）：30-44.

[17] 李倩雯. 克里巴德课程史学的隐喻及其理论依据 [D]. 南京：南京师范大学，2017.

[18] 李颜伟. 美国改革的故事 [M]. 北京：北京大学出版社，2009.

[19] 李颜伟. 知识分子与改革：美国进步主义运动新论 [M]. 北京：中国社会科学出版社，2010.

[20] 梁茂信. 美国移民政策研究 [M]. 长春：东北师范大学出版社，1996.

[21] 刘丽华，何军. 科学管理运动兴起原因新探——从劳资互动关系看科学管理运动的兴起 [J]. 沈阳师范大学学报（社会科学版），2005，29（1）：16-19.

［22］刘绪贻，杨生茂．美国通史 第 3 卷　美国内战与镀金时代［M］．北京：人民出版社，2002.

［23］刘绪贻，杨生茂．美国通史 第 4 卷　崛起和扩张的年代［M］．北京：人民出版社，2001.

［24］马丁，罗伯茨，明茨，等．美国史 下册［M］．范道丰，柏克，曹大鹏，等译．北京：商务印书馆，2012.

［25］派纳，雷诺兹，莱斯特里，等．理解课程（上）［M］．张华，等译，北京：教育科学出版社，2003.

［26］瞿葆奎．教育学文集——美国教育改革［M］．北京：人民教育出版社，1990.

［27］坦纳 D，坦纳 L．学校课程史［M］．崔允漷，等译，北京：教育科学出版社，2006.

［28］王涵．美国进步时代的政府治理：1890—1920［M］．上海：上海社会科学院出版社，2013.

［29］王文礼．20 世纪美国中学科学教育的发展与变革［D］．福州：福建师范大学，2009.

［30］王喜娟．美国综合高中发展危机研究［D］．长春：东北师范大学，2010.

［31］王旭．美国城市发展模式：从城市化到大都市区化［M］．北京：清华大学出版社，2006.

［32］韦布．美国教育史：一场伟大的美国实验［M］．陈露茜，李朝阳，译．合肥：安徽教育出版社，2010.

［33］沃特拉斯．20 世纪美国教育中的哲学冲突［M］．王璞，於荣，译．合肥：安徽教育出版社，2011.

［34］徐辉．美国普通中学课程的历史演变［J］．外国教育动态，1988（6）：53-56.

［35］杨捷．西方中等教育综合化：历史与比较的视角［J］．河南

大学学报（社会科学版），2005，45（5）：195-198.

［36］杨孔炽，徐宜安. 美国公立中学发展研究［M］. 武汉：湖北人民出版社，1996.

［37］杨孔炽. 美国公立中学的产生［J］. 安徽师大学报（哲学社会科学版），1986（2）：100-103.

［38］杨孔炽. 十九世纪上半期美国的普通中等教育［J］. 教育研究与实验，1985（3）：1-9.

［39］张斌贤. 教育与社会变革［M］. 北京：中国社会科学出版社，2012.

［40］张斌贤，李曙光，王慧敏. 揭开美国中等教育改革的序幕：《十人委员会报告》发表始末［J］. 外国教育研究，2015，42（1）：3-20.

［41］张斌贤，杨帆. 中等教育的基本原则——美国全国教育协会中等教育改造委员会报告［J］. 教育学报，2015，11（6）：115-127.

［42］张斌贤. 专题：美国全国教育协会早期史研究［J］. 教育学报，2017，13（6）：83.

二、英文类文献

（一）著作类

［1］ANGUS D L, Mirel J E. The failed promise of the American high school, 1890-1995［M］. New York: Teachers College, Columbia University, 1999.

［2］BENNETT R V. Cardinal principles report: an educational classic［M］. Washington, D. C. : U. S. Department of Health, Education & Welfare, Office of Education, 1972.

［3］BLUMENFELD S L. NEA: trojan horse in American education

[M]. Boise, Idaho: The Paradigm Company, 1984.

[4] BOBBITT J F. The curriculum[M]. Boston: Houghton Mifflin, 1918.

[5] BRIGGS T H. Curriculum problems[M]. New York: The Macmillan Company, 1926.

[6] BROOME E C. A historical and critical discussion of college admission requirements[M]. New York: College Entrance Examination Board, 1903.

[7] BROWN E E. The making of our middle schools[M]. New York: Longmans, Green, and Co., 1903.

[8] BUTTS R F, CREMIN L A. A history of education in American culture[M]. New York: Holt, Rinehart and Winston, 1953.

[9] CASHMAN S D. America in the age of the titans: the progressive era and World War I[M]. New York: New York University Press, 1988.

[10] CASWELLH L. The American high school: its responsibility and opportunity (John Dewey Society Yearbook)[M]. New York: Harper Press, 1946.

[11] CLARK H B. The public schools of Chicago: a sociological study[M]. Chicago: The University of Chicago Press, 1897.

[12] COCHRAN T C, MILLER W. The age of enterprise: a social history of industrial America[M]. New York: Harper & Row, 1961.

[13] COMMAGER H S. The American mind: an interpretation of American thought and character since the 1880's[M]. New Haven: Yale University Press, 1950.

[14] CONANT J B. The American high school today[M]. New York: McGraw-Hill Book Company, 1959.

[15] COUNTS G S. The selective character of American secondary

education[M]. Chicago:The University of Chicago Press,1922.

[16]COX P W L. Curriculum-adjustment in the secondary school [M]. Philadelphia:J. B. Lippincott Company,1925.

[17]COX P W L. Principles of secondary education[M]. Boston:D. C. Heath,1932.

[18] CREMIN L A. The republic and the school[M]. New York: Teacher's College Press,Columbia University,1957.

[19] CREMIN L A. The transformation of the school:progressivism in American education,1876-1957[M]. New York:Alfred A. Knopf,1968.

[20] CROCKER R H. Social work and social order:the settlement movement in two industrial cities 1889-1930[M]. Urbana:University of Illinois Press,1992.

[21] CUBBERLEYE P. An introduction of the study of education [M]. Boston:Houghton Mifflin Company,1925.

[22] DAVIS C O. Our evolving high school curriculum[M]. New York:World Book Company,1927.

[23] DRAPER A S. American education[M]. Boston: Houghton Mifflin Company,1909.

[24] DRAPER E M. Principles of American secondary education [M]. New York:The Century Company,1932.

[25] DROST W H. David Snedden and education for social efficiency[M]. Madison:The University of Wisconsin Press,1967.

[26] DUTTON S E. Social phases of education in the school and the home[M]. New York:The Macmillan Company,1907.

[27] EBY F. The development of modern education in theory, organization,and practice[M]. New York:Prentice-Hall,1934.

[28] ESPY H G. The public secondary school:a critical analysis of

secondary education in the United States [M]. Boston: Houghton Mifflin, 1939.

[29] FAIRCHILD H P. Greek immigration to the United States [M]. New Haven: Yale University Press, 1911.

[30] FLANAGAN M A. America reformed: progressives and progressivisms 1890s-1920s[M]. New York: Oxford University Press, 2007.

[31] HALL G S. Adolescence: its psychology and its relation to physiology, anthropology, sociology, sex, crime, religion and education [M]. New York: D. Appleton and Company, 1905.

[32] HANUS P H. Adventuring in education[M]. Cambridge, Massachusetts: Harvard University Press, 1937.

[33] HILL J A. Prisoners and juvenile delinquents in the United States, 1910[M]. Washington, D. C. : Government Printing Office, 1918.

[34] HILLSTROM L C. Defining moments: the muckrakers and the progressive era[M]. Detroit, MI: Omnigraphics, Inc. , 2009.

[35] HOFSTADTER R. The age of reform: from Bryan to F. D. R [M]. New York: Alfred A. Knopf, 1977.

[36] HOLDEN A C. The social settlement idea: a vision of social justice[M]. New York: the Macmillan Company, 1922.

[37] INGLIS A J. Principles of secondary education[M]. Boston: Houghton Mifflin Company, 1918.

[38]INGLIS A J. The rise of the high school in Massachusetts[M]. New York: Teachers College, Columbia University, 1911.

[39] JOHNSTONC H. High school education[M]. New York: Charles Scribner's Sons, 1912.

[40] KAESTLE C F. Pillars of the republic: common schools and

American society[M]. New York: Hill and Wang, 1983.

[41] KANDEL I L. History of secondary education: a study in the development of liberal education[M]. Boston: Houghton Mifflin, 1930.

[42] KANDEL I L. Twenty-five years of American education[M]. New York: The Macmillan Company, 1924.

[43] KLIEBARD H M. The struggle for the American curriculum: 1893-1958[M]. 2nd ed. New York: Routledge, 1995.

[44] KLIEBARD H M. The struggle for the American curriculum: 1893-1958[M]. 3rd ed. New York: RoutledgeFalmer, 2004.

[45] KRUG E A. The shaping of the American high school, 1920-1941[M]. Madison: University of Wisconsin Press, 1972.

[46] KRUG E A. The shaping of the American high school[M]. New York: Harper & Row, 1964.

[47] LATIMER J F. What's happened to our high school? [M]. Washington, D. C. : Public Affairs Press, 1958.

[48] LEE J M. Principles and methods of secondary education[M]. New York: McGraw-Hill, 1963.

[49] LEWIS W D. Democracy's high school[M]. Boston: Houghton Mifflin Company, 1914.

[50] LYND R S, LYND H M. Middletown in transition: a study in cultural conflicts[M]. New York: Harcourt, Brace and Company, 1937.

[51] MCKOWN H C. The trend of college entrance requirements, 1912-1922[M]. Washington, D. C. : Government Printing Office, 1925.

[52] MEYER A E. The development of education in the twentieth century[M]. New York: Prentice-Hall, 1949.

[53] MOHL R A. The new city: urban America in the industrial age, 1860-1920[M]. Illinois: Harlan Davidson, Inc. , 1985.

[54] MONROE P. Principles of secondary education[M]. New York:The Macmillan Company,1914.

[55] MONROE W S. Reconstruction of the secondary-school curriculum:its meaning and trends[M]. Urbana:University of Illinois,1928.

[56] RAVITCH D. Left back:a century of failed school reforms [M]. New York:Simon and Schuster,2000.

[57] REESE W J. America's public school:from the common school to"no child left behind"[M]. Baltimore:The John Hopkins Press,2005.

[58] REESE W J. The origins of the American high school[M]. New Haven:Yale University Press,1995.

[59] ROSS E A. Social control:a survey of the foundations of order [M]. New York:The Macmillan Company,1901.

[60] RUGG H. Foundations for American education[M]. New York:World Book Company,1947.

[61] SACHS J. The American secondary school and some of its problems[M]. New York:The Macmillan Co. ,1912.

[62] SMITH W A. Secondary education in the United States[M]. New York:The Macmillan Company,1932.

[63] SPEARS H. The high school for today[M]. New York: American Book Company,1950.

[64] STOUT J E. The development of high-school curriculum in the north central states from 1860 to 1918[M]. Chicago:The University of Chicago Press,1921.

[65] TROLANDER J A. Professionalism and social change:from the settlement house movement to neighborhood centers[M]. New York: Columbia University Press,1987.

[66] TRYONR M. The social sciences as school subjects[M]. New York:Charles Scribner's Sons,1935.

[67] TYLER R W. Basic principles of curriculum and instruction [M]. Chicago:University of Chicago Press,1969.

[68] United States Bureau of Education. The social studies in secondary education[M]. Washington,D. C. :U. S. Government Printing Office,1916.

[69] URBAN W J. Why teachers organized[M]. Detroit:Wayne State University Press,1982.

[70] WESLEY E B. NEA:the first hundred years[M]. New York:Harper & Brothers,1957.

[71] WEST A M. The National Education Association:the power base for education[M]. New York:The Free Press,1980.

[72] WHITE J T. The national cyclopaedia of American biography, Vol. XX[M]. New York:James T. White & Company,1929.

(二)论文集、报告类

[1] ADAMS R T. Secretary's minutes[C]//NEA. Journal of Proceedings and Addresses of the Forty-Ninth Annual Meeting:Session of the Year 1911. Chicago:The University of Chicago Press,1911:558-559.

[2] BAKER J H. The resolution of the joint session of higher and secondary departments[C]//NEA. Journal of Proceedings and Addresses: Session of the Year 1900. Chicago:The University of Chicago Press, 1901:454.

[3] BAKER J H. Uniformity in requirements for admission to college[C]//NEA. Journal of Proceedings and Addresses:Session of the Year 1891. New York:Press of J. J. Little & Co. ,1891:310-316.

[4] BALLIET T M. Manual, trade, and technical education[C]//NEA. Journal of Proceedings and Addresses of the National Educational Association: Session of the Year 1903. Chicago: The University of Chicago Press, 1903: 67-68.

[5] BALLOU F W. Progress in the science of education in the last twenty-five years[C]//NEA. Addresses and Proceedings of the Sixty-Third Annual Meetings: Session of the Year 1925. Washington, D. C.: Published by the National Education Association, 1925: 13.

[6] BICKNELL T W. National Council of Education[C]//NEA. The Addresses and Journal of Proceedings: Session of the Year 1880. Salem, Ohio: Printed by Allan K. Taten, 1880: 90.

[7] BROOME E C. The commission on the curriculum[C]//NEA. Addresses and Proceedings of the Sixty-Third Annual Meetings: Session of the Year 1925. Washington, D. C.: Published by the National Education Association, 1925: 804.

[8] BROWN J S. The autonomy of the high school[C]//NEA. Journal of Proceedings and Addresses of the Forth-Seventh Annual Meeting: Session of the Year 1909. Chicago: The University of Chicago Press, 1909: 481-485.

[9] BROWN J S. The effects of electives upon the future welfare of secondary education[C]//NEA. Journal of Proceedings and Addresses of the Forty-Eighth Annual Meeting: Session of the Year 1910. Chicago: The University of Chicago Press, 1910: 203-207.

[10] BUTLER N M. Discussion of the report of the chairman of the joint committee on college-entrance requirements[C]//NEA. Journal of Proceedings and Addresses of the National Educational Association: Session of the Year 1897. Chicago: The University of Chicago Press,

1897:653.

[11] BUTLER N M. The report of the committee of conference between colleges and secondary schools[C]//NEA. Journal of Proceedings and Addresses:Session of the Year 1892. New York:Press of J. J. Little & Co.,1893:754.

[12] Commission on the Reorganization of Secondary Education. Cardinal Principles of Secondary Education:a report of the Commission on the Reorganization of Secondary Education appointed by the National Education Association[R]. Washington, D. C.: U. S. Government Printing Office,1918:6-31.

[13] Commission on the Reorganization of Secondary Education. Preliminary statements by chairmen of committees of the commission of the National Education Association on the Reorganization of Secondary Education[R]. Washington, D. C.: U. S. Government Printing Office, 1913:5-7.

[14] DUNN A W. The social studies in secondary education: report of the committee on social studies of the Commission on the Reorganization of Secondary Education of the National Education Association[R]. Bulletin, 1916, No. 28. Washington, D. C.: U. S. Government Printing Office, 1916:9-10.

[15] DYER F B. Is there need for industrial schools for pupils unlikely to complete the regular elementary-school course and go on to the high school? Should it provide trade instruction? [C]//NEA. The Journal of Proceedings and Addresses of the National Educational Association:Session of the Year 1907. Chicago:The University of Chicago Press,1907:315.

[16] ELIOT C W. Can school programmes be shortened and

enriched? [C]//In the Volume LXII of The Atlantic Monthly. Boston: Houghton, Mifflin and Company, 1888: 250-258.

[17] ELIOT C W. Conference on college entrance requirements [C]//In the Proceedings of the Tenth Annual Convention of the Association of Colleges and Preparatory Schools of the Middle States and Maryland. Published by the Association, 1896: 79.

[18] ELIOT C W. Changes needed in American secondary education [R]. New York: The General Education Board, 1916: 9-12.

[19] ELLIOTT O L. Secretary's minutes [C]//NEA. Journal of Proceedings and Addresses of the Forty-Ninth Annual Meeting: Session of the Year 1911. Chicago: The University of Chicago Press, 1911: 555.

[20] GILES J T. A review of educational progress in the high schools during the past year [C]//NEA. Proceedings of the Sixty-Fifth Annual Meetings: Session of the Year 1927. Washington, D. C.: Published by the National Education Association, 1927: 289.

[21] GREEN J M. The duty of the NEA in shaping public educational opinion [C]//NEA. Journal of Proceedings and Addresses of the Fortieth Annual Meetings: Session of the Year 1901. Chicago: The University of Chicago Press, 1901: 61-66.

[22] GRISWOLD W L. Discussion of the cosmopolitan high-school curriculum [C]//NEA. Journal of Proceedings and Addresses of the Forth-Sixth Annual Meeting: Session of the Year 1908. Chicago: The University of Chicago Press, 1908: 614-616.

[23] GWINN J M. Significant developments in schools and curricula [C]//NEA. Addresses and Proceedings of the Sixty-Third Annual Meetings: Session of the Year 1925. Washington, D. C.: Published by the National Education Association, 1925: 28.

[24] HARVEY L D. Is there need for industrial schools for pupils unlikely to complete the regular elementary-school course and go on to the high school? Should it provide trade instruction? [C]//NEA. The Journal of Proceedings and Addresses of the National Educational Association: Session of the Year 1907. Chicago: The University of Chicago, 1907: 311-313.

[25] HINSDALE B A. Discussion of the report of the Committee on College Entrance Requirements in joint session of secondary and higher departments[C]//NEA. Journal of Proceedings and Addresses: Session of the Year 1900. Chicago: The University of Chicago Press, 1901: 452-453.

[26] HOSIC J F. Reorganization of english in secondary schools: report by the national joint committee on english representing the Commission on the Reorganization of Secondary Education of the National Education Association and the national council of teachers of english[R]. Bulletin, 1917, No. 2. Washington, D. C.: U. S. Government Printing Office, 1917.

[27] JUDD C H. The curriculum: a paramount issue[C]//NEA. Addresses and Proceedings of the Sixty-Third Annual Meetings: Session of the Year 1925. Washington, D. C.: Published by the National Education Association, 1925: 805.

[28] KINGSLEY C D. Report of the Committee of Nine on the Articulation of High School and College[C]//NEA. Journal of Proceedings and Addresses of the Forty-Ninth Annual Meeting: Session of the Year 1911. Chicago: The University of Chicago Press, 1911: 559-590.

[29] KINGSLEY C D. Report of the Committee of Nine on the Articulation of High School and College: supplementary report[C]//

NEA. Journal of Proceedings and Addresses of the Forty-Ninth Annual Meeting：Session of the Year 1911. Chicago：The University of Chicago Press，1911：566.

[30] KINGSLEY C D. Secretary's minutes[C]//NEA. Journal of Proceedings and Addresses of the Fiftieth Annual Meeting：Session of the Year 1912. Chicago：The University of Chicago Press，1912：666.

[31] KINGSLEY C D. Supplementary statement by the chairman of the committee[C]//NEA. Journal of Proceedings and Addresses of the Fiftieth Annual Meeting：Session of the Year 1912. Chicago：The University of Chicago Press，1912：670-673.

[32] KINGSLEY C D. The high-school as a testing time[C]//NEA. Journal of Proceedings and Addresses of the Fifty-First Annual Meetings：Session of the Year 1913. Chicago：The University of Chicago Press，1913：50-53.

[33] KINGSLEY C D. The report of the Committee on the Articulation of High School and College [C] // NEA. Journal of Proceedings and Addresses of the Fiftieth Annual Meeting：Session of the Year 1912. Chicago：The University of Chicago Press，1912：666-669.

[34] KINGSLEY C D. The third report of the Committee on the Articulation of High Schools and Colleges [C] // NEA. Journal of Proceedings and Addresses of the Fifty-First Annual Meetings：Session of the Year 1913. Chicago：The University of Chicago Press，1913：489-491.

[35] LENFEST B A. Character，content，and purpose of high-school courses in manual training [C] // NEA. Journal of Proceedings and Addresses：Session of the Year 1900. Chicago：The University of Chicago Press，1901：497.

[36] MAGRUDER W T. The cosmopolitan high-school curriculums from the standpoint of colleges of engineering[C]//NEA. Journal of Proceedings and Addresses of the Forth-Sixth Annual Meeting: Session of the Year 1908. Chicago: The University of Chicago Press, 1908: 599-604.

[37] MCCOSH J. Constitution of the National Council of Education [C]//NEA. The Addresses and Journal of Proceedings: Session of the Year 1880. Salem, Ohio: Printed by Allan K. Taten, 1880: 92-93.

[38] MONIN L C. Discussion of the cosmopolitan high-school curriculum[C]//NEA. Journal of Proceedings and Addresses of the Forth-Sixth Annual Meeting: Session of the Year 1908. Chicago: The University of Chicago Press, 1908: 615.

[39] MOWRY W A. Report of committee on secondary education: the place and function of the academy[C]//NEA. The Journal of Proceedings and Addresses of the National Educational Association: Session of the Year 1885. New York: Press of J. J. Little & Co., 1886: 447.

[40] National Center for Education. Digest of education statistics 1995[R]. Washington, D. C.: Department of Education, 1995: 68.

[41] NCE. Constitution of National Council of Education[C]// NEA. Journal of Proceedings and Addresses: Session of the Year 1890. Topeka: Kansas Publishing House, 1890: 290-291.

[42] NEA. Cardinal Principles of Secondary Education: a report of the Commission on the Reorganization of Secondary Education[R]. Washington, D. C.: Bureau of Education, 1918: 2-3.

[43] NEA. Constitution of the National Educational Association[C] //NEA. Journal of Proceedings and Addresses: Session of the Year 1890.

Topeka:Kansas Publishing House,1890:5.

[44] NEA. Journal of proceedings and addresses of the National Educational Association: session of the year 1907 [C]. Chicago: The University of Chicago Press,1907:1.

[45] NEA. Report of Committee on College Entrance Requirements [R]. Chicago:The University of Chicago Press,1899:6-42.

[46] NEA. Report of the committee of fifteen on elementary education with the reports of the sub-committees[R]. New York: The American Book Company,1895.

[47] NEA. Report of the Committee of Ten on Secondary School Studies with the reports of the conferences arranged by the committee [R]. Knoxville:American Book Company,1894.

[48] NIGHTINGALE A F. Resolutions defining duties of editorial committee and appointing same[C]//NEA. Journal of Proceedings and Addresses:Session of the Year 1899. Chicago:The University of Chicago Press,1900:677.

[49] NIGHTINGALE A F. Presentation of the report of the Committee on College Entrance Requirements [C] // NEA. Journal of Proceedings and Addresses: Session of the Year 1899. Chicago: The University of Chicago Press,1900:626-628.

[50] NIGHTINGALE A F. Report of the Committee on College Entrance Requirements [C] // NEA. Journal of Proceedings and Addresses:Session of the Year 1899. Chicago:The University of Chicago Press,1900:636-678.

[51] OWEN W B. Report of the Commission on the Reorganization of Secondary Education[C]//NEA. Journal of Proceedings and Addresses of the Fifty-Ninth Annual Meetings: Session of the Year 1921. Chicago:

The University of Chicago Press,1921:163-165.

[52] PARKER F W. The Report of the Committee of Ten—its use for the improvement of teachers now at work in the schools[C]//NEA. Journal of Proceedings and Addresses of National Educational Association. St. Paul:Press of the Pioneer Co. ,1894:442-443.

[53] PLUMMER F E. The president's address: the future high school[C]//NEA. Journal of Proceedings and Addresses:Session of the Year 1891. New York:Press of J. J. Little & Co. ,1891:620.

[54] POTTER M C. The high-school courses[C]//NEA. Journal of Proceedings and Addresses of the Fifty-First Annual Meetings:Session of the Year 1913. Chicago:The University of Chicago Press,1913:486.

[55] ROBINSON O D. Should electives in the high schools be by courses or by subjects? [C] // NEA. Journal of Proceedings and Addresses:Session of the Year 1895. St. Paul:The Pioneer Press Co. , 1895:591-593.

[56] SEAMAN J E. High school and the state[C]//NEA. Journal of Proceedings and Addresses of the National Educational Association: Session of the Year 1885. New York:Press of J. J. Little & Co. ,1886: 173-180.

[57] SHEPARD I. Secretary's minutes [C] // NEA. Journal of Proceedings and Addresses of the Forty-Ninth Annual Meeting:Session of the Year 1911. Chicago:The University of Chicago Press,1911:559.

[58] SMITH S R. Preliminary report of the Committee on Cosmopolitan High School [C] // NEA. Journal of Proceedings and Addresses of the Forty-Eighth Annual Meeting: Session of the Year 1910. Chicago:The University of Chicago Press,1910:463-465.

[59] SMITH S R. Report of the Committee on Cosmopolitan High-

School Curriculum[C]//NEA. Journal of Proceedings and Addresses of the Fiftieth Annual Meeting: Session of the Year 1912. Chicago: The University of Chicago Press,1912:701-707.

[60] SMITH S R. Report of the Committee on Cosmopolitan High-School Curriculum[C]//NEA. Journal of Proceedings and Addresses of the Forty-Ninth Annual Meeting:Session of the Year 1911. Chicago:The University of Chicago Press,1911:591.

[61] SMITH S R. The cosmopolitan high-school curriculum[C]//NEA. Journal of Proceedings and Addresses of the Forth-Sixth Annual Meeting:Session of the Year 1908. Chicago:The University of Chicago Press,1908:606-614.

[62] STEELE W L. To what extent should the high-school pupil be permitted to elect his work? [C]//NEA. Journal of Proceedings and Addresses of the National Educational Association:Session of the Year 1899. Chicago:The University of Chicago,1900:331-336.

[63] STUART M H. The cosmopolitan high school in its relation to college entrance[C]//NEA. Journal of Proceedings and Addresses of the Fifty-First Annual Meetings: Session of the Year 1913. Chicago: The University of Chicago Press,1913:473.

[64] SWAIN J. Discussion of the report of the Committee on College Entrance Requirements[C]//NEA. Journal of Proceedings and Addresses:Session of the Year 1899. Chicago:The University of Chicago Press,1900:630-631.

[65]United States Bureau of Education. Report of the commissioner of education for the year 1894-1895[R]. Washington,D. C. :Government Printing Office,1896.

[66]United States Bureau of Education. Report of the committee of

the National Council of Education on economy of time in education[R]. Bulletin No. 38, 1913. Washington, D. C. : Government Printing Office, 1913.

[67]United States Bureau of Education. United States Commissioner of education report, 1916-1917, Vol. 2[R]. Washington, D. C. : Government Printing Office, 1917.

[68]United States Bureau of the Census. Historical statistics of the United States: colonial times to 1957[R]. Washington, D. C. , 1960.

[69] VAN LIEW C C. Declaration of principles[C]//NEA. Journal of Proceedings and Addresses of the National Educational Association: Session of the Year 1907. Chicago: The University of Chicago Press, 1907: 29.

[70] WEIMER S. Secretary's minutes [C] // NEA. Journal of Proceedings and Addresses of the Forth-Sixth Annual Meeting: Session of the Year 1908. Chicago: The University of Chicago Press, 1908: 577-578.

[71] WRIGHT C D. Report of the commission on industrial and technical education[R]. Boston: Wright & Potter Printing Co. , 1906.

（三）期刊、学位论文类

[1]BRODINSKY B. Top 10 education events of the 20th century [J]. The Education Digest, 1999, 64(8): 7.

[2] BEATLEY B. The Committee on College Entrance Requirements [J]. Junior-Senior High School Clearing House, 1932, 6(6): 345.

[3] BENNETT C A. Current problems in secondary education from the standpoint of the manual training school[J]. The School Review, 1902, 10(1): 41-44.

[4] BRIGGS T H. The Committee of Ten[J]. Junior-Senior High

School Clearing House, 1931, 6(3): 136-141.

[5]BROOKS S D. Electives in the small high school[J]. The School Review, 1901, 9(9): 595-600.

[6] BUTLER N M. The reform of high-school education [J]. Harper's Weekly, 1984, 1(13): 42.

[7] COLLAR W C. The action of the colleges upon the schools[J]. Educational Review, 1891, 2(12): 160.

[8]COOK W A. A comparative study of standardizing agencies[J]. The North Central Association Quarterly, 1929(12): 33.

[9]COTTON F A. The township high school in Indiana[J]. The School Review, 1904, 12(4): 278.

[10] CUBBERLEY E P. Does the present trend toward vocational education threaten liberal culture? [J]. The School Review, 1911, 19(7): 454-464.

[11] DAVENPORT E. Vocational education and the state [J]. School and Home Education, 1914, 34(12): 131-133.

[12]DEGARMO C. Relation of industrial to general education[J]. The School Review, 1909, 17(3): 152-153.

[13]DEWEY J. Current problems in secondary education[J]. The School Review, 1902, 10(1): 14-27.

[14] DEXTER E G. Ten years' influence of the report of the Committee of Ten[J]. The School Review, 1906, 14(4): 254-269.

[15]DROST W H. Clarence Kingsley—"The New York years"[J]. History of Education Quarterly, 1966, 6(3): 18-24.

[16] DUKE S P. Cardinal Principles of Secondary Education[J]. Educational Administration and Supervision, 1919, 5(4): 207-209.

[17]DUNN C V. The church and crime in the United States[J].

Annals of the American Academy of Political and Social Science,1926,125(5):204.

[18] DUTTON S E. The place and function of the high school[J]. Education,1898(6):588-591.

[19]EDMONDS F S. The central high school of Philadelphia,1838-1902[J]. The School Review,1903,11(3):220-226.

[20] ELSON W H. The technical high school of Cleveland[J]. The School Review,1908,16(6):353.

[21] FENNER M S. The National Education Association, 1892-1942[D]. Washington,D. C. :The George Washington University,1942.

[22]FOWLER B P. The social organization of a high school[J]. School and Society,1920,12(10):396.

[23] GINSBERG R. Educational change by commission:attempting "trickle down" reform[J]. Education Evaluation and Policy Analysis, 1987,9(4):344-360.

[24]GOEBEL J. The prevalence of crime in the United States and its extent compared with that in the leading European states[J]. Journal of the American Institute of Criminal Law and Criminology,1913,3(5):756.

[25]GOODWIN E J. Electives in the high school: an experiment [J]. Educational Review,1893,22(2):142-145.

[26]HERBST J. High school and youth in America[J]. Journal of Contemporary History,1967,2(3):169.

[27]HOLLEY C E. Curriculum differentiation and administration in typical high school[J]. Educational Administration and Supervision, 1915,1(5):333-340.

[28]INGLIS A J. The socialization of the high school[J]. Teachers

College Record,1915,16(3):216.

[29]JOHNSTON C H. Curriculum adjustments in modern high schools[J]. The School Review,1914,22(9):582-590.

[30]JONES R W. Our proposed new requirements for admission to colleges[J]. The School Review,1901,9(2):106.

[31] KINGSLEY C D. Cardinal Principles of Secondary Education [J]. School and Society,1919,10(6):18-20.

[32] KINGSLEY C D. Meeting of the Commission on the Reorganization of Secondary Education[J]. Educational Administration and Supervision,1915,1(5):330-332.

[33] KIRKLAND J H. The discussion of the report of the college entrance requirements[J]. The School Review,1899,7(7):407.

[34]KLIEBARD H M. The Cardinal Principles as archeological deposit[J]. Curriculum Studies,1995,3(2):197-208.

[35] MANN C R. Changes in entrance requirements at the university of Chicago[J]. Educational Review,1911,42(9):186-191.

[36] MCDOWELL E I. Changing conceptions of secondary education as developed by committees of the National Education Association[D]. Storrs:The Connecticut University,1968.

[37] MCKENNA F R. Policy evolution in the National Education Association[D]. Cambridge, Massachusetts: The Harvard University, 1954.

[38] MEHL B. The high school at the turn of the century:a study of the changes in the aims and programs of public secondary education in the United States,1890-1900[D]. Urbana:The Illinois University,1954.

[39] MENGERSEN E F. The quantitative standardization of secondary education, 1890-1910[D]. Saint Louis, Missouri: Washington

University,1959.

[40]MIREL J,ANGUS D. High standards for all? the struggle for equality in the American high school curriculum,1890-1990[J]. American Educator,1994,18(2):7.

[41]NIGHTINGALE A F. Preliminary report of the Committee on College Entrance Requirements[J]. The School Review,1896,4(6):416-417.

[42]NIGHTINGALE A F. The Committee on College Entrance Requirements:report of the chairman[J]. The School Review,1896,4(6):415-417.

[43] PHILLIPS D E. The elective system in American education [J]. Pedagogical Seminary,1901,8(2):219-229.

[44] PROCTOR W M. Curriculum revision and college-entrance requirements[J]. The School Review,1927,35(6):412.

[45] RICHARDS C R. Is manual training a subject or a method of instruction? [J]. Educational Review,1904,27(4):371.

[46] ROBINSON O D. Constants and electives in the high school [J]. The School Review,1901,9(4):244.

[47]ROBINSON O D. The work of the Committee of Ten[J]. The School Review,1894,2(6):366.

[48]SACHS J. Report of the Committee of Ten:from the point of view of the college preparatory school[J]. Educational Review,1894,8(6):75-83.

[49] SCOTT A M. The progressive era in perspective[J]. The Journal of Politics,1959,21(4):700.

[50]SEAVER E P. Elective studies[J]. Educational Review,1902,23(5):483-485.

[51] SEELY G M. Investigatory committees of the National Education Association: a history of the years 1892-1918[D]. Palo Alto: The Stanford University, 1962.

[52] SELLE E S. The organization and activities of the National Education Association: a case study in educational sociology[D]. New York: The Columbia University, 1932.

[53] SNEDDEN D. Cardinal Principles of Secondary Education[J]. School and Society, 1919, 9(5): 519-524.

[54] TAYLOR J M. The report of the Committee of Ten[J]. The School Review, 1994, 2(4): 193-199.

[55] THAYER V T. The report of the Commission on the Reorganization of Secondary Education[J]. Junior-Senior High School Clearing House, 1932, 7(1): 49-54.

[56] The Editor. The Los Angeles meeting of the N. E. A. and the report of the Committee on College Entrance Requirements[J]. The School Review, 1899(7): 409-410.

[57] The State Teachers' Association of Missouri. Report of the committee of the state teachers' association of Missouri[J]. The School Review, 1896, 4(12): 547-548.

[58] THURBER S. The discussion of the report of the College Entrance Requirements[J]. The School Review, 1899, 7(7): 397-398.

[59] WILLARD F R. The objective of education as a basis for curriculum-making in high schools[J]. School and Society, 1919, 10(7): 9-10.

[60] WINSHIP A E. Editorial: notes[J]. Journal of Education, 1899, 50(7): 128.

[61] WRAGA W G. The cardinal principles report revisited[J].

Education and Culture,1994,11(2):13-14.

[62]WRAGA W G. The comprehensive high school and educational reform in the United States: retrospect and prospect[J]. The High School Journal,1998,81(3):123-125.

后　记

本书是在我的博士学位论文基础上修改而成，主要从全国教育协会与美国公立中学课程变革之间的关系的角度，探讨全国教育协会在1892—1922年推动公立中学课程变革中所发挥的重要作用。图书的出版得到了众多师长的鼓励和出版社的支持，正是他们的帮助和支持才让我鼓起了将这本拙作出版的勇气。在教育研究的道路上，我还是一个入门者，而将我领进门的那些前辈和老师们，是我人生道路上需要铭记和感恩的人，我也只有通过默默的努力和勤奋的工作回报他们的培养之恩。

首先，感谢我的导师张斌贤老师，感谢他一直以来孜孜不倦的指导和培养。认识张老师至今已十年有余，在每一个阶段，他都给予我莫大的帮助和支持，犹如黑暗中的灯塔，为我指明了方向和道路。2014年9月，我正式师从张老师开始博士研究生阶段的学习。在4年的学习过程中，张老师总是不厌其烦、呕心沥血地对我进行指导和引领。由于自己底子薄、学术研究能力不足，我曾多少次怀疑自己是否适合攻读外教史的博士学位，是否能够完成一本合格的博士学位论文。然而，凭借着那么一股冲劲和笨鸟先飞的勤奋劲，加上张老师的悉心指导和教诲，以及学位点其他几位老师的大力帮助，我终于无比艰难地完成了不太拿得出手的学位论文。在4年的博士研究生学习中，张老师对我照顾有加，为了能够让我尽早毕业，很多工作他都分配给了其他在读学生。有时候，我只能厚着脸皮地笑着，因为我知道有些研究我很难在较短时间内完成，在这方面我深感愧疚，也只期望以后能够做得稍微好点。在我找工作的过程中，张老师也是主动推荐，把我少得可怜的优点讲给用人单位听，希望他们能够考虑我。

其次，感谢北京师范大学外国教育史导师组的另外几位导师，他们是郭法奇老师、李子江老师、王晨老师、孙益老师和陈露茜老师。他们在我博士论文选题、开题、中期考核、预答辩和平常的交流中，总是倾其所有地给我提供指导意见和论文修改方向。在论文的写作和完成过程中，我深感多与导师组老师交流的重要性，正是这种来来回回地交流与讨论，让我能够进一步聚焦研究问题，明确写作思路和研究主要内容。在我眼里，北师大外教史专业的所有导师都是那么值得我尊敬和学习，他们彼此之间总是那么和睦地团结在一起，为培养出高质量的研究生和国家重点学科的建设与发展默默地付出一切。感谢你们，感谢你们为我们的成长付出的一切!

同时，感谢北京师范大学国际与比较教育研究院的刘宝存老师和加拿大麦吉尔大学的 Ratna Ghosh 教授。在我以联合培养博士研究生的身份在麦吉尔大学学习期间，刘宝存老师和 Ghosh 教授都给予了很大的帮助和支持，感谢你们；感谢宁波大学的贺国庆老师、华东师范大学的王保星老师、中国人民大学的李立国老师等作为校外专家参加我的毕业答辩，真心地感谢你们能够从外地专程来到北京给予我指导和帮助；感谢浙江师范大学的杨天平老师，读博和工作以来他都一直在关心我的学习和生活，我们一直保持着良好的师生关系，真诚地感谢他的栽培和关怀，师恩难忘；感谢浙江师范大学的楼世洲老师、张天雪老师、吴民祥老师、项建英老师，感谢你们在我读研期间为我提供的学术平台和科研指导；感谢在浙江的几位好友，孙志远博士、何志伟博士、黄晓刚博士、郭婧博士、汪洋大哥、胡斌博士、董振强博士、翁老师、汤老师等，每次回浙江，总能很快乐地与你们一起交流互动；感谢师兄、师姐、师弟、师妹在我读书与科研上给予的帮助和支持；

感谢在北师大读博期间，跟我一起学习、打球、聊天的同学们，他们是赵哥、老郝、墨涵、磊明、春龙、成龙、子恩、阿猛、聪颖、文涛、晓汉、东方、金德、张冉、传利、良才、梦琦、田京、孟彦、晓燕等，感谢你们。

再次，感谢我的父母和夫人，感谢你们对我学习和工作的支持和鼓励，正是有你们做坚强的后盾，才让我能够安心地读书和潜心科研。

最后，感谢河北大学出版社社长朱文富教授，以及为该套丛书出版默默奉献的编辑们，感谢你们的辛勤劳动。

杜光强

2021 年 9 月 22 日